SI TE CONTARA

Cuatro reportajes con músicos cubanos

UNOSOTROS
MÚSICA

Jairo Grijalba Ruiz

© 2022 Jairo Grijalba Ruiz
©Unos&OtrosEdiciones, 2022

ISBN- 978-1-950424-46-7
Título: Si te contara
©Jairo Grijalba Ruiz
Edición y correcciones: Diana Fernández Fernández
Maquetación: Armando Nuviola

www.unosotrosediciones.com
infoeditorialunosotros@gmail.com

Hecho en Estados Unidos de America, 2022
Gracias por comprar una edición autorizada.

El autor desea expresar su admiración y gratitud a los ilustradores gráficos y directores de arte, quienes hicieron posible que algunas de sus imágenes, carátulas discográficas y posters aparecieran en este libro. Hicimos el esfuerzo razonable para identificarlos. Si existe algún error o inadvertencia, les aseguramos que esa no fue nuestra intención.
Las fotografías poseen derechos de autor; se ha localizado a los posibles propietarios. Las publicamos solo para brindarle al amable lector una mejor semblanza de los cuatro músicos incluidos en los reportajes. Ofrecemos de antemano disculpas por cualquier omisión involuntaria.

A la memoria de los maestros:
Panchito Riset, Marcelino Guerra y Orlando Collazo

Para mis amigos Betsy Boone y Marco Katz Montiel, en Edmonton; Iván Acosta, Enrique Del Risco, Francisco Calderón, Marcela Joya, Richie Briñez, Ralph Méndez, Orlando Godoy y René López, en Nueva York; Arturo Gómez, en Denver; Rafael Lam, en La Habana, y Carlos Durán en Miami.

JAIRO GRIJALBA RUIZ

AGRADECIMIENTOS

Este libro fue escrito gracias al valioso apoyo de los amigos Gilda Mirós, Marlena María Elías, Humberto Corredor, Richard K. Spottswood, José Satizábal, Gladys Yánez, Clay Muneton, Daya Muneton, Arturo Del Monte, Armando Nuviola, Eloy Cepero Conde, Carlos Mauricio Muñoz, Umberto Valverde, Ángel Duque, Cristóbal Díaz Ayala y Marco Katz Montiel.

Mi gratitud especial a Edy Martínez, Walter Gene Jefferson, (Q. E. P. D.) y Cándido Camero, (Q. E. P. D.), por sus valiosos aportes testimoniales, útiles para direccionar las crónicas sobre Panchito Riset y Marcelino Guerra.

Igualmente, a Osvaldo Rodríguez en Miami Gardens, por su generosidad al acceder a contarnos la apasionante historia de su carrera musical, y a Diana Fernández, en La Habana, por su estupendo trabajo en la edición de la versión definitiva del libro.

Un particular agradecimiento a todas aquellas personas que nos facilitaron libros, revistas, fotografías, videos, discos y entrevistas, o que nos proporcionaron informaciones de manera verbal. Fueron de invaluable importancia.

El autor

ÍNDICE

PRÓLOGO

Un whisky servido en un vaso de café para burlar la prohibición de expender alcohol en los años treinta. Uno de los más geniales intérpretes de música ranchera trabajando como mesero en Nueva York, a la espera de una oportunidad para convertirse en cantante de ópera. El cuerpo de un hombre congelado en las neveras de un barco que atraviesa el mar Mediterráneo. Una amenaza de bomba a una cadena de hoteles de Miami si su gerente permitía que un solista se presentase ante los huéspedes. Un perro que ladra encerrado en un clóset, mientras un grupo de músicos ensaya una canción en la sala de un departamento, pretendiendo escapar de la pobreza con una partitura musical. Escenas como estas —algunas de ellas surrealistas— aparecen cual telón de fondo en el presente libro de Jairo Grijalba Ruiz, donde se explora la vida y obra de cuatro músicos cubanos que, a causa de las fuerzas centrífugas de la cultura, la economía, la política y el arte caribeño, recalaron en los Estados Unidos y Europa, náufragos de un huracán tempestuoso de música y poesía. Las vidas de estos artistas fueron tan intensas como sus obras: la mayoría de sus historias personales —signadas por la pobreza y luego, por el éxito—, señalan cómo se abrieron camino en los escenarios más grandes del mundo y, sobre todo, de qué manera crearon el universo cultural musical en el que se sumergiría gran parte de Latinoamérica durante el siglo XX.

Si te contara, cuatro reportajes con músicos cubanos es el fruto de una investigación intensa que Jairo Grijalba Ruiz realizó en los Estados Unidos y en las Antillas en un período de veintiocho años, que incluyó una serie de entrevistas con tres músicos cubanos: Panchito Riset, Orlando Collazo y Osvaldo Rodríguez. También se incorpora al texto, la conversación que el autor sostuvo con Marlena María Elías, fanática de Marcelino Guerra, quien recordó algunas de sus experiencias al lado de este destacado cantante, compositor y guitarrista fallecido en 1996, autor de las canciones «Oye mi voz», «La clave misteriosa», «Batamú», «Un juramento en las tinieblas», «Lamento lucumí» y «Me voy pa'l pueblo», entre muchas otras.

La semilla del texto fue plantada una tarde brumosa de 1987 en el Café Rosetti de Brooklyn, en Nueva York. Allí, Jairo llegó armado de una grabadora de audio, media docena de casetes vírgenes, un lápiz y un cuaderno con olor a cerveza, donde tenía garrapateadas las notas preparadas la noche anterior. En ese café, al otro lado de la mesa, tuvo como interlocutor al genial Panchito Riset, quien había abandonado los escenarios muchos años atrás y ahora, estaba postrado en una silla de ruedas ¡Qué ironías de la vida y del arte! Panchito Riset, el mismo que bailaba con desenfreno hasta el amanecer, el que cautivó con sus pasos encantados a Eleanor Powell —la más hermosa y talentosa diva americana que danzaba al ritmo del tap en las películas de Hollywood— ahora no se podía mover. Aquella tarde, detrás de la ventana, en la calle, flotaba la niebla del otoño y se escuchaba el rumor del viento acariciando las copas lejanas de los árboles de cerezo. Y allí empezó a crecer la semilla de este libro, bañada con media docena de tazas de café. El cantante cubano cerró los ojos y de su boca brotó la cascada del pasado: habló de su infancia en la isla caribeña (nació justo en el año en que su patria fue azotada por el ciclón de los Cinco Días que dejó 700 muertos), recordó aquellas noches intensas en las «academias de baile» de La Habana, que en realidad eran prostíbulos disfrazados; describió su llegada a Nueva York en un barco silencioso que perseguía a la luna y luego, enumeró sus detallados recuerdos de los grandes clubes como el Madison Royal y el Cubanacán, donde se bailaba y se bebía de forma desaforada todos los días de la semana, hubiera o no prohibición de consumir alcohol. Frente a sus ojos, los años treinta fueron una orgía interminable: quizá los nocherniegos disfrutaban hasta la muerte, porque presentían el fin de aquella fiesta y el advenimiento de una catástrofe. En efecto, después de la resaca vino el apocalipsis: la Segunda Guerra Mundial. Muchos de los alegres bailarines que bebían en los salones de Nueva York, perecieron luego en las playas de Normandía, en las Ardenas, en las Islas Midway o en Guadalcanal.

Para adelantar esta interesante investigación —fiel a su formación académica como antropólogo— Jairo Grijalba Ruiz les concedió un gran valor a los testimonios orales, recopilados en varias entrevistas realizadas a lo largo de tres décadas. Este tipo de información, que no se encuentra grabada en el papel, sino en la memoria humana, constituye una gran herramienta de estudio en las Ciencias Sociales, donde por lo general se emplea en procesos de reconstrucción de la memoria individual o colectiva, permitiendo, además, la exploración de una o varias visiones alternativas a la historia tradicional. Los testimonios obtenidos con base en los recuerdos tienen la capacidad de internar al investigador en el conocimiento de la experiencia individual del entrevistado, permitiendo así explorar las vivencias colectivas que se presentaron frente a un fenómeno o cambio social. En concordancia con este enunciado, Jairo Grijalba Ruiz logró reconstruir gracias a sus entrevistas, episodios desconocidos de la historia de la música cubana desde las voces de sus protagonistas: sus memorias se remontaban a las barriadas bulliciosas de La Habana, a los solares periféricos del barrio de Luyanó, a los campos agrestes de Los Arabos, a las fábricas de cerveza donde organizaban conciertos formidables y a las tascas solariegas frente al malecón, donde jóvenes y ancianos con sus guitarras ensayaban canciones hasta que el sol despuntaba en el horizonte. Al fragor de las conversaciones también llegaron los vientos ciclópeos de la revolución política que sacudió a esta isla del Caribe a finales de los años cincuenta, y que dejó a más de un millón y medio de cubanos dispersos en el mundo. Esta investigación, además de penetrar en el espíritu musical de la isla, logra sumergirnos en la vida cotidiana de los cubanos, tanto en su tierra natal como en otras geografías trazadas por las rutas del exilio.

15

En este libro se explora la vida de cuatro músicos destacados en la Cuba del siglo XX. Además de Panchito Riset, aparece Marcelino Guerra, gran guitarrista e inspirado compositor nacido en Cienfuegos: en su dilatada carrera, quien abarcó la mayoría de los ritmos cubanos, siendo coautor de «Convergencia», una canción maravillosa que se inmortalizó en las voces de Pablo Milanés y Miguelito Cuní. Cuando todavía era joven, viajó a Nueva York mientras se cerraba el cataclismo de la Segunda Guerra Mundial, para debutar en grandes escenarios como el Club Park Palace, integrándose a la mítica agrupación Los Afro Cubans de Machito y aportando su magia para contribuir a crear las obras de grandes maestros de la talla de Chano Pozo y Arsenio Rodríguez. El tercer músico, es Orlando Collazo, el cantante de La Charanga de Neno González: aún se escucha entre los coleccionistas su reconocida canción «Llegó el dulcerito» grabada en el transcurso de la década de los cincuenta. De forma súbita, y cuando se encontraba en la cúspide de su carrera musical, este artista renunció a los escenarios y al mundo del espectáculo para dedicarse a los negocios. Desde ese momento, se lo veía llegar a los clubes y salones de baile, ya no como estrella, sino como parte de un público apasionado por los ritmos que brotaban de los pianos, las guitarras y las congas que inmortalizaban las melodías embrujadas del Caribe. Cuando se retiró de la Orquesta de Neno González fue reemplazado por Orlando Contreras, quien se convirtió en una de las grandes estrellas de América Latina. Desde su mesa, Orlando Collazo levantaba la copa hacia sus antiguos compañeros y recordaba su infancia sencilla en el barrio popular de Luyanó, en La Habana. El cuarto músico —con el que se cierra el libro—, es el maestro Osvaldo Rodríguez, cantautor y guitarrista cubano residente en Miami, considerado uno de los grandes renovadores del bolero y de la canción de amor. Invidente de nacimiento, el primer escenario significativo de sus andanzas musicales fue la Escuela para Ciegos Abel Santamaría en cuyo seno fundó el Cuarteto Voces del Trópico que después se convirtió en el legendario grupo rockero Los 5U4.

Osvaldo Rodríguez ha compuesto más de mil doscientas canciones, muchas de ellas reconocidas en el innumerable repertorio de la música cubana. «El amor se acaba», —universalizada por la legendaria Elena Burke—está considerada entre los mejores boleros de todos los tiempos. En su letra se explora la fragilidad, la fugacidad de uno de los sentimientos más profundos de la existencia humana: «*Si sentimos que falta el coraje y la fuerza que antes nos acompañaba/Si no vamos del brazo a la calle/Del talle a la alcoba/ Del beso a la vida /El amor se acaba*».

Desde que el Caribe tiene memoria, la música flota como una brisa fresca sobre la isla de Cuba. Este rincón de las Antillas, donde el mar golpea con violencia los malecones y el viento forma un arco perfecto con las palmeras, se convirtió en el siglo XVI en un crisol donde se fusionaron las melodías españolas y los fabulosos ritmos y cantos africanos que los esclavos trajeron grabados en sus voces, en sus manos y en su espíritu. Estas dos fuentes, sumadas a la riqueza polifónica de los pueblos originarios, constituyen los pilares centrales del universo musical cubano. De todos los géneros, sobresalen por su sonoridad, ritmos como el *danzón* creado por Miguel Faílde en el siglo XIX, quien transformó la contradanza española. Fruto de esta invención es su inolvidable pieza «Las alturas de Simpson», donde aparecen rasgos propios de la cultura afrocubana y la música popular. También se destaca el *chachachá*, cuyos orígenes se remontan a Ninón Mondéjar y a Enrique Jorrín, quienes en los años cincuenta introdujeron coros a los danzones, fusionándolos con el son montuno. Luego se incorporarían a este ritmo las orquestas típicas también llamadas charangas con sus flautas, pianos, timbales y violines. En este contexto, ocupa un lugar destacado el *mambo* surgido a mediados de los años treinta, a resultas de una evolución del *danzón*, con influjos africanos, e interpretado a veces sin cantantes. A los géneros anteriores, se suma el *son*, un ritmo musical que floreció en las provincias orientales de la isla y que se popularizó en el siglo XX gracias a la radio, diseminando su alegría y poesía en países como Puerto Rico, República Dominicana, Venezuela, los Estados Unidos y Colombia. Un lugar destacado ocupa el *bolero* que germinó en Cuba a finales del siglo XIX —vale la pena aclarar que comparte el mismo nombre con el bolero español del siglo XVIII—, caracterizándose por una célula rítmica y una melodía diferentes a la europea. Uno de sus precursores fue José *Pepe* Sánchez quien, en 1883, compuso la canción «Tristezas», acompañada de guitarras y percusión.

Los cantantes y compositores que Jairo Grijalba Ruiz aborda en este libro crearon y popularizaron canciones inscritas en varios de los géneros musicales propios de la isla. Panchito Riset fue un formidable intérprete de boleros entre los que se destacan «Te odio y te quiero» y «De cigarro en cigarro», al igual que Marcelino Guerra quien creó y cantó piezas musicales inolvidables como «Pare cochero», «Buscando la melodía» y «Me voy pa'l pueblo». En su fugaz carrera, Orlando Collazo interpretó danzones y boleros, además del tema «Llegó el dulcerito» que lo llevó a romper récords de ventas. Osvaldo Rodríguez —quien ganó tres Discos de Oro de la Egrem— se ha destacado como compositor e intérprete de boleros, baladas, sones y canciones de rock. De su amplio repertorio sobresalen «Amor y cadenas», «Cosas que se me ocurren», «De lo simple a lo profundo» y «Los animales también pueden cantar», etcétera.

En este libro de igual modo, se aborda uno de los grandes dramas de Cuba compuesto por el exilio y la diáspora de millones de sus ciudadanos. Este fenómeno que surgió en el siglo XX sumerge sus raíces en los campos económico y político. Desde la fundación de la República, en 1902, la economía cubana creció de forma acelerada —aprovechando el contexto de la Primera Guerra Mundial—con la siembra de la caña, y la producción y exportación de azúcar hacia los Estados Unidos por parte de empresas norteamericanas que controlaban el 70% de la industria. Sin embargo, a inicios de

17

la década de los veinte, se presentó una súbita caída en el precio del azúcar provocando una bancarrota generalizada, que sumió en una intensa depresión a sus instituciones financieras. Esta fue una época de convulsión social: se crearon la Federación Obrera de La Habana, la Confederación Nacional de Obreros de Cuba (CNOC) y la Federación Estudiantil Universitaria (FEU), organizaciones que convocaron protestas y huelgas en defensa de los trabajadores y los estudiantes. En 1925 ocupó la presidencia Gerardo Machado, quien ejerció un gobierno represivo, caracterizado por el encarcelamiento y tortura de líderes sociales y por la persecución abierta a los movimientos revolucionarios. Luego, llegaron los años treinta, un período de gran inestabilidad política, económica y social: apenas inició el decenio, doscientos mil obreros organizaron una huelga, pidiendo la salida de Machado del poder. En 1933 se desarrolló otro paro masivo, liderado por grupos estudiantiles, que condujo a la caída del presidente. En este contexto, el embajador de Estados Unidos, Benjamín Sumner Welles, impuso como dirigente del país a Carlos Manuel de Céspedes, quien duró pocos días en el solio presidencial. Luego, vendrían destituciones, golpes de estado, su-

blevaciones, gobiernos de transición, etcétera. En medio de todo este terremoto social y económico, el futuro de los artistas cubanos era bastante incierto: la realidad cotidiana, permeada intensamente por la política, ofrecía muy pocas posibilidades de crecimiento y desarrollo profesional. En aras de superar este problema, muchos de los grandes maestros optaron por salir del país en los barcos que iban y venían de los Estados Unidos. En territorio americano, la mayoría de ellos se residencia en Nueva York, la gran meca musical de la potencia mundial, donde los ritmos caribeños subyugaban a los ciudadanos que procedían de todas partes del mundo. Arrastrados por esta corriente, arribaron a los grandes clubes nocturnos de Manhattan cantantes como Panchito Riset y Marcelino Guerra, en busca de nuevas oportunidades para consolidar su carrera artística. Al igual que ellos, centenares de compositores e intérpretes viajaron hacia el norte. Algunos triunfaron y otros, a pesar de su talento, nunca lo consiguieron: se conformaron con mirar desde la calle las rutilantes luces que parpadeaban en las fachadas de los centros nocturnos que albergaban al jet set internacional.

Otro de los grandes hitos en los anales de este país fue la revolución liderada por Fidel Castro, que provocó la caída del dictador Fulgencio Batista en 1959. Este evento se convirtió en un fenómeno sin precedentes en la historia latinoamericana, al constituirse en el primer levantamiento de izquierda que triunfó en el continente. Ya en este momento, se conformó un régimen de corte socialista que ha sido calificado por organismos internacionales de derechos humanos de restrictivo y autoritario, caracterizado por la violación abierta de la libertad de expresión y de circulación. En ese contexto, se desató desde el inicio de la revolución, un éxodo migratorio de cubanos hacia los Estados Unidos, España, México y Canadá, entre otros países. Las principales causas desde entonces han sido las diferencias políticas de la ciudadanía con el partido de gobierno, la pobreza en el campo económico, la búsqueda de mejores perspectivas para el futuro e incluso, la necesidad de reagrupación de las familias que se dispersaron después de la llegada de Castro al poder. Dentro de este fenómeno migratorio, se destacan grandes oleadas como el Éxodo del Mariel, que se presentó entre 1979 y 1980, cuando cerca de 125 000 personas salieron desde el puerto de Mariel hacia Cayo Hueso, en la Florida, o el Éxodo de los balseros de 1994, cuando más de 37 000 personas se lanzaron al mar para alcanzar las costas estadounidenses.

En la actualidad, se calcula que alrededor de 40 000 cubanos se marchan cada año de la isla, en busca de nuevos horizontes. Durante más de sesenta años, el estado de la Florida, en los Estados Unidos, se ha convertido en el destino de la mayoría de los inmigrantes. Los artistas no fueron la excepción a la diáspora y al exilio cubano. Centenares de cantantes, escritores, actores, pintores y escultores, entre otros, decidieron cruzar el Atlántico para reiniciar sus carreras y sus vidas en Norteamérica o Europa. Ese fue el caso de Orlando Collazo, quien se domicilió en Miami en el año 2001 (cuando había concluido hacía ya largos años, su periplo musical) y de Osvaldo Rodríguez, quien primero vivió en Barcelona y luego, se estableció en la Capital del Sol. A través de las entrevistas conducidas con habilidad por Jairo Grijalba Ruiz, se traslucen las luchas internas y externas que estos artistas debieron librar para seguir las rutas que les marcaba la brújula del corazón.

Con *Si te contara, cuatro reportajes con músicos cubanos,* Jairo Grijalba Ruiz ha realizado un aporte significativo al estudio de la música cubana del siglo XX, abordado desde la mirada íntima de algunos de sus cantantes y compositores, quienes confesaron incluso, cuáles fueron las fuentes de inspiración de varios de sus más grandes éxitos. Un episodio memorable se lo narró Osvaldo Rodríguez al calor de la conversación: la canción «El guajiro cepillao» fue concebida en una larga fila en Barcelona, mientras su autor trataba de gestionar una visa de residencia ante el Gobierno Civil de la ciudad. La inspiración le cayó como un rayo y justo en ese momento no tenía su guitarra ni un pedazo de papel para escribir. La melodía y la letra retumbaban en su mente, mientras la hilera de cientos de personas no se movía ni un centímetro fuera del edificio gubernamental.

La temática de la obra le permitió a Jairo Grijalba Ruiz continuar sumergiéndose en su ámbito de investigación —como antropólogo y como escritor—, que se ha centrado en esencia en los estudios sobre el origen y evolución de los estilos musicales propios del Caribe. Además de la trilogía sobre Arsenio Rodríguez (compuesta por *El profeta de la música afrocubana*, *El Ciego Maravilloso* y *El Corsario Negro de la Chambelona*), ha escrito los libros *Edy Martínez, el hombre del piano* y *Benny Moré sin fronteras* (en colaboración con varios autores). También es coautor de *¡Fuera, zapato viejo! Crónicas, retratos y entrevistas sobre la salsa en Bogotá*; *La cubanidad, 57 autores 57 definiciones* y *En el mundo en que yo vivo… Salsa en Colombia*. El libro que el lector tiene entre sus manos se suma a este fabuloso proyecto personal del autor, quien, sin ningún apoyo gubernamental o privado, ha adelantado por cuenta propia todo el trabajo que ha dado origen a los volúmenes que componen su obra.

A finales de marzo del año 2020, cuando los habitantes de Colombia entraron obligatoriamente a un período de cuarentena derivado de la pandemia del Covid-19, recibí una llamada de Jairo Grijalba Ruiz: había decidido aprovechar el encierro para materializar un proyecto que tenía entre manos desde hacía mucho tiempo. En varios casetes conservaba una entrevista que le concedió Panchito Riset en el Café Rosetti de Brooklyn en 1987, en los tiempos de la guerra fría. Asimismo, tenía las grabaciones en audio digital que realizó en 2015, cuando entrevistó a Marlena María Elías en Kendall, una localidad del sur de la Florida; a Orlando Collazo, en el restaurante Versailles del barrio de Little Havana en Miami y a Osvaldo Rodríguez, en Miami Gardens. Pensaba escribir un libro basado en los diálogos que sostuvo en aquellas jornadas inolvidables donde continuaba armando el rompecabezas infinito de la música cubana. Entre el primer encuentro y el último, habían transcurrido veintisiete años: en este extenso interludio, Jairo no detuvo ni un día sus investigaciones sobre la música del Caribe. De forma metódica, consultó decenas de archivos históricos de Cuba, Puerto Rico,

México, Curazao y los Estados Unidos. Cabe resaltar que, en la entrevista que sostuvo con Orlando Collazo, el formidable cantante afirmó que el autor de este libro conocía la música cubana, quizá mejor que sus propios connacionales. No en vano, Jairo Grijalba Ruiz fue condecorado con la Medalla de las Grandes Leyendas Musicales por la Universidad de Miami, en reconocimiento a sus aportes a la cultura afrocaribeña y latinoamericana.

Tres meses después del inicio de la cuarentena, el libro estaba terminado. Cuando lo leí, sentí que sus páginas eran como una ventana colgada en las paredes del tiempo: a través de ella se podía ver y escuchar las rumbas infinitas de La Habana, en lugares como las cervecerías la Tropical, la Polar y la Modelo o el inolvidable cabaret Sans Souci. También se percibían los ecos lejanos y las risas que brotaban de forma espontánea en los grandes escenarios de Nueva York como La Conga Night Club, el Club Yumurí o el Madison Royal, ubicados en el corazón de Manhattan, donde Panchito Riset cantaba hasta el amanecer canciones míticas como «Los cisnes», «Ciego de amor», «Flor silvestre» y «Los hombres son sinvergüenzas». A través de esa ventana también se podían contemplar las figuras frágiles de unos niños que, desde las barriadas populares de Cuba, soñaban con conquistar el mundo con sus voces, sus guitarras y sus canciones. Y de verdad que lo consiguieron. Este libro, es testimonio de ello.

Carlos Mauricio Muñoz B.
Popayán, Colombia, 12 de marzo del 2021

PREFACIO

Jairo Grijalba Ruiz: La investigación y la memoria de la música

La investigación es fundamental para la recuperación de la memoria. El rescate de la historia musical de Cali se inició tardíamente, sobre todo en el terreno de la música popular y en el caso de lo que en general llamamos salsa, tiene como punto de referencia *El libro de la salsa*, de César Miguel Rondón, un testimonio directo de esa epopeya llamada Fania y lo que se convirtió en el sonido de Nueva York. Con el paso de las décadas, algunos ensayistas, quisieron minimizar el libro de Rondón sometiéndolo a críticas desproporcionadas, por cuanto Rondón era tan joven como los músicos excepcionales que inauguraban una época de esplendor que no se repetirá.

En Colombia el camino fue marcado por la literatura: Mi libro de cuentos *Bomba Camará* y la novela *Celia Cruz, Reina Rumba* —esta última exaltada y prologada por Guillermo Cabrera Infante—, abrieron nuevos derroteros en la narrativa urbana y en la necesaria exploración de la fusión entre literatura y música. Más adelante encontramos el aporte de Alejandro Ulloa, de Rafael Quintero y de otros autores que sumaron puntos de vista.

Por fortuna, la investigación se amplió con el trabajo de investigadores y escritores colombianos residentes en otras ciudades de nuestro país: tenemos, por ejemplo, en Medellín a Sergio Santana Archbold, gran coleccionista de discos y escritor, autor de libros sobre Rubén Blades, Héctor Lavoe, y compilaciones acerca de grandes músicos como Benny Moré, así mismo en Popayán, ocurre igual con Jairo Grijalba Ruiz, autor de una trilogía de libros portentosos sobre Arsenio Rodríguez, labor que no se hizo en Cuba.

Desde hace algunos años se afirma que Cali es la capital de la salsa en el mundo, calificación reconocida por referentes de la comunidad internacional salsera. Una parte de la historia musical específica de las décadas anteriores se ha escrito en Cuba, país cuyo aporte es fundamental en el origen de la salsa; muy poco en Puerto Rico; y, casi nada en Nueva York, ciudad en la que surgió el fenómeno

23

salsero. Para nuestro país es un honor decir que los biógrafos de Arsenio Rodríguez, Celia Cruz, Héctor Lavoe, Rubén Blades y Ray Barretto sean autores colombianos.

Con el respeto que todos los colegas investigadores, musicólogos y escritores se merecen, me atrevo a hacer una aseveración que puede sonar fuerte: la evocación de la música cubana, el recuento de la música puertorriqueña, así como también el estudio de la música de Nueva York, están conservados en una caja fuerte en Colombia y para ser más concretos en Cali.

La recuperación de la memoria es muy necesaria. Músicos como Rubén Blades lo entienden a la perfección. Blades, quien es el personaje principal de un documental llamado *Yo no me llamo Rubén Blades*, ha declarado que está escribiendo un libro, con seguridad, en colaboración con un *writer*.

Hace unos meses, cuando Ismael Miranda visitó las instalaciones del Museo de la Salsa Jairo Varela, le insistí en la necesidad de dejar sus memorias escritas. Me respondió que trabajaba en el proyecto para la realización de una película sobre su vida. Miranda, figura excepcional de la Fania All Stars, hoy en día es un hombre sabio, lleno de madurez y experiencia. Sería lamentable que todo lo que sabe no quedara escrito.

Muchos grandes músicos se fueron sin tener esa posibilidad. Alguna vez en mi vida, durante una estadía en Nueva York, rehusé el ofrecimiento de Tito Puente para hacer un libro biográfico sobre su extraordinario periplo artístico y existencial. Estaba comprometido con otros proyectos y no existían las ayudas tecnológicas de hoy en día. Sin embargo, el tiempo y la vida me alcanzaron para dejar escrito el libro *Abran paso, historia de las orquestas femeninas de Cali* (en asocio con Rafael Quintero, Centro Editorial de la Universidad del Valle, Cali, 1995), así como también *Memoria de la Sonora Matancera* (Caimán Record Inc., Nueva York, 1997) y *Jairo Varela, que todo el mundo te cante* (Ediciones B, Bogotá, 2013), una biografía del mayor músico de Colombia, el más visionario y completo.

Jairo Grijalba Ruiz (14 de noviembre de 1962), nació en Popayán y estudió antropología en la Universidad del Cauca. Popayán ha sido una ciudad particularmente conocida como Ciudad Universitaria, cuya característica sociocultural de mayor reconocimiento en el contexto nacional es la celebración año tras año, de las procesiones de Semana Santa; no obstante, como ha ocurrido con la gente de otras ciudades del suroccidente colombiano, Popayán se acercó a la salsa por la influencia de Cali.

También Pasto, y en general el departamento de Nariño, comparten esa inclinación, pero con el antecedente de que de allá son originarios Nano Rodrigo, un gran músico y cantante con raíces tumaqueñas, que trabajó con el vocalista boricua Pepito López en Nueva York, y Edy Martínez, pianista de reconocida presencia en la salsa y en el jazz, quien desarrolló su carrera artística en la Gran Manzana durante más de cincuenta años.

Grijalba Ruiz, en su trayectoria académica, obtuvo una maestría en antropología cultural, doctorándose con posterioridad, en ese campo especializado de las ciencias humanas. Desde hace muchos años ha sido un gestor de eventos culturales, entre ellos un programa de televisión llamado La hora del jazz. En el 2009 escribió *Edy Martínez, el hombre del piano*, además es coautor de cuatro títulos de escritura colectiva: *Benny Moré sin fronteras* (Ediciones Santo Bassilón, Medellín, 2013); *¡Fuera zapato viejo!, crónicas retratos y entrevistas sobre la salsa en Bogotá* (Idartes, Editorial El Malpensante, Bogotá, 2014); *La cubanidad, 57 autores 57 definiciones* (Editorial Exodus, Barcelona, 2017) y *En el mundo en que yo vivo… Salsa en Colombia* (Ediciones Calle, Salsa y Letras, Medellín, 2021).

A comienzos de la década de los ochenta emprendió su gran trabajo, viajó a los Estados Unidos en búsqueda de fuentes y terminó publicando su trilogía sobre Arsenio Rodríguez, contenida en los libros: *El Profeta de la música afrocubana, El Ciego Maravilloso* y *El Corsario Negro de la Chambelona* (Unos&Otros Ediciones, Miami, USA, 2015-2018), que suman 1743 páginas, una auténtica biblia sin antecedente ninguno, ni en Cuba ni en Nueva York.

Jairo Grijalba Ruiz escogió el tema de Arsenio Rodríguez porque necesitaba postularse para adelantar estudios de doctorado en una universidad norteamericana en 1983, después de soportar el espantoso terremoto que dejó a Popayán en la ruina y desolada. La universidad le abrió un espacio para hacer una investigación en el marco de la diáspora africana en América, y el director de tesis le propuso enfocarse en un estudio de caso. Los estudios de caso son profundos y prolongados. Se decidió por un personaje como Arsenio Rodríguez, porque su obra musical encarnaba a la perfección el pasado africano del Congo, proyectado de forma medular en la música afrocubana que se reflejó a la postre con inesperado impacto en la música popular de los Estados Unidos y

América Latina. Grijalba Ruiz realizó trescientas entrevistas y un vasto trabajo de archivo y de campo en los Estados Unidos y en Cuba. Fue un largo esfuerzo de veinte años, con algunas interrupciones por falta de recursos económicos.

Por fin, tras su aparición pública en los Estados Unidos, la trilogía de Arsenio Rodríguez se hizo merecedora de la medalla de las Grandes Leyendas Musicales que le otorgó la Universidad de Miami en el 2015. Esta medalla, destinada a exaltar el trabajo de los músicos y cantantes cubanos destacados en el ámbito internacional, solo ha sido concedida a dos escritores latinoamericanos, el cubano Cristóbal Díaz Ayala y el colombiano Jairo Grijalba Ruiz.

Su nuevo libro *Si te contara, cuatro reportajes con músicos cubanos*, contiene una selección de crónicas que en su orden se titulan: «Panchito Riset, cae la lluvia sobre los tejados de Brooklyn»; «Marcelino Guerra, cenizas en Hudson River»; «Orlando Collazo, nuestro último café en el Versailles» y «El amor se acaba, la historia de Osvaldo Rodríguez», esta última, sobre un controvertido compositor ciego, autor del famoso bolero del mismo nombre interpretado por Elena Burke.

A los dos primeros personajes, protagonistas de sus crónicas, Jairo Grijalba Ruiz los encontró en la ciudad de Nueva York, mientras completaba su investigación sobre Arsenio Rodríguez.

Grijalba Ruiz sabía que Panchito Riset estaba vivo, pero no sabía cómo hallarlo. Todos en Nueva York le dijeron que buscara a Humberto Corredor, el coleccionista, empresario musical y propietario de discotecas, nacido en Cali, convertido por aquel entonces en un referente de la salsa en la capital del mundo. Humberto Corredor, con el apoyo de varios allegados, pudo localizarlo, aunque el desesperado esfuerzo por ubicarlo demoró varias semanas.

Un año después de la entrevista, Panchito Riset falleció en la Gran Manzana. Por esa razón, el primer capítulo está dedicado a este caleño que fue compadre de Celia Cruz, asesor del sello discográfico SAR, creador de Caimán Records, propietario de la discoteca El Abuelo Pachanguero, sitio legendario tanto en Cali como en Nueva York.

El libro, en sus cuatro reportajes, muestra el camino de un investigador, descubre y exalta la vida de un músico, desde su grandeza artística hasta los altibajos de su condición humana.

No obstante, debo ser sincero, el primer capítulo, de casi cien páginas, es sobresaliente. Por citar tan solo un ejemplo que nos posibilite resaltar aún más la calidad del trabajo de Jairo Grijalba

Ruiz, permítanme hacer referencia al libro *Panorama de la música popular cubana* (Selección y Prólogo de Radamés Giro, Editorial Letras Cubanas, La Habana, 1995). Se trata de un libro escrito por varios de los más grandes musicólogos de ese país, tales como Argeliers León, Zoila Lapique, Dulcila Cañizares, Leonardo Acosta, Alberto Faya, Jesús Gómez Cairo, Emilio Grenet, Dora Ileana Torres y Raúl Martínez Rodríguez, entre otros.

Al revisar el ensayo de Leonardo Acosta —uno de los investigadores más centrados de Cuba—, titulado «El bolero y el kitsch» (páginas 245 a 258), vemos que hace alusión a los más variados intérpretes del bolero cubano, pero no menciona a Panchito Riset. En mi primera visita a Cuba, en el período especial, alrededor de 1996, conocí a Leonardo Acosta, gracias a mi amiga Adriana Orejuela, investigadora musical caleña, radicada en La Habana.

Panchito Riset fue un cantante cubano que se hizo célebre en Nueva York. A partir de los años cincuenta sus boleros «El cuartito», «Cita a las seis», «Peregrina sin amor», «Si te contara», «Te odio y te quiero», «Flores negras», «Perdóname», «Allí donde tú sabes», el inolvidable «De cigarro en cigarro», entre otros, causaban una tragedia en los bares del barrio Obrero, en el bar de Lucho Lenis, en el Nápoles de la carrera 10ª y el maravilloso Cangrejos de la Carrera 8ª, donde yo aprendí a amanecer. En el continente se le conoció por este período, también en Cuba, adonde regresó a presentar un gran show acompañado por la orquesta de Obdulio Morales en 1949. La de Panchito Riset era una voz prodigiosa, que atravesaba la noche con una cuchillada, como la de Celio González o de Johnny López, quien nos dejó su memorable: «Luces de Nueva York». Sobre este bolero Gabriel García Márquez, en cierta ocasión, durante el Festival de cine de Cartagena, nos dijo, en presencia de Orlando Mora y Carlos Monsivais, experto en ese género musical, que para él era una de las letras más bellas del bolero cubano. El reportaje con Monsivais quedó publicado en el periódico *La Palabra* —del cual fui su fundador, editor y director—, en la actualidad, bajo la dirección del profesor Darío Henao Restrepo.

Gracias a la investigación, al talento de Jairo Grijalba Ruiz, un académico, un melómano, un hombre universal, que vive en Popayán, estoy leyendo y descubriendo a un Panchito Riset que yo no conocía. En Cali, salvo alguna excepción, conocimos solo al bolerista. Este Panchito Riset es otro, que Grijalba Ruiz por fortuna encontró en la Selva de Cemento apoyado por una persona única,

Humberto Corredor, el dueño de la música latina en Nueva York, un año antes de morir, el 8 de agosto de 1988.

Panchito Riset fue guitarrista, tresero, contrabajista y bongosero. En 1929 cantó con el Sexteto Habanero. Debutó como vocalista en Nueva York en 1933 (Mario Bauzá llegó a esa ciudad a comienzos de los años treinta). Fue amigo de Arsenio Rodríguez y Jorge Negrete. Compartió con el Cuarteto Flores y el Cuarteto Caney. También cultivó la amistad de Antonio Machín y cantó con Machito. Alternó con Tito Rodríguez, con Luis Lija Ortiz y René Hernández. Se destacó como un buen sonero. Esa perspectiva la descubre Grijalba Ruiz en su reportaje y anotaciones, un diálogo que contextualiza las preguntas y respuestas. Panchito fue un protagonista de ese esplendoroso Nueva York que despertó en el final de los años treinta y alcanzó el cénit en los cuarenta.

¿Por qué ríes así?
Tú no tienes razón
Para amargar mi corazón
Tú sabes que te quiero
Que en el cuartito espero
Llorando por ti….
¿Por qué no vienes a mí?
El cuartito está igualito
Como cuando tú te fuiste.

UMBERTO VALVERDE
Escritor, Cali 12 de marzo del 2021

INTRODUCCIÓN

Este libro contiene los reportajes realizados a cuatro cantantes cubanos que vivieron de diversas maneras en los Estados Unidos y España, el exilio y la diáspora, desde comienzos de los años treinta hasta nuestros días.

Cuando hicimos la entrevista a Panchito Riset, el primero de los personajes incluidos en el libro, yo era un joven investigador y escritor, con algunos años de experiencia en la tarea no siempre cómoda, de ahondar en la historia reciente de nuestra música afrocaribeña. Por entonces (1987), Panchito era un cantante retirado, prácticamente olvidado y casi perdido en los tremedales de la Selva de Cemento.

Dar con su paradero no fue fácil. Cuando por fin lo encontré y accedió a concederme la entrevista, gracias a los buenos oficios de varias personas, entre ellos, Humberto Corredor, me vi ante un hombre devastado por una penosa enfermedad, a quien le habían amputado las piernas y ya el destino había condenado a padecer los rigores de tener que permanecer en una silla de ruedas.

Era poco lo que le quedaba de vida al gran cantor, sin embargo, fue amable y generoso durante la entrevista. Cabe resaltar que, si Panchito Riset era en realidad bueno cantando; conversando era en extremo encantador, no obstante, guardo del artista la imagen de un hombre de expresión triste, cuyo carácter aventurero y bohemio se había echado a perder en el lamentable torbellino de sus inenarrables padecimientos de salud.

Al momento en que me senté junto a él en un café de Brooklyn y dimos comienzo a la charla, me sentí sobrecogido por su sola presencia, la presencia de un mito de nuestra cultura popular. Pero, me fui distendiendo en la medida en que Panchito fue abriendo de par en par la compuerta de sus vastos recuerdos, al enterarse del verdadero interés que yo mostraba por su obra a través de mis preguntas, y percatarse de que previo a nuestro encuentro, me había tomado el trabajo de escuchar con atención buena parte de sus numerosas grabaciones discográficas.

No siempre resulta tan fácil para el público comprender a plenitud la verdadera grandeza de un cantante popular, y en el caso de Panchito Riset, uno de los más grandes de todos los tiempos, quizás sea necesario referirme a una situación anecdótica, para ilustrar la anterior afirmación.

Durante la primera mitad de los años setenta, Panchito Riset, ya era un artista en apariencia retirado, obligado a dejar atrás de forma gradual los escenarios, como consecuencia de su grave estado de salud y de la imposibilidad subsecuente para adaptarse a los drásticos cambios que en el transcurso de ese quinquenio sufrió la escena de la música latina neoyorquina, en la que había sido ídolo indiscutido en el ámbito del bolero, a lo largo de cuatro décadas; sin embargo, tratándose de uno de los más renombrados intérpretes que ha dado nuestro continente, el retiro y el olvido no necesariamente fueron condiciones permanentes e inapelables.

Una noche, durante el verano de 1972, Panchito Riset se encontraba departiendo con otros amigos alrededor de una de las mesas del Club Caborrojeño, situado en Broadway con la calle 145, entremezclado con el público del centro de diversión más concurrido de Manhattan.

Transcurría muy animada la velada, cuya atracción principal en aquella ocasión era la legendaria orquesta de Machito, con el proverbial cantante habanero como vocalista principal.

El maestro de ceremonias ocupó el lugar más visible del escenario, perseguido por una luz única e intensa, cuya blancura resaltaba su presencia en el estrado, contrastando con la penumbra casi total del club, y enseguida tomó los micrófonos para anunciar la inminente actuación de Machito.

Los quince músicos de la orquesta, ya situados cada uno en su lugar, frente a los atriles, con el repertorio para aquella actuación memorable, habían comenzado a tocar los primeros compases de «Tanga», el célebre número de la autoría de Mario Bauzá, uno de los temas estándar de la banda, escogido esa noche como la pieza que daría inicio al show.

Machito de inmediato, hizo su aparición ante el público y tomó los micrófonos para atacar el estribillo de la canción... Aquel gesto de por sí arrancó un atronador aplauso de la concurrencia... El show proseguía ahora envuelto por la atmósfera excitante que solo era capaz de crear la orquesta... Uno tras otro se sucedían los grandes temas que adoraban sus fanáticos: «Mambo Inn», «Cuban

Fantasy», «Carambola», «Nague», «Picadillo», «Blen, blen, blen», «Llora timbero», «Tremendo cumbán» y «Babarabatiri».

Con el correr de los minutos la música exacerbaba el ánimo de los fieles seguidores de la orquesta más caliente de Nueva York. Era tal la excitación que de un momento a otro la pista del Caborrojeño se llenó de bellas mujeres y avezados bailadores.

De repente, cuando terminaron de interpretar «Babarabatiri», mientras los músicos cambiaban las partituras en los atriles, para reanudar el show, el maestro de ceremonias regresó con discreción al escenario y de forma circunspecta, le transmitió a Machito un recado de Roberto Ruperto, el mánager del club... Al momento, Machito hizo un ademán de pausa, acatado de inmediato por sus músicos, y un silencio perfecto, que parecía eterno, ocupó todo el ambiente del local que minutos antes estaba lleno de jolgorio y algarabía... Vino una nueva señal de Machito, quien se volvió por un instante frente a los músicos, y con otro de sus característicos gestos de director inclaudicable, los obligó a cambiar una vez más las partituras en los atriles... Cumplida la orden, marcó con el tacón: un, dos, tres y la orquesta, un cuerpo articulado y armónico, atacó la inconfundible introducción del antológico bolero de Adolfo Salas «Cita a las seis».

31

El público se mantuvo expectante, nadie se movía de su silla con la mirada fija en el escenario, para no perder el mínimo detalle de la sorpresa incluida en medio del espectáculo... Con la desenvoltura y naturalidad que le habían dado tantos años de experiencia arriba de los escenarios, de un momento a otro, Machito pasó, de ser la más rutilante estrella de la noche, a maestro de ceremonias, y sin otros preámbulos, percatado de su presencia en el local, invitó a subir al estrado al eximio bolerista:

«¡Damas y caballeros, con ustedes el gran Panchito Riset acompañado por la Orquesta de Machito and hisAfrocubans!»

Acto seguido, el cantor del barrio de Atarés irrumpió emocionado con paso decidido desde el lugar donde se encontraba, tras bambalinas, con una radiante sonrisa iluminándole el rostro, y con un guiño de complicidad abrazó a Machito, saludó a los músicos y dirigiéndose a la respetable concurrencia expresó con humildad su agradecimiento por permitirle aquel emotivo rencuentro con las tablas... Fue su regreso triunfal a los escenarios del mundo... Sin dificultad alguna, un segundo después, se acopló con los integrantes de la orquesta y comenzó a cantar: *A las seis es la cita, no te olvides de ir, tengo tantas cositas, que te quiero decir, al caer de la tarde, cuando se oculte el sol, nos hallará la noche hablándonos de amor...*

Aplausos atronadores del respetable público... La verdadera grandeza es un misterio indefinible.

El segundo personaje del libro es Marcelino Guerra, un compositor e intérprete cienfueguero cuya genialidad e importancia no son congruentes con el insuficiente reconocimiento que, contadas excepciones, le han acreditado los historiadores de la música cubana. Solo lo vi dos veces en Nueva York, también en 1987. En ambas ocasiones conversamos en extenso, era un hombre amable y sin ambages, pero ninguna de esas emotivas conversaciones, puede ser considerada una verdadera entrevista. En la primera de las oportunidades estábamos en un café del Bronx desayunando con el saxofonista panameño Walter Jefferson, quien muy gentil, había accedido a concederme una entrevista cuya extensión inesperada, nos obligó a reunirnos en el mismo lugar durante dos fines de semana consecutivos. Guerra venía entrando por casualidad al café, en compañía de Julia Núñez, su mujer, y en cuanto reconoció a Jefferson, se acercó para darle un abrazo a aquel viejo amigo de andanzas musicales con quien había trabajado en los tiempos en que ambos eran integrantes del conjunto de Arsenio Rodríguez en Nueva York. Fue Walter Jefferson quien con generosidad me introdujo con Marcelino Guerra y me dio las primeras explicaciones profundas sobre la importancia real e indiscutible de aquel formidable músico y excepcional ser humano.

Luego no supe nada más de él hasta muchos años después, cuando me enteré, a través de la prensa, que había fallecido en España. Su vida transcurría con discreción en la provincia de Alicante, donde vivió por veinte años en compañía de su esposa madrileña, aunque de forma esporádica recibía la visita de algunos estudiosos de la música cubana, tales como Cristóbal Díaz Ayala, quien lo entrevistó en alguna ocasión.

Guerra, en la etapa final de su vida, interactuaba con los músicos cubanos y españoles de las nuevas generaciones y se convertía de vez en cuando, en un exquisito anfitrión de sus fans. Una de sus seguidoras, Marlena María Elías, fue testigo excepcional de los últimos días de Marcelino Guerra, con quien lo unió una estrecha amistad en Campello.

Siempre mantuve vigente el interés por entrevistarlo y en varias ocasiones intenté conseguir una cita con él, pero al final la entrevista se frustró. Su fulgurante carrera artística, sin embargo, no se correspondía con la penumbra, quizás involuntaria, en la que permaneció su vida cotidiana. La casualidad me llevó a encontrar en el sur de la Florida a Marlena María Elías, *la única persona en el mundo que tuvo el privilegio de vivir de cerca las andanzas de Marcelino Guerra en España y la fortuna de formar parte de su círculo de amigos cercanos.* En el año 2015 la visité en su casa de Kendall y conversamos acerca de sus experiencias con uno de los grandes exponentes de la música popular cubana de todos los tiempos.

El tercer personaje del libro es el cantante Orlando Collazo, quizás el menos conocido de los cuatro entrevistados. Es curioso que fue Orlando Collazo, con quien tuve el placer de departir durante más tiempo, ya que nos reunimos en cinco oportunidades para tomar un café y conversar con largueza sobre sus grabaciones con la charanga de Neno González, la decana de las charangas cubanas. La última etapa de su vida la vivió en Miami, capital del exilio cubano, donde moriría pocos meses después de conocernos.

Al final, está el cuarto entrevistado, se trata del cantautor Osvaldo Rodríguez, un personaje controvertido y además el único de los protagonistas de este libro que aún permanece con vida. Su carrera de rockero en la segunda mitad de los años sesenta lo llevó a la cima de la popularidad en la Cuba castrista de aquellos tiempos. Conocido en ese país por la vastedad de su obra compositiva, sus numerosas grabaciones y miles de presentaciones, pero también por su militancia hasta los años noventa en el partido gobernante, la sola mención de su nombre en Miami, ciudad donde en la actualidad reside, podría provocar una *guerra de gangas* en el seno de la comunidad cubano-americana, pero más allá de la inevitable disputa ideológica que ha separado durante décadas a la familia cubana, dentro y fuera de la isla, debemos decir que se trata de un artista de firmes convicciones y palpables realizaciones, cuya historia musical nunca había sido contada de forma tan directa. Autor de más de mil doscientas canciones, su composición «El amor se acaba», llevada a los escenarios del mundo por Elena Burke con inusitado éxito, y por la cual el artista invidente paradójicamente jamás recibió un centavo por regalías, terminó por convertirse en uno de los más hermosos boleros de la historia.

33

Jairo Grijalba Ruiz, Popayán, 12 de marzo del 2021

UNA ENTREVISTA CON PANCHITO RISET

Cae la lluvia sobre los tejados de Brooklyn

Para Humberto Corredor, in memoriam, con la gratitud del autor.

Arturo Gómez *Marcané*, al referirse al concierto a beneficio de Panchito Riset, organizado por Joe Quijano y Charlie Palmieri, celebrado el domingo 8 de junio de 1986 en el teatro Symphony Space de la calle 95 y Broadway, en Nueva York.

Denver, 2 de febrero del 2021.

«Yo era el gerente del departamento de discos de la legendaria tienda de mi familia en Little Spain, Casa Moneo, en el momento de este homenaje. Un día Joe Quijano vino a la tienda y me preguntó si podía colocar un cartel para publicitar el evento. Llevamos todos los LP de Ansonia Records de Panchito y se vendieron bien. Mis padres siempre escucharon sus discos cuando yo era niño y me mencionaron que lo vieron en vivo dos veces. Además de permitir que se exhibiera el cartel, ayudé a Joe Quijano y su socio Charlie Palmieri a distribuir folletos y promover el recital. A cambio, la tarde del concierto, me permitieron estar detrás del escenario donde conocí a tantas leyendas de la música. Fue el primer evento detrás del escenario, y detrás de escena, del que formé parte. El concierto quedará grabado para siempre en mi memoria; al final cuando Panchito, ciego y en silla de ruedas, salió y cantó una serie de canciones, incluyendo su emblemático bolero «El cuartito», derribó el estrado y no hubo un ojo seco en el recinto… Todavía tenía su voz. Hay algunos clips de mala calidad —que rememoran esa tarde— circulando por el mundo».

LUCHA POR TU COMUNIDAD

APRECIADOS AMIGOS, LES INVITAMOS A
DISFRUTAR DE UN MERECIDO HOMENAJE
AL IDOLO DE AYER

○○○○○○○○○○○○○○○○○○○○○○○○○○○○○○○
○ **PANCHITO RISET** ○
○○○○○○○○○○○○○○○○○○○○○○○○○○○○○○○

escuchelo cantar sus bellas
melodias, pues recordar
es vivir.

El Domingo 8 de Junio '86
Desde la 1:00 a 5 pm. En el
Teatro Symphony Space
calle 95 y B'way.

Una presentacion de: LUCHA Inc. 127 E. 105 St.
Informacion: 289-1004   NYC
DONACION: $10.00

Francisco Hilario Riser era guitarrista, tresero, contrabajista y bongosero, no obstante, la principal actividad que ejerció en el mundillo de la música fue cantar y a fe que lo hacía muy bien.

Sus inicios en el ambiente musical se remontan a la niñez y adolescencia, etapas en las que fue integrante del Sexteto Atarés y más tarde del Sexteto Esmeralda fundado por él mismo. Pese a lo dicho, Panchito, en el transcurso de la entrevista que a continuación transcribiremos, afirmó que el comienzo de su carrera profesional como cantante, surgió gracias al tresero Manolo Romero del Sexteto Botón de Rosa, agrupación dirigida por el guitarrista y trovador Miguel Zavalla, con quienes fue a trabajar a la academia de baile Sport Antillano, ocupando la plaza de contrabajista y cantante.

Considerando la preponderancia que tuvo el trovador y sonero Miguel Zavalla en el ambiente musical de La Habana durante los años diez y veinte del siglo pasado, vale la pena precisar que por la misma época en la que Panchito Riset despuntaba en la música, Zavalla nombraba Sexteto Colín a la agrupación en la cual trabajaba como guitarrista y cantante, grupo en el que fungía como director. Pudo tratarse de dos agrupaciones diferentes que Zavalla regentara de forma simultánea, a la usanza de esos tiempos, por conveniencias laborales y políticas, pero cabe la posibilidad de que fuera el mismo sexteto con similares integrantes y con dos nombres distintos; esto último, si tenemos en cuenta la inveterada costumbre de los músicos de aquel entonces (vigente hoy en día) de cambiar, aparentemente sin ton ni son, el nombre de la agrupación, ya fuera para evadir compromisos legales o para reimpulsarla en el mercado, atendiendo al reclamo de alguna firma comercial patrocinadora. Por contera, Zavalla también denominaba a su agrupación Sexteto Candado.

Dejando atrás al mítico Zavalla, su suerte dio un brusco bandazo y con posterioridad, en 1929 se incorporó como contrabajista y vocalista del Septeto Habanero por el término de seis semanas nada más, para trabajar en la academia de baile Habana Sport asumiendo el papel de primera voz alterna, dado que Gerardo Martínez uno de los fundadores de la legendaria agrupación, había enfermado gravemente de la garganta y requería de una cirugía.

Eran los tiempos en los cuales el vocalista principal del Septeto Habanero, el cienfueguero José Cheíto Jiménez, había abandonado el grupo para irse a España a trabajar con el Septeto Nacional de Ignacio Piñeiro, con motivo de la Feria Internacional de Sevilla.

Cabe agregar, tal y como nos relatara Panchito, que durante la travesía en barco Cheíto, quien era tan solo un muchacho de diecinueve años de edad, a la altura del puerto de Nueva York, pescó una pulmonía y murió a bordo, sin lograr su destino, viéndose obligado el capitán del navío a arrojar el cadáver del artista a las aguas heladas del océano Atlántico, cumpliendo con una norma sanitaria vigente en aquel tiempo.

En el recuento de su trayectoria artística Panchito Riset manifestó igualmente, que fue integrante de otros quintetos y sextetos de los años treinta; sin embargo, a pesar de que le quedaban emotivos recuerdos de las vivencias con esas agrupaciones, no afloraron en su relato los títulos de canciones grabadas que testificaran aquellos episodios de los albores de su carrera; no obstante, después acudieron a su memoria en un abrir y cerrar de ojos, como cuando despertamos tras haber dormido un profundo sueño.

Decía el propio Panchito Riset, al conceder reportajes para medios de prensa de Nueva York y La Habana, que entre 1927 y 1929 fue integrante del Quinteto Luna.

Durante la entrevista, Panchito Riset hizo referencia a los tiempos en los que integró el Grupo Típico Santiaguero, con el que trabajó entre 1929 y 1932, aún en La Habana. Esta formación fue conocida con posterioridad con el nombre de Sexteto Cauto y la dirigía en aquella época el tresero oriental Manuel Mozo Borgellá. A su paso por la agrupación Panchito tuvo de compañero en la segunda voz a Marcelino Guerra en el transcurso del tiempo en el que trabajaron como conjunto de planta en el cabaret Sans Souci.

De acuerdo con testimonios de Panchito Riset y Marcelino Guerra, vertidos a la periodista Gilda Mirós en la década del ochenta, Manuel Mozo Borgellá le cambió el nombre al Grupo Típico Santiaguero y le puso Grupo Yarayo, pero no contento con este nombre, tiempo después decidió llamarlo Sexteto Cauto, conservando los mismos integrantes que habían formado la agrupación a lo largo de los años 1929 a 1932.

En cuanto dejaron atrás el grupo que dirigía Borgellá, Panchito Riset y Marcelino Guerra se convirtieron en cantantes del Trío Fantasma junto al pianista Ismael Díaz, quien dirigió una popular charanga que se había convertido en una de las favoritas del público habanero.

En ese tiempo Panchito Riset también se desempeñó en el papel de vocalista del Sexteto Arca Triunfal, dirigido por *Machuco* Pérez.

Para mediados de 1933 Panchito Riset se trasladó a la Gran Manzana y enseguida comenzó a hacer una serie de presentaciones en el club nocturno Madison Royal de Manhattan, contratado por el cubano Eusebio Santiago Azpiazu, conocido con el nombre artístico de *Mario Antobal*.

Este era el hermano mayor de Justo Ángel Don Azpiazu, el reconocido director de la Orquesta Casino de La Habana, quien en apariencia no se comportaba como un músico profesional sino más bien como un estafador empedernido y un ladrón de siete suelas. Mario Antobal firmó con el cantante un contrato de trabajo que le sirvió de puente a Panchito para hacer pie en la urbe neoyorquina.

Eusebio Santiago Azpiazu se presentaba en privado como representante de artistas, y tras cometer un robo en Cuba, del que nos habló Panchito (cuyos detalles veremos más adelante en este reportaje) se refugió en la ciudad de Nueva York, alzándose con el botín.

Cuando Mario Antobal estaba en la urbe estadounidense, a instancias de su esposa, Marion Sunshine, le surgió la idea de formar una agrupación musical registrada bajo el nombre de Orquesta Antobal's Cubans y envió un emisario a La Habana para que convenciera a Panchito de venir a Nueva York. Fue justamente con el acompañamiento de la orquesta en mención, ya lo decíamos antes, que Panchito hizo su debut como vocalista en la Gran Manzana.

El cantor de «Te odio y te quiero» permaneció durante seis meses con Mario Antobal, pasando más tarde a cantar durante unas pocas semanas, con la agrupación de planta del Club Cubanacán, situado en Lenox Avenue entre las calles 113 y 114 de Harlem, ocupando el lugar que Antonio Machín había dejado al viajar a Europa, pero casi de inmediato fue obligado por las autoridades de los Estados Unidos a regresar a La Habana, para resolver su situación migratoria.

En la ciudad que lo vio nacer permaneció por cinco meses. Una vez solucionado el trámite consular Panchito optó por establecerse de forma definitiva en los Estados Unidos ya que, durante su primera estadía, había contraído matrimonio con Carmen Riser, ciudadana americana nacida en Puerto Rico, pero de origen francés, quien por aquel tiempo desempeñaba varios oficios tales como camarera, modista y enfermera.

El apellido artístico Riset surgió en 1934 en cuanto Panchito salió de los estudios de grabación, luego de realizar su primera producción discográfica neoyorquina, debido a que en las etiquetas de los discos fue impreso por error el apellido Riset, en lugar del original Riser.

Al ser enterado Panchito de la equivocación en el *label*, decidió dejar el disco tal cual estaba, para evitarse rehacer la producción al completo. Desde entonces y durante toda su carrera posterior fue conocido como Panchito Riset.

De aquel tiempo quedó el número «Ya llegó navidad» de la autoría de Leopoldo González, prensado a nombre del Grupo Victoria, dirigido por Rafael Hernández y publicado por la RCA Victor, en el disco de 78 rpm V-32288-A, en cuya vocalización junto a Panchito intervinieron Davilita y Rafael Rodríguez.

Con la mencionada agrupación Panchito también grabó los temas «Mis amores» (danza puertorriqueña), de Simón Madera, y «Mi palomita» (bolero), de Roberto Cole.

Cuando Antonio Machín y José *Chiquito* Socarrás vivían en Nueva York, adonde habían viajado como cantantes de la Orquesta Casino de La Habana que dirigía Don Azpiazu, Panchito, recién llegado a la ciudad, tuvo la suerte de interactuar con ellos.

Según el episodio contado por Panchito Riset, el irreverente Antonio Machín en una ocasión se rehusó a cantar alternando con José Chiquito Socarrás una serie de *foxtrots* que Azpiazu había traducido al español, adaptándolos al estilo de su orquesta.

Socarrás, por su parte, le manifestó lo siguiente a la periodista y presentadora radial puertorriqueña Gilda Mirós: «Teníamos que cantar un número cada uno. Él dijo que no, que él era Machín, que si esto… entonces Azpiazu lo botó».[1]

En su andar musical estadounidense Panchito comenzó a cantar y a grabar con varios grupos latinos de importancia en los años treinta, entre ellos con el Cuarteto Flores, del compositor puertorriqueño Pedro Flores; con el Cuarteto Caney que dirigía el tresero cubano Fernando Storch y con la orquesta de Eliseo Grenet. Respaldado por los músicos de estas formaciones trabajó intensamente en las noches neoyorquinas ocupando plaza en varios de los más concurridos clubes y cabarets de su tiempo.

Entre 1935 y 1937, Panchito regresó con frecuencia a los estudios de grabación, según nos contó en el reportaje, haciendo varias producciones discográficas para el sello Columbia acompañado por el Cuarteto Flores, siendo la primera de ellas el bolero «No pienses más», cantado a dúo con el cubano Daniel Sánchez y rubricado por don Pedro Flores, cuyo registro data del 10 de abril de 1935.

En la etapa inicial estadounidense, durante el esplendor de su carrera, Panchito trabajó en California, sobre todo en Los Ángeles y en Hollywood, adonde había marchado al frente de su propia orquesta en 1936, para actuar en el Cabaret Trocadero.

La entrada de los Estados Unidos en la Segunda Guerra Mundial convocó a un sinnúmero de artistas a las filas del ejército de ese gran país, para que se sumaran a la conflagración. Panchito, siguiendo el ejemplo de decenas de músicos de origen latino que tenían nacionalidad americana, se enlistó en 1943, siendo comisionado al frente de guerra en Francia.

Finiquitado el conflicto y firmados los armisticios que sellaron el destino del planeta, tras el desastre bélico de proporciones inenarrables, y el horror de las trincheras que ensombreció con tristes recuerdos su vida para siempre, Panchito, quien todavía se consideraba un hombre joven y estaba deseoso de continuar su carrera artística, retornó convertido en un héroe de guerra a la ciudad de Nueva York, recomenzando la brega musical, la cual en un principio, no estaba desprovista de obstáculos, dando inicio a una larga temporada en la que fungió como estrella en el Café Versalles, prestigioso centro

40

[1] Gilda Mirós: *De la montaña venimos, íconos de Latinoamérica*, AutorHouse, Bloomington, Indiana, USA, 2014.

nocturno de diversión situado en Manhattan en el 151 East de la calle 50, en el que permaneció a lo largo de quince años.

En el Café Versalles, homónimo de un sitio de nombre similar en París, Panchito Riset durante la década del cuarenta tuvo la fortuna de interactuar y alternar en varias oportunidades con la célebre cantante francesa Edith Piaf.

Al referirse al origen de su estilo al cantar, Panchito mencionaba que lo había retomado de José *Cheíto* Jiménez, el vocalista del Septeto Habanero de finales de los años veinte. Su voz hacía el papel del requinto que sobresalía por encima del coro en los septetos, un estilo que en su momento también pusieron de moda en La Habana Carusito[2] y Caíto,[3] el primero con el Sexteto Favorito y el segundo con la Sonora Matancera, cuando Panchito Riset ya se había ido de Cuba y triunfaba en Nueva York.

Triunfaba es un decir, porque a Panchito le ocurrieron toda suerte de percances de índole personal, familiar, profesional y legal, antes de hacerse un nombre y un lugar en la Babel de Hierro.

La voz de Panchito tenía vibrato, sobre todo en el registro alto, efecto semejante al de un temblor… una voz guapa, de guapería de barrio, de guapería popular, que al mismo tiempo daba la sensación de que tuviera al final un ligero trémolo, sin perder la afinación, lo que contribuyó a aumentar su encanto personal.

Esto último, especialmente en los boleros, le imprimía a cada una de sus interpretaciones aquel sello de sinceridad y autenticidad, el tono del apremio amoroso por el que fue reconocido cantando boleros, arte en el que ha sido considerado el más consumado maestro. ¿Quién no recuerda, por ejemplo, la versión que Panchito

---

[2.] De nombre Florencio Hernández (1913-2000), compositor, cantante y maraquero, trabajó con diversas agrupaciones como la Gloria Matancera, la Sonora Nacional, el Sexteto Favorito, el Septeto Nacional de Ignacio Piñeiro y la Orquesta de Cheo Belén Puig, por citar solo algunas. Destacó como autor del célebre tema «Llegó el dulcerito», pero su firma también figura en otros números populares como «Qué pelota», «Son de máquina», «Óyeme Antonia», «No me quieras ya» y «Azúcar, mami», los cuales han sido versionados decenas de veces por las orquestas de salsa en los Estados Unidos, Puerto Rico, República Dominicana y Venezuela. Dejó una significativa cantidad de grabaciones para la posteridad, realizadas con los grupos en mención.

[3.] Su nombre completo era Carlos Manuel Díaz Alonso (Matanzas 8 de noviembre de 1904 –Nueva York 28 de septiembre de 1990), cantante y maraquero de extensa trayectoria en la música afrocaribeña, especialmente por su trabajo de varias décadas con la Sonora Matancera, la legendaria agrupación yumurina, con la cual dejó pocas grabaciones como solista y numerosas grabaciones como corista. Se lo recuerda por su voz asopranada que lo hizo destacar a comienzos de su carrera, cantando a dúo junto a Rogelio Martínez en las charangas de Antonio María Romeu y Belisario López, aunque con esta última no dejó grabaciones.

grabó del tema «De cigarro en cigarro»?, en la que con su genialidad para decir el bolero, nos revela el apremio y la angustia del amor.

Panchito Riset cantó también guarachas, guajiras, habaneras, trovas, danzones, rumbas, puntos guajiros, chachachás, sones, danzas puertorriqueñas y números típicos de la música boricua.

Si bien Panchito Riset, a través de toda la década de los años treinta, se destacó en presentaciones y grabaciones, viviendo en la ciudad de Nueva York, y fue apreciado por el público neoyorquino y californiano (por sus temporadas en Hollywood), en verdad fue poco conocido en su tierra natal, donde no realizó grabaciones discográficas nunca, ni antes ni después de establecer su residencia en los Estados Unidos, ya que salió del país siendo aún muy joven.

Hacia 1949 su voz aguda y melodiosa (con un estilo que parecía haberse quedado anclado en la forma de cantar de los boleristas de los años treinta), comenzó a sonar en las victrolas de La Habana interpretando el bolero «El cuartito», escrito por el puertorriqueño Edmundo Mundito Medina, un pugilista retirado, ya que por pura casualidad Radio Cadena Suaritos, propiedad de Laureano Suárez, sin proponérselo, le dio popularidad radial.

De esta manera Panchito se vio de un momento a otro ocupando los primeros planos en la preferencia de los oyentes de la radio habanera y de los compradores de discos.

A este éxito inesperado en su tierra natal, congruente con la valoración que del artista tenían los neoyorquinos, siguieron los boleros «Blancas azucenas» (escrito por Pedro Flores) y «Cita a las seis» (composición de Adolfo Salas), que marcaron el punto de partida de una serie de boleros cortavenas con los cuales la voz de Panchito se hizo conocida en todo el continente americano.

Regresando a los años treinta

Pese a lo dicho, no debe perderse de vista que, a lo largo de toda la década del treinta, Panchito realizó en Nueva York, al menos ochenta y siete grabaciones discográficas importantes, que tuvieron amplia difusión en el ambiente latino de la Gran Manzana: treinta y tres con el Cuarteto Flores, cuarenta y dos con el Cuarteto Caney, cinco con la orquesta de Mario Antobal, tres con el Grupo Victoria y cuatro con la orquesta de Eliseo Grenet.

A partir de abril de 1935, Riset grabó para los prestigiosos sellos Columbia, Victor, Vocalion, Decca y Okeh una serie de composiciones, la mayoría de ellas escritas por el puertorriqueño Pedro Flores, destacándose «No pienses más», «Cómo es el amor», «Esa eres tú», «Obsesión» y «No me persigas».

Además, con el Cuarteto Flores, Panchito dio a conocer al mundo la que quizás ha sido una de las más significativas composiciones del boricua: la canción «Sin bandera», tema de corte patriótico que refleja la postura de Flores frente al nacionalismo puertorriqueño, a la que se sumó el introspectivo bolero «Pobre cantor» (composición de Marcelino Guerra).

Algunos de los mencionados fonogramas, publicados con posterioridad por Columbia Records en discos de shellac de 78 rpm, fueron registrados durante un solo día, proeza que solo los grandes del pentagrama pueden realizar.

Después de la guerra

A su regreso de las sangrientas hostilidades de la gran guerra (Panchito era un soldado con funciones de enfermero en las trincheras francesas), y luego de que el cantor habanero prestara su servicio militar bajo bandera estadounidense en tierras del viejo mundo, el artista se las arregló para volver al ruedo, a los escenarios nocturnos donde lo aguardaban sus numerosos admiradores y continuaba siendo amado por decenas de mujeres, las pájaras de la noche que lo seguían de barra en barra y de trago en trago.

Una de las sesiones de grabación que testimonian la nueva etapa artística de Panchito a partir de 1947, va de la mano con Arsenio Rodríguez, Chano Pozo, Marcelino Guerra, Mario Bauzá, Miguelito Valdés, Machito, René Hernández, Joe Loco, Olga Guillot, Tito Rodríguez y el productor discográfico boricua de origen español Gabriel Oller, de la cual el fenomenal cantor nos habló en detalle durante este reportaje.

Pero no nos adelantemos sin antes mencionar que Panchito, también trabajó en las noches neoyorquinas a nombre de Panchito y su Orquesta del Club la Conga, el Conjunto de Ramón E. Aracena, la Orquesta de René Hernández, el Conjunto de René Martínez, el conjunto de Alfredo Munar y con el Conjunto de Luis Lija Ortiz, renombrado tresero de origen puertorriqueño, con el que hizo innumerables presentaciones y grabaciones discográficas desde 1947; buena parte de ellas para los sellos Marvela, Verne, Cenit,

Coast, Curro, Mida, Mayra, y en particular, Ansonia, del productor borincano Ralph Pérez Dávila.

El público del continente americano —en especial el público de origen latino de los Estados Unidos— continuó disfrutando de la ascendente carrera de Panchito Riset a lo largo de las décadas posteriores, y cada *hit* que pegó en el corazón de sus seguidores fue revalidado por otro y otro más, hasta los albores de la década del setenta.

El nombre de Panchito se hizo gigante quedando fijado en el imaginario popular entre las voces representativas de las mejores épocas de la música latina del siglo xx, mérito que se tornaba más grande por el hecho de que había desarrollado casi toda su carrera en los Estados Unidos, con esporádicos viajes por el Caribe… pero una torva jugada del destino vino a enturbiar su felicidad.

Por aquel tiempo su médico personal le diagnosticó diabetes, enfermedad que el célebre vocalista padeció en silencio. Sin embargo, era de esperarse, que esa terrible dolencia limitaría de forma dramática su desempeño artístico.

Tan lamentable estado de salud lo fue alejando de forma gradual de los escenarios que otrora lo vieron triunfar, hasta hacerlo caer prácticamente en el olvido.

Buscando a Panchito

El presente reportaje forma parte de una extensa serie de entrevistas que en el transcurso de veinte años de trabajo realicé en diversos lugares de los Estados Unidos y el Caribe, durante la investigación de archivo y de campo que me condujo a escribir los libros de la trilogía de Arsenio Rodríguez (UnosOtrosEdiciones, Miami, Fl., 2015-2018).

No obstante, lo dicho, aunque me basé en su contenido para escribir unas cuantas páginas de la citada obra, la entrevista (grabada en audio) nunca fue transcrita por completo en forma de texto, ni publicada en ningún medio impreso, permaneciendo archivada hasta el sol de hoy.

Como hecho singular, Panchito Riset fue testigo y al mismo tiempo copartícipe de las andanzas del gran Arsenio Rodríguez en la ciudad de Nueva York (ya lo decíamos más arriba). Amigo cercano del compositor matancero, se introdujo con el tresero de Güira de Macurijes en los estudios Nola Penthouse de Manhattan, cuando el Ciego Maravilloso tuvo la primera oportunidad de efectuar una sesión de grabación en la urbe neoyorquina, contratado por el productor discográfico Gabriel Oller, presidente de la compañía Coda Records. El suceso en referencia ocurrió en 1947, y quien se encargó de correr con buena parte de los gastos de la producción fue Miguelito Valdés.

Los mencionados estudios de grabación estaban ubicados en el piso 17 (en verdad en la azotea) del edificio Steinway, en el número 111 West de la calle 57.

Un destacado investigador estadounidense, el señor Richard K. Spottswood, pionero en el campo de las investigaciones sobre las discografías de los músicos de origen latino en los Estados Unidos, cuyos resultados comenzaron a ser publicados a partir de la década de los noventa con su monumental libro *Ethnic Music on Records*: A Discography of Ethnic Recordings Produced in the United States, 1893-1942 (University of Illinois Press), fue el primero que me puso sobre la pista y me permitió comprender de forma cabal la gran importancia que tenían las numerosas grabaciones de Panchito Riset, hechas, como se anotó antes, en su totalidad en los Estados Unidos, grabaciones que dicho sea de paso, contribuyeron de modo determinante al desarrollo de la industria del disco en el mencionado país.

Consciente de ese insoslayable hecho, y de la valía de las piezas musicales que el cantor habanero grabó con la participación de Arsenio Rodríguez, decidí incluirlo en la lista de las trescientas personalidades del ambiente artístico que me propuse entrevistar para el proyecto mencionado, y no contento con ello, me di a la tarea de localizar a Panchito en la inmensidad de la Selva de Cemento, sin tener la certeza de si estaba vivo o muerto. Por aquellos tiempos Eduardo Quiroz, uno de los tantos amigos colombianos residentes en Nueva York, me introdujo con Humberto Corredor, productor discográfico caleño, empresario de la noche, coleccionista, melómano de fama internacional y reconocido estudioso de la música latina, quien vivía en Queens. Con gran generosidad, Corredor, haciendo gala de su don de gentes, viendo el interés que yo mostraba por entrevistar a Panchito, no solo me confirmó que estaba vivo, enterándome de paso sobre su delicado estado de salud, sino que, además, entusiasmado con mi empresa, que en su momento consideró loable y meritoria, hizo todo lo posible por ayudarme a concertar una cita con el enigmático cantor de «La última carta».

Enseguida me invitó a tomar un café, preparado por él mismo en la máquina cafetera, y después nos desplazamos al sótano de la casa, el lugar donde atesoraba una sorprendente colección de al menos cuarenta mil discos, momento en el que nos sumergimos

45

en la tarea de escuchar con atención, una tras otra, no sé cuántas grabaciones incunables de Panchito, en las cuales el intérprete habanero disfrutaba del acompañamiento que le prodigaban distintas agrupaciones musicales neoyorquinas, degustándolas una por una como si en ello nos fuese la vida.

En cuanto pudo deshacerse de otros compromisos (era un día corriente de trabajo), Corredor se «guindó» del teléfono y dio curso a una serie de llamadas a sus amigos y otras personas relacionadas con el mundo de la farándula, pero en ese momento todo su esfuerzo fue en vano... ninguno de los interlocutores le dio razón del paradero de Panchito.

Después de varios días aguardando, sin noticias del cantor, quien parecía haberse esfumado en la bruma y en la nada, creía perdidas todas mis esperanzas de entrevistar al hombre y al héroe de guerra que otrora tanta gloria le había dado a la música latina neoyorquina, hasta que una tarde a mediados del otoño, regresé a Queens en el metro para visitar a Corredor y ver si sabía algo nuevo, entonces este me sorprendió de forma grata, demostrando que no daba su brazo a torcer, ya que había hecho ingentes averiguaciones por su cuenta hasta dar con la esposa de Panchito, quien en la siguiente llamada telefónica se puso al habla con el inefable admirador del eximio bolerista.

Unos minutos de conversación bastaron para que todo quedara concretado, Corredor acababa de hacer el milagro, y el encuentro, irrepetible dadas las circunstancias, entre aquella olvidada figura del canto caribeño y este servidor, por fortuna quedó fijado para la tarde del sábado 21 de noviembre de 1987, en un café de Brooklyn, al regreso del artista, en uso de buen retiro, y su esposa del almuerzo de cumpleaños de su médico personal.

Las condiciones para efectuar la entrevista por tanto fueron desde aquel instante favorables. Panchito vivía en un apartamento del alto Manhattan y retornando del almuerzo citado le fue fácil detenerse, acompañado por su mujer, en una concurrida calle de Brooklyn para tomarnos un café y charlar con largueza sobre su vida y su obra, a lo que accedió gentil, pese a la fragilidad de su estado de salud.

Cuando llegaron al lugar de la cita, Panchito y la amorosa mujer descendieron del auto, una camioneta Ford de color gris, modelo 1983, de alquiler. Carmen Riser lo conducía a todas partes a bordo del espacioso vehículo, acondicionado para el esporádico traslado de un hombre ya entrado en años y a quien por cosas de la vida le era imposible valerse por sí mismo.

Al salir de la camioneta se acercaron hacia mí con paso decidido ella, una mujer madura, enérgica y jovial y él, un anciano frágil y amable, casi ciego, postrado sobre la silla de ruedas —el cabello cano, los ojos estragados por los malos sueños de sus frecuentes pesadillas—, quien me extendió su mano franca. Con enorme dificultad, pero de buena gana, Panchito dibujó en su rostro maltratado por las ventiscas del otoño, una sonrisa triste y desangelada que no tenía relación alguna con la sonrisa del hombre eternamente joven en las fotografías del aclamado artista que habían circulado a lo largo y ancho del continente americano en el transcurso de más de cinco décadas. Enseguida se quedó mirándome a los ojos, con expresión bondadosa, dándome a entender que estaba complacido de acudir a la cita, y estrechando aún mi mano con las dos suyas, temblorosas por los estragos de su salud, exclamó: «Humberto Corredor me dijo que querías dialogar conmigo y aquí estoy».

Después de las acostumbradas presentaciones formales nos sumergimos en la conversación que a continuación transcribo en lo esencial.

Panchito Riset, fotografiado en La Habana en 1949, por Armando Hernández López (Armand's Studio) durante la única gira que hizo a su país natal, como invitado del empresario Laureano Suárez, propietario de Radio Suaritos. Foto: © Jairo Grijalba Ruiz.

La entrevista

Sábado 21 de noviembre de 1987.
Café Rosetti 3052 West 21st Street Brooklyn, NYC.

Nos encontramos en Brooklyn, estamos situados en 3052 West 21st Street, en el Café Rosetti, cerca de Surf Avenue, y tenemos el privilegio de estar en compañía de uno de los personajes más aplaudidos y admirados en el ámbito de la música popular de América Latina, en especial en el campo del bolero, me refiero al cantante cubano Panchito Riset. Hemos venido a Brooklyn para tomarnos un café, y en cumplimiento de esta cita memorable, en el otoño neoyorquino, conversar con Panchito sobre su vida y su música.

JGR: *Gracias, Panchito, por concedernos esta entrevista.*

PR: Es un placer para mí, Jairo, conversar contigo, disfrutando un poco de la tarde soleada, aunque acuérdate que en el otoño a veces suele llover. Hoy estamos a 53 grados Fahrenheit, me ha dicho mi esposa, quien me trajo hasta este café para reunirnos... Ahora salgo poco de casa, por mi estado de salud, que ya tú ves y puedes comprender perfectamente... Al encontrarme en esta silla de ruedas no soy el de antes, sin embargo, mi cariño para el público sigue siendo el mismo de siempre, y mis deseos de continuar cantando no se han apagado nunca, pese a mi condición de diabético.

JGR: *Para comenzar, Panchito, ¿usted en qué lugar de Cuba nació?*

PR: Yo nací en la ciudad de La Habana, en el barrio de Atarés... Fíjate, Jairo, ese barrio tenía un vecindario amable y jaranero en una época feliz de la vida en Cuba... Ahora se cae a pedazos y es tan peligroso entrar allí que ni la policía del régimen de Castro mete sus narices por allá... En mi barrio, se formó la comparsa Los Marqueses de Atarés. Esa era una comparsa que fue organizada a mediados de la década del treinta, si mal no recuerdo... Pero las comparsas, con otros nombres desde luego, venían desde el siglo XIX, mucho antes de que yo naciera... Esta comparsa salía para los Carnavales de La Habana precediendo a la celebración de cuaresma de cada año... Como nuestro barrio estaba localizado en lo que ahora se conoce como el municipio de El Cerro, que había sido sede de viviendas de prestigiosas familias españolas en la época colonial, y en el vecindario nuestro estaba la Fortaleza del Castillo de Atarés, así mismo fue que los organizadores de la comparsa, que eran unos conocidos de mi calle, la nombraron Los Marqueses de Atarés, y de acuerdo con las noticias que me llegaban hasta hace algún tiempo desde Cuba, se dice que era una de las mejores comparsas del carnaval…, yo en Nueva York, me los imaginaba bien trajeados echando un pie por toda La Habana arrollando…me acuerdo de mi infancia en el barrio de Atarés como si fuera hoy.

JGR: *Las calles del barrio de Atarés suelen tener nombres llamativos, ¿cómo se llamaba la calle donde vivían su familia y usted cuando era niño?*
PR: Era la calle Fernandina número 54, entre Vigía y Quinta…allí mismo fue donde yo nací justamente, fíjate.

JGR: *¿Recuerda la fecha de su nacimiento?*
PR: Sí, sí. ¡Cómo no! El 21 de octubre de 1910.

JGR: *Panchito, ¿puede decirme usted cómo se llamaban sus padres?*
PR: Mi padre era un catalán que llegó a Cuba siendo muy joven, se llamaba Francisco Riser, tal como yo…, mamá era cubana, de La Habana y su nombre era Juana María Rincón.

JGR: *¿Es verdad que usted en la adolescencia aprendió el oficio de obrero metalúrgico en la especialidad de pailero?*
PR: Mis abuelos maternos que fueron quienes me criaron querían que yo aprendiera alguno de los oficios en los que nos involucrábamos los muchachos de la época. Fue así, como aprendí un oficio complicado y riesgoso para las manos, pero que podía en determinado momento servir para ganarme la vida, el oficio de pailero industrial… Esto lo aprendí en el taller de un señor conocido de mi abuelo que se llamaba José Antonio Laburdette, el cual estaba situado en la calle Vives, entre Carmen y Figuras, en el barrio de Atarés, pero mi abuela no me dejó ejercer ese oficio, sino en muy pocas oportunidades.

JGR: *Me contaba su esposa que usted es un músico y cantante autodidacta.*
PR: Desde luego, así es y no me avergüenzo de confirmarlo, yo no cogí estudios musicales de ningún instrumento, ni tomé clases de solfeo… En mi época no se acostumbraba que los cantantes de música popular dieran clases con los maestros del conservatorio. Los estudios estaban reservados para los aspirantes a dedicarse a la música clásica, a la zarzuela y a la ópera.

JGR: *¿Recuerda el nombre de la escuela en la que cursó la enseñanza primaria durante su infancia?*

PR: Yo vengo de una familia muy pobre, de extracción humilde, pero con convicciones religiosas católicas sumamente acentuadas. En casa fuimos solamente dos hermanos: Cora y yo. A nosotros nos criaron nuestros abuelos maternos, como ya le manifesté. Estudiamos la primaria en la escuela pública de la Esquina de Tejas, a la cual después de los años le cambiaron el nombre.

JGR: *¿Desde niño usted quería convertirse en cantante?*

PR: Te voy a contar una anécdota de mi infancia que sirve para ilustrar mi respuesta a tu pregunta… Se supone que cuando uno es niño son los padres o los abuelos los que le cantan a uno ciertas canciones para dormirlo en la cuna, si es muy chico, o en la cama, si ya está más grandecito, ¿verdad? Pero en mi caso fue al revés…: mi hermana Cora y yo pasamos la infancia con nuestros abuelos maternos y era yo quien le cantaba a mi abuelo para que se quedara dormido… Mi abuelo me decía: «Panchito, cántame algo ahí», y yo le cantaba canciones de la trova, boleros y puntos guajiros que desde chico ya me sabía de memoria y los entonaba como si se tratara de un hombre mayor… Yo le cantaba y mi viejito enseguida se quedaba dormido.

JGR: *¿Qué ocurrió con la música en su adolescencia, cuando terminó la etapa del colegio?*

PR: Yo estaba cantando desde muy niño, como te explicaba anteriormente, pero además de cantar y tocar el tres, la guitarra, el contrabajo, el bongó, la botija…la marímbula y eso…en casa, mi abuela se enteró que yo tenía facultades y aptitudes para la pintura, entonces un día se me acercó y me dijo: «Panchito ven acá muchacho» …y me matriculó contra mi voluntad y contra la voluntad de mi abuelo en la Academia Nacional de Bellas Artes de San Alejandro allá en La Habana… Esto ocurrió porque gané una beca que me permitía pagar los estudios de pintura y escultura. Pero después de pasar un tiempo en la Academia Nacional de Bellas Artes de San Alejandro, como yo ya tocaba la guitarra y también el contrabajo, dejé tirados los estudios de pintura y escultura y, llevándole la contraria a mi abuela, formé mi grupo de sones y boleros que lo llamé Sexteto Esmeralda…, para eso estaba mi abuelo que me apoyaba muchísimo en la música y se la pasaba en un pugilato con mi pobre abuela, porque ella entraba a hurtadillas a mi cuarto cuando yo no estaba en casa y me hacía trizas la guitarra, debido a que yo le desobedecía y no quería ser pintor ni escultor sino músico... Y así se la pasaban mis viejitos en ese tirijala por mí..., y desde luego, al final mi abuelo se salía con la suya y me compraba otra guitarra... Así fue que me tiré a la calle a darme a conocer con mi grupo, estando yo muy jovencito... ¡Vaya, que me boté de guaño!, y pues ha habido Panchito para rato, ¿no es cierto?

JGR: *Revisando notas de prensa y revistas de farándula publicadas en Nueva York, he visto que en ellas se dice que usted fue bongosero, contrabajista y tresero, ¿qué hay acerca de ello?*
PR: De muchacho me la pasaba tocando el tres, como ya lo mencioné, pero era muy chico aún y todavía no pensaba en serio que me iba a dedicar profesionalmente a la música... Todo aquello vino un poco después... Lo del bongó es cierto, todos los mulaticos de mi calle aporreábamos las laticas en las que venía la leche, antes de hacerme con un bongó de verdad, con eso fue que yo me inicié... El contrabajo aprendí a tocarlo de oído, viendo a los músicos de los sextetos y septetos que iban a mi barrio para amenizar algunas tardes.

JGR: *¿Qué clase de música era la que tocaban en ese tiempo?*
PR: Sones, boleros, guarachas, guajiras, rumbas, puntos guajiros, congas y canciones de amor. Yo empecé tocando eso...a los catorce o quince años de edad, comencé con lo que le dije... a formar un grupo, se llamaba el Sexteto Esmeralda...Yo tocaba la marímbula... Con ellos fue que comencé a cantar y tocábamos gratis, donde quiera que hubiera una fiesta de Santo nos metíamos nosotros, porque lo que queríamos era que nos escucharan nuestros vecinos..., y así pasaron dos o tres años que, yo diría, fueron mis años de aprendizaje... Fue por aquel tiempo, en uno de los festejos en los que nos involucrábamos con frecuencia, que se apareció Manolo Romero,[4] alrededor de 1927.
Romero tocaba muy bien el tres, era un fenómeno..., me escuchó cantar y le gustó corroborar que yo tenía madera para el canto. Por ello propuso mi nombre para que me admitieran como integrante del Sexteto Botón de Rosa del guitarrista y legendario

---

[4.] De nombre Manuel Romero Torres, quien además de tresero fue el compositor del bolero «Abandonada», uno de los mayores éxitos de la carrera musical de Panchito Riset, grabado en dos ocasiones diferentes por Panchito en Nueva York, la primera en la década del treinta, con el Cuarteto Caney, y la segunda en una versión posterior en la década del cincuenta con el Conjunto de Luis *Lija* Ortiz.

trovador habanero Miguel Zavalla. Don Miguel se encargaba de la segunda voz y yo iba en la prima. Miguel había sido nada más ni nada menos que la segunda voz en los duetos con el padre de la trova: otro legendario guitarrista y cantante: Manuel Corona, que fue un compositor muy apreciado en los años veinte en Cuba, cuando yo todavía era un muchacho.

Manuel Corona tocaba la guitarra de forma magistral y cantaba siempre en el dueto con Zavalla llevando la primera voz, así fue como los escuché trovar en La Habana, siendo yo aún un niño. Corona también trovaba con María Teresa Vera, pero cuando ellos se juntaban para cantar en los merenderos de la Habana Vieja, Corona se pasaba a la segunda voz y a la guitarra prima y María Teresa se hacía cargo de la primera voz y la guitarra rítmica… El mulato Rafael Zequeira llevaba las claves y el coro, aunque a veces tomaba el relevo de Corona en la segunda voz…, había que verlos, había que escucharlos cantar… Ellos eran algo fuera de este mundo… Yo no volví nunca más a escuchar una cosa similar.[5]

Enseguida, estando ya como integrante del Sexteto Botón de Rosa que lideraba Miguel Zavalla, fuimos contratados para irnos a tocar a una «academia de baile», entre comillas, que se llamaba el Sport Antillano, y allí me hice hombre trabajando por tres pesos diarios. Cuando el maestro Zavalla y Manolo Romero me dijeron que me iba a ganar los tres pesos diarios, que eran una fortuna en esa época, yo exclamé: «¿A quién hay que matar?», porque yo esos tres pesos, quizás los podía ganar en una semana trabajando muy duro en un taller de metalurgia industrial…, y eso, si tenía suerte.

Pero para hacerte corto el cuento, allí yo cantaba y tocaba el contrabajo, y desde luego, la academia de baile, de academia no tenía sino el nombre porque en verdad aquello era una casa de prostitución disimulada con el nombre de academia de baile…, una academia de baile, ¡chico!, sin maestros de baile, sin profesores de baile, donde los hombres que gustaban de los ambientes licenciosos iban a buscar mujeres de la vida fácil, y efectivamente, ¡vaya!, tú sabes, los tipos que iban a la tal academia estaban bailando con las mujeres esas, cuando de repente ya no los veías más en la pista de baile y era que se iban de faena a la cama con ellas…Yo estaba tocando el

52

[5.] El trovador y sonero Miguel Zavalla, no solo formó duetos con Manuel Corona, sino también con trovadores de la talla de Floro Zorrilla y hasta con el propio Antonio Machín, en la época en la que el cantor de Sagua de Tánamo aún no formaba parte de la orquesta de Don Azpiazu. El maestro Zavalla de igual modo trovó con Juan Cruz, Armando Villalón y con Juan de la Cruz, entre otros bastiones de la trova de los años diez y veinte.

contrabajo y cantando un número..., y cuando volteaba a ver ya se habían desaparecido de la pista y estaban quién sabe dónde y haciendo otra cosa menos bailar..., esa es la verdad.

Un buen día las autoridades policiales de La Habana sellaron la academia de baile y nos quedamos sin el trabajo. Pero yo tenía buen nombre en el ambiente nocturno por la calidad de mi voz, de suerte que otro día vinieron dos de los integrantes del Sexteto Habanero..., porque me oyeron cantar..., y me preguntaron que, si yo quería ir a cantar con ellos ya que Gerardo Martínez, el cantante de esa agrupación, que era uno de los mejores grupos que te puedes echar a la cara, estaba enfermo. Eso fue como para 1929, quizás. El Sexteto Habanero tocaba en los bailes de la academia de baile Habana Sport.

JGR: *Panchito, hace un momento, mientras me hablaba de los ambientes sórdidos que en verdad fueron las academias de baile, ya que tras bambalinas lo que ellas escondían era un submundo signado por la prostitución, el alcohol, las drogas y las apuestas clandestinas, estaba pensando preguntarle si en sus años mozos, cuando comenzaba su entrada en el mundillo farandulero, usted fumaba marihuana.*

PR: Sí, yo fumé marihuana... ¡Por allá en mis tiempos de juventud, locura y delirio! ¡De eso hace como mil años! Lo que ocurrió fue que la noche habanera era en ese entonces, una noche cuya bohemia vivíamos con gran intensidad; nuestro mundillo farandulero estaba hecho de tal forma que no había límites para nada y todo estaba permitido... Los artistas probábamos cuanta cosa caía en nuestras manos..., pero al final yo no me quedé enganchado a nada de eso, porque en determinado momento, con el correr de los años, comprendí perfectamente que estaba echando a perder mi carrera artística y lo dejé... Sin embargo, en ese tiempo..., yo a veces me pongo a pensar en todo aquello y me parto de la risa..., en ese tiempo, dentro del mundillo nuestro, dentro del ambiente de los artistas, no solamente estaba de moda la marihuana, sino que también probamos cocaína y heroína. Lo hacíamos para ponernos bien y para estar a tono con una ciudad que no dormía, no obstante, lo dicho, Jairo, nosotros, los habituales de la noche, lo hacíamos en círculos de amigos muy cerrados, es decir, exclusivos..., era algo que circulaba entre nosotros, lo cual hacíamos con fruición, porque además teníamos dinero, ganábamos dinero... Ahora, lo que yo pienso hoy en día es en cuánto tiempo de ocio y de libertad dejamos de disfrutar de forma más creativa por estar atados a tan vanescentes formas de pasar buenos ratos, porque todo eso para nosotros no era más que un pasatiempo, y en determinado momento se me ocurre pensar que dejamos de trabajar en la sombra, para convertirnos en mejores artistas, por andar metidos en el asunto de las drogas y las mujeres fáciles, hasta que cada quien se dejaba caer en el abismo y en las tinieblas o se daba cuenta que lo mejor era salir de allí y cortar con todo aquello..., finalmente eso fue lo que yo hice.

JGR: *Panchito ¿qué representaba para usted estar bajo los efectos de la marihuana?, ¿cómo percibía su vida cotidiana?*
PR: Yo algunas veces me sentía eufórico y otras no, generalmente lograba adentrarme en mí mismo de una forma más profunda y sorprendente, la marihuana me servía en esa época para estar bien conmigo mismo y poder afrontar con desapego los tropezones de la vida diaria, ser más introspectivo, sin convertirme del todo en una persona introvertida. Yo nunca fui tímido en verdad y en ese tiempo tuve varios romances de ocasión con mujeres de la noche, así que la marihuana me proporcionaba esa otra forma de estar distendido en la intimidad durante aquellas efímeras, pero recurrentes lides amatorias. Además, volviendo a tu pregunta, Jairo, con la marihuana me las arreglaba mejor para escuchar la música, para escuchar dentro de un arco de mayor amplitud cada nota, cada acorde, porque lo que hacía en verdad la marihuana conmigo era abrirme el oído armónico en toda su dimensión, y eso me gustaba, era una experiencia envolvente que me llevaba, como te dije antes, a la introspección más audaz, pero también a la expansión y a la hilaridad..., aunque seguidamente me bajaba de una manera inesperada ¡Qué más quieres que te diga, chico!

JG: *¿Hasta cuándo duró su romance con la marihuana, la cocaína y la heroína?*
PR: Eso fue por varios años..., cuando yo estaba todavía muy joven... Después, las cosas que iba viendo en el oficio..., nuestro negocio, el negocio del espectáculo, ha sido siempre un giro muy difícil, era un submundo de envidia, hipocresía y traición... Los desengaños con los que me fui enfrentando en la vida, me cambiaron la perspectiva... Un día me vi solo, sin trabajo y sin dinero, y ya tú sabes chico...

JGR: *Volviendo al Sexteto Habanero, ¿Gerardo Martínez, además de ser cantante, era el contrabajista del grupo?*

PR: Sí, Gerardo era compositor, tocaba el contrabajo y cantaba, recuerdo ahora que le decíamos el Príncipe, porque era atildado y pulcro en su forma de vestir y de trato cordial, franco, ameno…, pero a él tenían que operarlo de la garganta, entonces vino hacia mí Guillermo, el guitarrista y director, quien se hacía acompañar de otro que le decían Felipe, que fue cantante y maraquero del grupo…, nos habíamos conocido en algún bar de la Habana Vieja…, y me dice: «¡Panchito, chico, ven acá! ¿A ti te gustaría cantar con nosotros?». Enseguida yo le respondí que sí, que estaba libre y me interesaba el puesto.[6]

JGR: ¿Esta situación ocurrió en qué fecha?
PR: ¿A comienzos de 1929, quizás?

JGR: ¿Recuerda, usted, quiénes eran los integrantes del Sexteto Habanero en aquel momento, cuando ingresó a la agrupación?
PR: El director también era compositor —muy buen compositor— y tocaba la guitarra…, le decíamos el Negro, se llamaba Guillermo Castillo García. Él fue quien compuso algunos de los números que tocábamos en mis tiempos. Nosotros cantábamos los números de Guillermo que ya eran populares…, que recuerde ahora… «Pa' Cantón», «Errante por el mundo», «Galán Galán» y «Tres lindas cubanas»… Esos números eran de Guillermo y sonaban en todos los bailes que dábamos, porque era obligatorio cantarlos ya que el público los conocía por los discos que el Sexteto Habanero había grabado aquí, en Nueva York, más o menos para 1926 o 1927, si la memoria no me engaña.

JGR: ¿Las grabaciones que usted menciona, Panchito, fueron las que realizó el Sexteto Habanero, en Nueva York, para el sello Victor?
PR: Sí, en verdad fueron una serie de grabaciones que ellos hicieron allá en La Habana y en Nueva York por esos años…, o un poco antes tal vez.

55

[6.] Según recordaba Panchito Riset en la entrevista, Felipe Neri Cabrera le manifestó que requerían un vocalista sustituto, porque a Gerardo Martínez se le había afectado la garganta, debido a que en ese tiempo las agrupaciones musicales no disponían de micrófonos ni altavoces para la amplificación de sus presentaciones y los cantantes se veían en la obligación de cantar a voz en cuello durante los bailes que amenizaban casi a diario.

JGR: *¿En aquel tiempo, cuando usted ingresó como cantante la agrupación todavía se presentaba ante el público con el formato de sexteto o ya habían agregado la trompeta?*

PR: Déjame pensar…, sí, sí el grupo ya tenía el trompetista que era uno al que le decíamos Pepe, no recuerdo ahora su apellido…, déjame ver…, ¿Interián? ¡Sí, sí eso mismo José Interián! Le decíamos Pepe. Ahora lo recuerdo… Me preguntaba usted antes por los integrantes…, el otro era José Sotolongo que tocaba el bongó… Nosotros lo que tocábamos eran sones y congas, cosas de esas…, pero la mayoría eran sones: ¿usted los ha escuchado? Y José Sotolongo se fajaba con el bongó…, era un muchacho muy bueno, no he vuelto a ver un bongosero como él, ni lo veré ya…

JGR: *¿José Sotolongo fue el que vino al Septeto Habanero a trabajar en sustitución de Agustín Gutiérrez, a quien apodaban Manana?*

PR: Sí, sí, el mismo…, y los del Septeto Habanero tenían un tresero que gustó mucho en aquel tiempo…, le decíamos Godínez, un muchacho negro, alto, fornido, que siempre estaba sonriendo y era de verdad un tresero extraordinario… Carlos Godínez era su nombre. ¡De todo eso hace diez mil años! Guillermo era el director y uno de los fundadores…, tocaba la guitarra y Gerardo tocaba el bajo… Ellos, los del grupo, me llamaron porque Gerardo se dañó la garganta y dijo el médico que tenía que operarse…Lo recuerdo ahora, pero en verdad fui integrante de esa agrupación tan solo por seis semanas, hasta que Gerardo se recuperó y regresó.

Cuando yo me retiré del Septeto Habanero también se retiró Interián, el que tocaba la trompeta, y vino otra vez Félix Chappottín a ocupar su puesto. El mismo Félix Chappottín que después dio tanto de qué hablar en el mundillo de la música cubana, porque fue el que se quedó con el conjunto de Arsenio Rodríguez allá en Cuba, cuando Arsenio se vino a vivir a Nueva York… Le decía que Félix Chappottín regresó de nuevo al Septeto Habanero cuando yo me fui del grupo… Chappottín ya había estado en el Septeto antes, y había grabado con ellos y todo eso… Yo nunca grabé con ellos… ¡Lástima! Me hubiera gustado…, sonábamos muy bien en aquel entonces.

JGR: *¿Usted recuerda, Panchito, quién era el cantante del Septeto Habanero cuando sustituyó a Gerardo Martínez?*

PR: El que cantaba primo…, el que hacía la voz prima era Miguel García… Miguelito había sustituido a José Cheo Jiménez… él también tocaba las claves, al igual que Cheito. Yo lo conocí a Cheito, era un buen muchacho y un estupendo compañero... Fue en verdad una pena que se muriera tan joven. Tenía una voz alta, aguda, sostenida, como el requinto... Cheito era único... Yo le cogí el estilo ese y lo conservé siempre cuando cantaba sones y guarachas.

Es más, te digo una cosa, yo sé cantar el son como se cantaba en los sextetos y septetos, es decir, el estilo clásico para cantar el son... Eso casi nadie lo sabe, ni me lo han preguntado en tantas entrevistas que he dado... La mayor parte del público se imagina que solo sé cantar boleros y no es cierto, yo canto de todo... Cheito murió jovencito en el transcurso de un viaje a España con el Septeto Nacional de Ignacio Piñeiro. Iban para Sevilla y Cheito falleció en alta mar... Saliendo de aquí, de Nueva York, iban en el barco *Cristóbal Colón* con rumbo a España, y en una de esas Cheito pescó una bronconeumonía y murió en cuestión de horas, parece que salió acalorado a la cubierta del barco, porque antes había estado en las entrañas del navío por los compartimientos de máquinas y bodegas y no se cubrió para salir. De forma inesperada vino un viento frío y su salud se vio afectada de gravedad. El hecho es que el barco zarpó de La Habana y después de tres días de travesía, hizo escala en el puerto de Nueva York para cargar mercancías que debían ser transportadas a España. Luego de dos días detenido, el navío salió de nuevo al mar y en esas tuvo un percance al encallar cuando estaba saliendo... Enseguida que superaron el inconveniente y el barco ya surcaba aguas profundas, fue que a Cheito le sobrevino la muerte, algo tan triste e inapelable como la muerte. Su cadáver fue arrojado al océano en las aguas del Atlántico Norte... Los restos mortales de Cheito fueron depositados en un cajón de aluminio, acondicionado para ese propósito, con lastres metálicos para darle peso y que se hundiera pronto en el fondo del mar... Fue una pena.

57

JGR: *Cuando usted se retiró del Septeto Habanero, ¿cuáles fueron las circunstancias concretas de su desvinculación?*
PR: Gerardo regresó a tocar el bajo y a cantar... En ese tiempo las actividades las desarrollábamos en las academias de baile..., porque era donde estaba el dinero..., cuando se acabó el trabajo en la academia de baile Habana Sport... Lo que sucedió fue que los propietarios de ese tipo de negocios contrataban a las agrupaciones para amenizar las noches, únicamente por determinado número de

semanas… Así que me quedé sin trabajo… Tal situación me obligó a continuar cantando con otros grupos.

JGR: *¿Qué hay de cierto, Panchito, en la afirmación que dice que Juana González, la esposa de Felipe Neri Cabrera, tenía una influencia poderosa en las decisiones que tomaban los integrantes del Septeto Habanero?*
PR: Había de todo un poco… Hay de cierto unas cosas…, y otras cosas que de ella se han dicho son leyenda. Unos dicen que era compositora, letrista para más señas, de algunas de las canciones que el grupo popularizó…; otros dicen que ella en verdad no escribió esas letras, sino su marido y algunos más afirman que Juana González se quedó con el nombre legal de la agrupación cuando se dispersaron los integrantes originales, y registró todo aquello en favor suyo y en favor de Cabrera ante las autoridades de la Gobernación de la Provincia de La Habana… Allí hubo de todo un poco, como en el son de Lou Pérez…

JGR: *En la época cuando aún, usted, se encontraba en Cuba, el* *Septeto Nacional de Ignacio Piñeiro hacía presentaciones públicas en las academias de baile, en la radio y en diversos lugares, ¿usted los conoció personalmente?*
PR: Sí…, yo los conocí e interactué varias veces con ellos en las oportunidades en las cuales la agrupación con la que yo trabajaba en ese momento, alternaba con el Septeto Nacional, cuando estaba Abelardo Barroso cantando… Te digo que no he vuelto a ver ni a escuchar nada semejante… El Septeto Nacional era bueno de verdad… Yo también bailé con ellos, no recuerdo ahora cuántas veces en los bailables que amenizaban cada dos por tres, y esos siete tipos sacaban candela… Venía con ellos un muchacho que le decían Panchito Chevrolet que tocaba el tres…, y te digo, pocos como él… Desde luego Abelardo Barroso cantando no tenía parangón, era único…, le decíamos Caruso… El Caruso del son cubano, hasta que llegó el difunto Benny Moré pisando fuerte…, los dos eran los mejores.

JGR: *¿Cómo continuó, usted, su carrera musical después del fugaz paso por el Septeto Habanero?*
PR: Los del Sexteto Bolero me llamaron para que trabajara con ellos y me fui para allá. El director de la agrupación era Tata Gutiérrez y el sexteto tenía un tresero que te volvía loco, Eliseo Silveira se llamaba

ese caballero, era un genio de verdad tocando el tres, difícilmente vuelves a escuchar algo como aquello.

Duré poco tiempo con Silveira y los del Sexteto Bolero porque el trabajo escaseaba y el dinero brillaba por su ausencia, así que todos los músicos del grupo teníamos que hacer otros trabajos menores de día para sobrevivir, entonces vino uno que le decían Mozo Borgellá…, este era un tresero oriental, estupendo músico… Borgellá tenía un sexteto que había formado en Santiago de Cuba que se llamaba el Grupo Típico Santiaguero y se fue para La Habana a probar fortuna…me oyeron también cantar… Yo era en ese tiempo ahí la voz popular, todo el mundo quería contratarme, y así empecé a cantar con diferentes grupos…, hasta que tomé la decisión de probar fortuna en otro país y me vine para acá.

Sin embargo, como le decía, antes de venirme a vivir a Nueva York, trabajé con Borgellá…, se llamaba Manuel Borgellá, pero yo no sé por qué todos le decían Mozo…, se enteró que yo cantaba bien y me llevó a trabajar con él… Me pagaban también cuatro o cinco pesos por noche (cuando había trabajo). Su agrupación se llamaba después el Grupo Yarayo… Posteriormente, fue conocido como el Sexteto Cauto.

59

Yo vengo de la época de los sextetos y septetos, cuando en La Habana se luchaba para que esa clase de música fuera aceptada por la alta sociedad, ya que ellos eran los que tenían dinero para contratarnos…, nuestra vida era muy dura en aquel entonces.

Tengo entendido que Manuel Mozo Borgellá le llamó así a su sexteto, porque él era oriental y el río Cauto está por el oriente de Cuba.[7]

---

[7] Refiere Bobby Collazo en su libro *La última noche que pasé contigo – 40 años de farándula cubana*, p.16, Editorial Cubanacán, San Juan de Puerto Rico, 1988, que en los finales de la década del veinte el Sexteto Cauto estaba conformado por Manuel Mozo Borgellá, tres y dirección; Panchito Riset, primera voz y clave; Marcelino Guerra, segunda voz, maracas y guitarra; Nené *Cabeza*, marímbula; Trino, bongó y Rafael *Nené* Enrizo, guitarra. Más tarde entraron a formar parte del grupo Vilarta en el bajo y *El Niño* en la guitarra, sustituyendo a Cabeza y a Enrizo. Tras la desvinculación de Panchito Riset y Marcelino Guerra, a partir de 1933, el Sexteto Cauto hizo cambios considerables en su formación. Para 1936, ya se había convertido en septeto al incorporar una trompeta; en tal sentido Jesús Blanco Aguilar de su libro *Ochenta años del son y los soneros del Caribe*, p. 72, Fondo Editorial Tropykos, Caracas, Venezuela, 1992, manifiesta que la formación del Septeto Cauto en 1936 fue la siguiente: Manuel Mozo Borgellá, tres y dirección; Oscar Valdés, primera voz y claves; Bienvenido León, segunda voz y maracas; Eladio Vento Sagüita, guitarra y voz prima; Rafael López, bajo; Norberto Favelo, trompeta, y Marcelo González *Pinillo*, bongó. A comienzos de la década del cuarenta el Septeto Cauto cambió varias veces su formación, incluyendo en sus filas a dos grandes cantantes como lo fueron Cheo Marquetti y Benny Moré..

JGR: *¿En qué año estaba usted cantando con el Sexteto Cauto de Manuel Mozo Borgellá?*

PR: Eso fue para 1929 hasta 1932, no recuerdo con exactitud ahora, estuve dos o tres años con ellos…, o tal vez un poco más…, porque el trabajo no era constante como yo hubiera querido… En esa agrupación tuvimos la fortuna de contar con Marcelino Guerra en la segunda voz y maracas. Marcelino también tocaba la guitarra y era arreglista. Fue conocido como la mejor segunda voz en la historia de la música cubana… Ninguno como él…Todos lo admirábamos y lo apreciábamos… Era un buen amigo, le decíamos *Rapindey*.

Yo diría que de todo aquel tiempo que estuvimos con Borgellá, donde más trabajamos fue en el cabaret Sans Souci que estaba por los lados de Marianao, en las afueras de la ciudad de La Habana… Asimismo, trabajamos en la radio…la radio era una actividad que estaba creciendo, que se estaba desarrollando a pasos agigantados en Cuba y por ese entonces tuvimos algunos trabajos en la radio…, muy pocos, por cierto.

JGR: *¿Es verdad que Borgellá no solo tocaba el tres de seis cuerdas, sino que también se fajaba con el tres de nueve cuerdas?*

PR: Es cierto, eso sí es cierto, yo trabaje con él…, y ahora que lo recuerdo, en los ratos libres cuando estábamos por ahí jodiendo o tomándonos del pelo sin hacer nada, Borgellá nos llamaba a Marcelino y a mí para montar una nueva canción y mientras ensayábamos las tres voces (Borgellá iba en el coro), desenfundaba el tres aquel que tú dices, de nueve cuerdas, y nos daba una demostración… Entonces, yo tomaba el tres de seis cuerdas y Marcelino sacaba la guitarra para seguirle el tumbao y el montuno.

JGR: *En su etapa de juventud, antes de hacerse cantante profesional, Panchito, ¿usted fue bailador?*

PR: ¡Vaya si lo fui! Claro que sí, muchacho, junto con mi hermana Cora, cuando estábamos los dos bien jovencitos formamos una pareja de baile… ¡Se paraba la gente a vernos!, y aquello que más nos gustaba bailar era la música que ahora prácticamente no suena, los danzones…, lo nuestro eran los danzones.

JGR: *¿En la etapa habanera de su vida artística, realizó alguna grabación discográfica?*

PR: No, qué va, en eso no podíamos ni pensar, estábamos tratando de sobrevivir en el ambiente musical y había una feroz competencia entre grupos.

JGR: *¿Al terminarse el trabajo con el grupo de Manuel Mozo Borgellá, usted siguió su carrera musical o estuvo en otras actividades?*
PR: Estuve a la deriva un buen tiempo tratando de hacer pie en la música, pero, como te dije antes, tenía que tomar otros empleos corrientes de día para sobrevivir... Lo que pasa es que el trabajo en el cabaret Sans Souci, que era un cabaret de primera categoría en La Habana, se acabó porque vino el golpe de estado de Batista contra el presidente provisional Carlos Manuel de Céspedes y Quesada, quien había tomado el lugar de Gerardo Machado, tras la obligada dimisión de este, y con el ambiente político tan caldeado que había en ese momento el trabajo se vino a menos..., y quedamos desempleados y desamparados.

JGR: *Panchito, ¿usted cuándo llegó a Nueva York por primera vez?*
PR: En 1933... Vine en el barco *Cristóbal Colón* que zarpó del Puerto de La Habana...La travesía se prolongaba por tres días en alta mar..., después el barco atracaba en Nueva York y permanecía dos o tres días en los muelles, cargando y descargando pasajeros y mercancías para luego tomar rumbo hacia España..., *El Colón*, le decíamos todos, era un navío español de la Compañía Trasatlántica... Era un barco enorme, de fabricación hispano-británica, tan lujoso que tenía tres comedores y salón de música, y estaba capacitado para albergar cómodamente 475 pasajeros en sus compartimientos de primera, segunda y tercera clases, siendo atendido por 245 tripulantes... *El Colón* tomaba la ruta desde el Puerto de La Habana hasta Nueva York, en su tránsito hacia Europa, cuyo destino final eran los puertos españoles como Bilbao, La Coruña, Sevilla y Barcelona... Cuando me buscaron para contratarme y traerme a esta ciudad dije: «Yo no quiero ir a Nueva York». El emisario que fue a buscarme me replicó: «Si tú quieres ir muchacho, puedo decirte que no es relajo, te estoy hablando seriamente de un contrato legal para que puedas sacar los papeles y trabajar con una orquesta de cubanos ya establecida en el ambiente neoyorquino. ¡Te van a pagar en dólares!, ¡se trata de una suma que jamás ganarías aquí; en La Habana ni trabajando la vida entera chico! Ellos necesitan un cantante y me mandaron a buscar uno..., no es un relajo, es en serio».

61

JGR: *Al momento de revisar las notas para preparar esta entrevista, entre los documentos que estuve leyendo, encontré unas declaraciones suyas publicadas en la prensa neoyorquina hace varios años, en las cuales usted manifestaba que la persona que lo trajo a Nueva York, fue Eusebio Santiago Azpiazu, conocido con el nombre artístico de Mario Antobal. ¿Sería tan amable en contarme más detalles al respecto?*

PR: Sucedió lo siguiente: en 1933, cuando yo vine para acá, ya Mario Antobal estaba viviendo aquí, en la ciudad de Nueva York, desde hacía algunos años con su esposa, una americana nombrada Marion Sunshine, que en su momento fue cantante, letrista, bailarina y actriz en los tiempos del Vaudeville. Efectivamente, la persona que me contrató para venir a trabajar a esta ciudad fue el señor Mario Antobal que usted menciona, Jairo. Es cierto lo que usted dice, Mario Antobal era el hermano mayor de Don Azpiazu… Su nombre real en Cuba era Eusebio Santiago Azpiazu…; por su parte, el nombre real de Don Azpiazu era Justo Ángel Azpiazu.

Mario Antobal no fue un músico de carrera, aunque, como cosa curiosa, debo decirle que él había tomado algunos estudios musicales paralelamente a sus estudios como contador en los Estados Unidos, cuando era jovencito y vivía en este país con su hermano Justo Ángel. Mario Antobal no estaba involucrado de lleno en algo que tuviera que ver con la música, ni con la farándula, a diferencia de su hermano Justo Ángel Don Azpiazu, quien fue un formidable director de orquesta y una persona sumamente respetada y admirada en Cuba, en los Estados Unidos, en Europa y en toda América Latina. Sin embargo, fíjese usted, ninguno de los cinco dedos de la mano es igual si los compara el uno con el otro… En la familia Azpiazu estaba Eusebio Santiago… Él, en Cuba, se había involucrado en el mundo de la política en tiempos del general Mario García Menocal, dos veces presidente de la república en períodos sucesivos, de quien Antobal fue contador en sus haciendas azucareras, y con poterioridad, secretario privado allá en la presidencia, de tal manera que estando en esas se robó cierta cantidad de dólares…, de manera subrepticia depositó aquella suma de dinero, obtenido de forma ilícita, en bancos neoyorquinos con el propósito de quedarse a vivir aquí, para escapar a la represalia de la justicia cubana… Eso fue como para el año 1918 o algo así… En vista de lo anterior, al haberse convertido en un ladrón y un estafador, se le cerraron por un tiempo las puertas de nuestro país… Allá en La Habana, a este señor Eusebio Santiago Azpiazu la policía lo estaba buscando… ¡Que dónde está Azpiazu!,

¡que dónde está Azpiazu!, y él acá en Nueva York con su mujer. Cuando se estableció aquí, Azpiazu no sabía hacer nada, puesto que su actividad principal en Cuba había sido vivir de la política; por esta razón echó mano de la música, actividad que él había dejado durante varios años en un segundo plano, y organizó una orquesta cubana, puesto que se encontró aquí con algunos músicos cubanos que estaban varados, sin poder trabajar por cuestiones de papeles y todo eso... Aquí, en Nueva York, se encontró con un pianista, un trompetista, otro que tocaba el bajo, en fin... Unos años antes, Antobal había sido director de la orquesta de Don Azpiazu en París, por alguna razón que no podría precisarte. Lo cierto es que fueron Antobal y su esposa Marion Sunshine, quienes trajeron por primera vez a Don Azpiazu a Nueva York. Ella tenía contactos acá y lo trajo en 1930 a raíz de un viaje que hizo a La Habana con su esposo. Viendo que la orquesta de Azpiazu era estupenda, decidió facilitarle todo para que viniera a trabajar aquí, en Nueva York, al Teatro Palace, el mejor del mundo... Fue Marion Sunshine quien hizo toda la producción de las presentaciones de la orquesta de Don Azpiazu en las diferentes ciudades de los Estados Unidos que ellos visitaron, y fue ella quien le puso el apodo de Don Azpiazu con el cual era popularmente conocido en toda América y Europa. Cuando Antonio Machín y Don Azpiazu se pelearon en Nueva York, él y los integrantes de su orquesta, después de una temporada de ocho meses presentándose en los principales teatros del país, regresaron a Cuba, para actuar en el Casino de La Habana, y enseguida se fueron de gira por Europa. Estando en el viejo continente, realizaron presentaciones en Montecarlo y París... En circunstancias que desconozco, Don Azpiazu regresó a Nueva York y dejó la orquesta en manos de Antobal... Después de todo aquello la orquesta de Azpiazu por algún tiempo se desintegró. Don Azpiazu, quien se encontraba en Nueva York, se fue una temporada para La Habana y Antobal, quien estaba en Europa, regresó a Nueva York. Se dice que algunos de los músicos originales que formaban la orquesta de Don Azpiazu fueron contratados en 1933 por Antobal acá, en Nueva York, cuando él decidió conformar su orquesta Antobal's Cubans. Algunos años después, como en 1937, Don Azpiazu vino de nuevo a Nueva York y formó otra vez su propia orquesta... Entonces se le abrieron las puertas del Morocco, un club muy prestigioso que había allá en Manhattan... Por aquella época yo tenía por fin, un trabajo fijo en el Café Versalles..., pero fíjate que trabajé en alguna ocasión con la orquesta de Don Azpiazu en el Club Rainbow Room que estaba (y está todavía) en la parte alta del edificio Rockefeller Center en Manhattan, porque José Chiquito Socarrás no podía ir a actuar con la orquesta y me pidió a mí el favor que lo sustituyera. Regresando con Antobal, como era la época de la prohibición del expendio público de alcohol, y él, a través de su mujer tenía buenas conexiones con los propietarios de los locales en los cuales de forma clandestina se vendía licor, vio en aquello una magnífica oportunidad de negocios y decidió hacer una alianza de conveniencia mutua con el dueño del club Madison Royal, ya que era el momento en que la música bailable cubana se estaba poniendo de moda en esta ciudad. El dueño del club Madison Royal quería tener una orquesta de músicos cubanos para que tocaran allí cada noche y a Eusebio Santiago Azpiazu, es decir, Antobal le entró la ventolera de conformar una orquesta con músicos cubanos residentes en Nueva York, y como le faltaban un cantante y un timbalero, envió a un emisario, un tipo llamado Pedro Tellería, que era baterista de la orquesta, para que fuera a La Habana y buscara a ver quién podía venir a ocupar esas dos plazas. El emisario buscó al timbalero, cuyo nombre ahora no recuerdo, y me buscó a mí... Yo vine para acá en 1933, como cantante de la orquesta Antobal's Cubans, vinimos juntos para acá el timbalero aquel y yo, entonces comenzamos a trabajar aquí durante la prohibición, y el club en el que trabajábamos con la orquesta se llamaba el Madison Royal, que estaba entre la Quinta Avenida y la Avenida Madison en Manhattan.

JGR: *Panchito, usted me decía que trabajó también con la orquesta de Don Azpiazu.*
PR: Claro que sí. Lo conocí aquí, en Nueva York cuando él vino a trabajar a esta ciudad y organizó nuevamente su orquesta en 1937. Don Azpiazu era el hermano de Antobal, como ya le dije antes... Don Azpiazu fue uno de los primeros directores de orquesta en introducir la auténtica música cubana en los Estados Unidos. Con la orquesta, cuando él estuvo por primera vez en Nueva York en 1930, venían cuatro cantantes, entre ellos José Chiquito Socarrás, Antonio Machín, Daniel Sánchez y uno más, cuyo nombre no recuerdo ahora mismo... José Chepín Pereira se llamaba, creo, o algo así.
Socarrás se quedó a vivir en Nueva York, a continuación, cuando Azpiazu regresó en 1937 a la Gran Manzana, los dos se reencontraron y se volvieron a poner de acuerdo para trabajar juntos...

En cierta ocasión, José Chiquito Socarrás no pudo ir a cantar con Azpiazu, porque las fechas se le cruzaban con otros compromisos antes adquiridos... Esto era con motivo de una serie de presentaciones que hacía la Orquesta Casino de La Habana en el Rainbow Room de Nueva York, entonces el propio Socarrás me pidió que tomara su lugar y yo lo hice... Fue una experiencia estupenda porque la orquesta sonaba de forma espléndida y el público noche tras noche nos recibía y nos despedía con una atronadora salva de aplausos, amén del dinero que ganábamos, que siempre era una suma considerable por tratarse de un club de primera categoría, frecuentado por una clientela adinerada.

Sexteto Yara, fotografía de los años veinte. El grupo fue fundado por Santos El Niño Ramírez y Lantico Ramírez en 1925, en un vecindario del populoso barrio de El Cerro, en la ciudad de La Habana. Foto: Archivo de Patrick Delmace, Colección Montuno Cubano.

JGR: *¿Cómo era Don Azpiazu en el trato personal?*
PR: Los dos hermanos fueron personas muy amables y de buena educación, lo que comúnmente se conoce como hombres de mundo, con un incuestionable dominio de sí mismos. Eusebio Santiago era un cubano mucho más tradicional, dicharachero y algo desenfadado al hablar. Mientras que Justo Ángel, el menor, se destacaba por su cordialidad, corrección y mesura. Los dos hermanos se llevaban muy bien, hablaban un inglés perfecto desde la infancia, y ambos tenían títulos universitarios. Siendo muy jóvenes, Eusebio Santiago

y Justo Ángel fueron enviados por sus padres, que eran personas adineradas, a estudiar a la Universidad de North Carolina. Eusebio se hizo contador y Justo Ángel ingeniero químico azucarero. Los dos aprovecharon la ocasión para estudiar música como segunda actividad. Justo Ángel aprendió a tocar el acordeón y el piano y se convirtió en un maestro, llegando incluso a ser catedrático y todo eso. Pero cuando regresaron a Cuba con sus diplomas, el mayor consiguió empleo en los ingenios azucareros del general García Menocal y el menor decidió probar suerte en la música. Hacia mediados de los años veinte conformó su propia orquesta y en 1930 vino a Nueva York... Después retornó a Cuba para trabajar allá y en la segunda ocasión, a su regreso a Nueva York en 1937, estuvo trabajando con la orquesta Casa Loma, un poco después formó de nuevo su orquesta y fue en ese momento, cuando yo trabajé con él. Como director era impecable y su música fue por lo general muy bien recibida aquí, en la Gran Manzana... Algunos años más tarde se afincó otra vez en La Habana, según me contaba su hijo Raúl, y cuando apenas tenía cincuenta años murió como consecuencia de un infarto.

66   **JGR:** *Cuando Don Azpiazu vino a Nueva York con su orquesta en 1930, ellos grabaron una nueva versión del pregón «El manisero», estelarizada por Antonio Machín, quien tenía una voz estupenda. Sin embargo, hay que decir que dos o tres años antes ese mismo número (de la autoría de Moisés Simons) ya se había convertido en un estruendoso éxito internacional interpretado por Rita Montaner... Rita, La Única.*
PR: Claro que sí, eso es cierto, Rita Montaner hizo una versión formidable.

JGR: *Panchito, por favor, hábleme un poco sobre el club Madison Royal, que fue el primer establecimiento en el que usted trabajó en la Gran Manzana... Había algo de ilícito en el ambiente, porque se vendían bebidas alcohólicas estando el país en plena prohibición gubernamental. El Madison Royal, hasta donde tengo entendido, era un Speakeasy.[8]*
PR: Sí, no puedo negarlo..., es verdad, el propietario del club vendía bebidas alcohólicas bajo cuerda... Además, a Mario Antobal —aunque había estudiado música, como había dejado de trabajar en el ambiente farandulero durante muchos años, por andar metido en las faenas de la política allá en Cuba—, llevar la orquesta de forma conveniente, y administrarla bien se le hacía un problema que cada día teníamos que sufrirlo nosotros, los músicos y cantantes... Cuando

---

[8.] En español se traduce como bar clandestino.

se vino a menos el Madison Royal, finalizando el año 1933, como consecuencia de que el gobierno del presidente Roosevelt levantó la prohibición de vender bebidas alcohólicas,[9] los dueños cerraron el club, entonces me fui a trabajar en el Club Cubanacán, allá en Harlem, por Lenox Avenue, entre las calles 113 y 114.

Yo no estaba haciendo nada y tenía la necesidad urgente de encontrar un trabajo que me permitiera ganarme la vida... Recuerdo que era una noche de invierno y hacía mucho frío..., tenía encima un abrigo que había traído de Cuba, apto para afrontar la estación invernal... El abrigo lo compré en La Habana en una casa de empeños antes de venirme para acá, por recomendación del emisario que fue a contratarme... Él me dijo que aquí, en Nueva York, durante el invierno se venía un frío terrible.

Estando en el Club Cubanacán, lugar al que íbamos con frecuencia los músicos cubanos varados, después de que se acabó el Madison Royal, vino el propietario del local y me dijo que a él le gustaría que yo me vinculara como cantante del grupo de planta.

Lo cierto fue que el dueño del Madison Royal se encargó de darles información sobre mis datos personales a los oficiales de inmigración de los Estados Unidos. A lo mejor porque yo dejé atrás el Madison Royal, ya que no estaba haciendo nada allí y busqué la forma de trabajar en el Club Cubanacán... Pasado algún tiempo, los oficiales de inmigración enterados del lugar de residencia, se presentaron en mi casa y me obligaron a salir del país... Primero habían estado en el Club Cubanacán buscándome, pero yo me había escondido en la cocina del club, aguardando a que se fueran, y así ocurrió durante varios días.

Lo que sucedía era que, al momento de mi ingreso al territorio de los Estados Unidos, el Servicio de Ciudadanía e Inmigración solo me concedió permiso para una estadía de seis meses, previa la obtención del contrato de trabajo y de la visa... Esta razón me convirtió por algunos meses en ilegal dentro del país, pese a que yo acababa de contraer matrimonio con una ciudadana americana. Ante la situación planteada, los oficiales de inmigración venían buscándome, y para el efecto portaban mi fotografía con el fin de

---

9. La prohibición de vender bebidas alcohólicas en los Estados Unidos estuvo vigente por mandato de la ley Volstead desde el 16 de enero de 1920, hasta el 6 de diciembre de 1933. Fue establecida por la enmienda XVIII a la constitución y derogada mediante la enmienda XXI. Justo las autoridades federales dejaron de prohibir el expendio de licores en la unión americana, cuando Panchito estaba aún luchando por hacer pie en la Gran Manzana, a las pocas semanas de este hecho fue cerrado el Madison Royal y unos meses después, el cantor del barrio de Atarés se vio obligado a retornar a La Habana.

hallar quién les diera razón de mi paradero… En el ínterin, como lo único que yo quería era cantar, y esa era mi profesión registrada en el país, pues me dediqué a cantar en el Club Cubanacán acompañado por el grupo de planta que había en ese club, cuyos músicos antes acompañaban a Antonio Machín… Así estuve hasta que los oficiales de la inmigración dieron conmigo… Acto seguido no me quedó otro remedio que decirles la verdad…: yo vine a este país contratado por Mario Antobal para trabajar en el club Madison Royal, el club fue cerrado y perdí mi trabajo… Como no tenía otro medio para subsistir y no pensaba morirme de hambre después del cierre de aquel club, y además tenía una esposa que mantener, entonces me puse a trabajar en lo único que me salió, es decir, me puse a cantar, contratado por el dueño del Club Cubanacán, pero me pasé del término de seis meses para salir del país.

Mi esposa y yo obtuvimos la asesoría de un abogado quien nos dio, en presencia del oficial de inmigración que atendía mi caso, unas orientaciones que nos sirvieron mucho a ella y a mí para resolver la situación legal que yo tenía en aquel momento. Él nos dijo: «Usted, lo único que tiene que hacer es devolverse a Cuba y esperar…, porque está legalmente casado con una ciudadana americana, ella es puertorriqueña, los puertorriqueños son americanos, así que lo único que tiene que hacer, usted, es irse para Cuba por unos meses y aguardar a que ella haga la solicitud para que le sea otorgada la visa de residente. En cuanto su caso sea resuelto favorablemente, recibirá la visa en el consulado de los Estados Unidos situado en La Habana… Siendo así, usted, podrá venir para acá como residente». Yo hice lo que me pidieron y regresé a Cuba… Estuve un tiempo allá en La Habana, hasta que me llegaron los documentos en regla para obtener la residencia permanente aquí, en los Estados Unidos, y retorné a Nueva York cinco meses después… Ya eso fue a mediados de 1934.

JGR: *Panchito, hace un rato cuando hablábamos de la etapa en la que cantaba en el Septeto Habanero, usted me contó acerca de su ajetreo con las drogas. ¿A su llegada a Nueva York, aún consumía cocaína?*
PR: Sí, yo estaba todavía enganchado a las drogas cuando llegué aquí. Y al tener que empezar de nuevo, todo se me hizo cuesta arriba, así que me vi obligado a entender el valor del dinero para que no se me escapara a manos rotas, ya que después no sabía cómo recuperarlo. Así, que poco a poco fui poniendo en la balanza lo que estaba ocurriendo con mi vida artística y me di cuenta yo mismo,

sin que nadie me lo dijera, que tenía que darle un giro radical... Después me puse a hacer cuentas de la cantidad de dólares que había tirado al caño y llegué a la conclusión que con aquella pasta me había podido comprar un Cadillac...

JGR: *¿Le gustaban los automóviles de la marca Cadillac?*
PR: Sí, sí, muchísimo... Con el correr de los años tuve uno de color negro que me acompañó a lo largo de una década... Lo compré cuando trabajaba de planta en La Conga Night Club, y aun estando en el Café Versalles, cuando ya me había convertido en una figura de la canción, solía llegar a mi trabajo en ese auto lujoso y exclusivo.

JGR: *Hablemos ahora de otros aspectos de la vida cotidiana de los músicos y cantantes latinos que se radicaron en Nueva York a comienzos de los años treinta. ¿Tenían, ustedes, un lugar donde reunirse para pensar en una posible agremiación o se veían de forma espontánea en algún café?*
PR: Recordando ahora, fíjate, Jairo, mis amigos músicos de esa época y yo teníamos por costumbre reunirnos en las frías madrugadas neoyorquinas, después de que todos acabábamos nuestras actuaciones, ya tardísimo, en un café llamado La Salle, que estaba situado en la calle 51 con Séptima Avenida, en Manhattan. Allí solíamos darnos cita para departir, conversar, reírnos un poco de la vida y desayunar... Sindicato teníamos todos..., aunque también conocí el caso de algunos pocos músicos y cantantes que optaron por no formar parte del sindicato. ¡Pero allá ellos! Aquí no podías trabajar como músico o como cantante si no formabas parte del sindicato.[10] Todos mis colegas y yo, excepto los que ya te dije, pagábamos las cuotas, como lo pedía nuestra agremiación sindical, y desde el primer día en que llegué a este gran país he pagado los taxes sin chistar, porque lo primero que me dijo el hombre aquel del sindicato de músicos que rellenó mi aplicación de agremiado, fue que el sindicato se iba a encargar, llegado el día del retiro, ya fuese por mi edad o por mi salud, de que mi señora o yo, en persona, recibiéramos una pensión de retiro..., pensión de la que gozo hoy en día, por fortuna.

JGR: *Me gustaría hacerle varias preguntas sobre su vida artística desarrollada aquí, en en esta ciudad, porque usted ha trabajado en*

69

[10.] Panchito Riset hace referencia a la Federación Americana de Músicos (AFM por su sigla en inglés), presidida en los años treinta por Joseph Weber.

casi todos los clubes nocturnos importantes de la Gran Manzana, sin embargo, quiero detenerme en sus grabaciones discográficas, ya que considero que son una parte muy significativa del testimonio material de su talento y quedarán para la posteridad. Y teniendo en cuenta también, que en sus grabaciones discográficas está presente el proceso de evolución de su voz a lo largo del tiempo, ya que como es natural, con el paso de los años su voz ha ido cambiando y se ha hecho más rica en matices, más profunda…, una voz que siempre me ha parecido sincera para interpretar los diversos géneros de nuestra música latina neoyorquina, pero que no solo ha cobrado mayor carácter en el aspecto técnico, en la medida en que usted ha ganado madurez, sino que además, ha alcanzado registros mucho más amplios por su ductilidad y gracias a su gran experiencia en el oficio.

PR: Desde luego que sí. Gracias, Jairo, por dejarme saber tu apreciación sobre mi voz y por interesarte de una forma tan precisa y profesional en conocer el extenso historial de mis grabaciones discográficas. Es algo sobre lo que yo a veces hago hincapié cuando estoy a solas conmigo recordando tantas y tantas canciones que grabé a lo largo de mi vida profesional. Y te agradezco, además, por diferenciar con meridiana claridad, a pesar de que eres tan joven, lo que ha sido mi quehacer en los escenarios, de lo que ha sido en las grabaciones discográficas. Son las dos caras de una misma moneda, pero son dos caras bien diferentes ¡Vaya!

Cuando yo llegué a Nueva York, mi deseo primordial era hacer alguna grabación discográfica… En ese tiempo todo era muy difícil…, tanto así que tardé como un año para realizar mi primer disco. Yo quería grabar como fuera…, a toda costa, porque consideraba que tener un disco en la calle era la forma más expedita para que el público se enterara que yo existía y supiera cómo cantaba. Para decirlo de forma sencilla, yo lo que deseaba era que el público me descubriera, me escuchara y me viera…, quería llamar la atención, hacerme notar, y en aquel tiempo el único recurso del que disponíamos los cantantes jóvenes que queríamos darle un impulso fuerte a nuestras carreras eran los discos de shellac de 78 rpm… Si usted tenía un disco en la calle todo el mundo iba a saber quién era… Los discos los tocaban en ese tiempo en las victrolas de todos los bares y en la radio… Aquí, en Nueva York había cadenas de victrolas, controladas por personas sumamente poderosas que ganaban mucho dinero con aquello, y nosotros los cantantes nos hacíamos con una parte de esa pasta, que nos servía para ir tirando… Si un disco mío sonaba con insistencia en las victrolas, pasaba después con mayor facilidad a ser tocado en la radio… Así era como funcionaban las cosas.

JGR: *¿Si usted quería que su primer disco sonara en la radio en ese tiempo, tenía que pagar por ello?*
PR: No, no era exactamente así, pero la compañía discográfica con la que hice mis primeras grabaciones importantes tenía un poderoso departamento de promoción y publicidad que contaba en aquel entonces con el presupuesto suficiente para invertir en la promoción… Ya usted me entiende… Lo de las victrolas funcionaba, como le dije, porque había detrás de todo aquello unas gentes, unas organizaciones, por decirlo de algún modo, que tenían en su mano todo ese negocio y lo hacían funcionar de tal manera que fuera lucrativo para todos, es decir, para el fabricante de los discos, para las personas que los distribuían, para los cantantes y los músicos de las orquestas, para los compositores y para quienes administraban los bares.

JGR: *Al repasar en detalle las notas del investigador Richard D. Sposttwood, estudioso de las discografías, quien ha hecho unos aportes en verdad valiosos al desarrollo de nuestro conocimiento en esa materia específica, en ellas él afirma que su primera grabación fue con el Grupo Victoria que dirigía Rafael Hernández, y que fue realizada el 10 de octubre de 1934 en Nueva York, ¿qué hay de cierto en eso?*
PR: Sí, eso es verdad, con el Grupo Victoria hice dos o tres grabaciones cantando con Davilita y otro músico que le decían Rafael Rodríguez, así nombrado…, este último tocaba la guitarra y cantaba. En cuanto a la fecha exacta no puedo contradecirlo porque no lo recuerdo… Si Sposttwood lo dice, debe ser porque lo encontró anotado en alguna parte, en algún archivo, no lo sé…

JGR: *¿Recuerda, usted, el título de la primera canción que grabó?*
PR: «Ya llegó navidad» de Leopoldo González, un tema puertorriqueño, prensado por la RCA Victor.

JGR: *En las revistas de farándula publicadas aquí, cuando mencionan el origen de su apellido artístico, los diferentes articulistas refieren que surgió de casualidad por un error al momento de escribir el apellido en las etiquetas de su primer disco, ¿es verdad?*
PR: El apellido artístico Riset provino de ese error, después de mi primera grabación, tan pronto salí de los estudios de grabación

fuimos a ver las etiquetas del disco y alguien, quizás debido a la prisa con la que todo se hacía en la industria, había impreso por error Riset, sustituyendo a Riser. Decidimos dejar el disco como estaba, por esa razón, posteriormente fui conocido como Panchito Riset. Con los del Grupo Victoria también grabé los temas «Mis amores» (danza puertorriqueña), de Simón Madera, y «Mi palomita» (bolero), de Roberto Cole.

JGR: *Panchito, pasando a otro tema, no hemos hablado ni una palabra del amor de su vida, la señora Carmen Riser, aquí presente con nosotros. ¿Ustedes dos, cuándo y dónde se conocieron?*
PR: Bueno, nosotros nos conocimos en Nueva York en 1933, justamente cuando yo llegué a trabajar con Mario Antobal. El señor Antobal había formado una orquesta acá en un momento en el que todavía no había ninguna orquesta cubana en esta ciudad… Encontrabas uno que otro grupito cubano, pero orquestas no… Estaba la posibilidad de trabajar para el público americano y ganar dinero… En ese orden de ideas Antobal envió un emisario a La Habana para que contratara a un cantante y lo trajera legalmente a los Estados Unidos. El emisario buscó a algunos cantantes radicados en la capital cubana hasta que dio conmigo… Por pura casualidad, yo me había retirado del grupo de Borgellá y andaba con el trío de Ismael Díaz, pero no estaba haciendo nada, entonces firmé el contrato, arreglé los documentos de inmigración y me vine para acá. Antobal tenía la orquesta ya formada, como le dije, y trabajaba en el club Madison Royal, que estaba en la Avenida Madison… Trabajando en ese lugar fue que Carmen y yo nos conocimos, porque ella iba al club. En aquel momento existía aún la prohibición para la venta de licores en los sitios públicos… En esa época, en el Madison Royal vendían las bebidas alcohólicas en tazas de café para disimular la situación, pero todo aquello se vino abajo en cuanto el presidente Roosevelt quitó la prohibición… Por esa razón el club Madison Royal perdió mucho dinero, el negoció dejó de funcionar y me quedé sin trabajo. En aquel entonces dejamos de vernos durante algún tiempo… Ella no sabía dónde estaba yo y yo no sabía dónde estaba ella…, pero como abrieron muchos bares, tabernas y cafés, en la ciudad de Nueva York, yo me fui a trabajar —incluso sin que me pagaran— a un club…, el Cubanacán, que en aquel momento estaba situado en Harlem, como le mencioné antes, por Lenox Avenue. Este sitio se encontraba cerca de la 113 Street y los

72

dueños me conocían, porque después de terminar cada noche mi trabajo en el Madison Royal, yo caía por allí para descargar, tocar el bongó e incluso cantar. Allí se presentaba frecuentemente el gran cantante Antonio Machín con su grupo, y yo solía ir a verlo… En una de esas Machín ya no quiso cantar más con aquel grupo y decidió que se iba para España… Se fue… Entonces los músicos del grupo y el dueño del club me dijeron que me quedara y ocupara su lugar. Una noche estábamos allí tocando cuando se presentaron los emisarios de la radio WBNX y llevaron sus equipos para instalarlos en aquel club… Enseguida comenzaron una transmisión en directo en idioma español… Carmen estaba oyendo la emisora en su casa y así fue como ella se enteró de dónde me encontraba yo… Algunos días después Carmen fue al club y nos pusimos a conversar, poco a poco con el correr de los días nos enamoramos, en determinado momento nos comprometimos, su familia estuvo de acuerdo desde un principio con la boda, y algunas semanas después nos casamos.

JGR: *¿El hecho de que usted hubiera regresado a La Habana, donde estuvo durante cinco meses esperando que le llegara la visa de residente, implicó que volviera a la escena musical habanera?*

PR: Sí, sí, me vi obligado de inmediato a buscar trabajo porque no podía alojarme en casa de mis abuelos sin ayudarlos con dinero para los gastos cotidianos… Por otra parte, estaba el hecho de que Carmen, mi mujer, se había quedado en Nueva York sola, respondiendo por la renta de nuestro apartamento en Harlem, y aunque ella es y ha sido una mujer inteligente, trabajadora y autosuficiente, yo le giraba dinero para la renta, porque mi intención era regresar a su lado cuanto antes… Así que trabajé con una pila de grupos, una semana con uno, otra semana con otro y así, con tal de ir tirando…

JGR: *Panchito, cuénteme por favor, qué ocurrió en su vida artística luego del viaje a Cuba y de su posterior retorno a la ciudad de Nueva York unos meses después.*

PR: Sucede que ahí empezamos de nuevo en la tarea de buscar trabajo en los clubes nocturnos donde se tocaba la música latina… También comienza mi etapa de las grabaciones musicales pues todo el mundo quería grabar conmigo. Mi voz gustó mucho y a partir de mediados de 1934, fui levantando vuelo nuevamente…, incluso trabajé fijo en el Club Cubanacán, que en verdad era un *after hours*, como se dice en América… Cuando todos los clubes cerraban, ya tarde en la madrugada, los músicos nos íbamos a descargar al Club Cubanacán… Luego pasé a trabajar en La Conga Night Club.[11]

JGR: Al revisar mis apuntes relacionados con sus primeras graba-
ciones de importancia, veo que en seis de las doce grabaciones, que
en un inicio usted realizó en Nueva York, desde el 10 de abril hasta
el 4 de junio de 1935, lo acompaña el Cuarteto Flores y en las res-
tantes, lo acompaña el Sexteto Flores… Escuchando con atención
las grabaciones, se aprecia que la segunda voz, que figura detrás de
la suya, fue la voz de Daniel Sánchez.

PR: Sí, Daniel Sánchez era un compatriota cubano que tuvo una magnífica segunda voz. Daniel Sánchez había cantado con la orquesta charanga típica de Antonio María Romeu en La Habana y en 1930, fue uno de los cuatro cantantes que trajo Don Azpiazu a Nueva York para presentarse con su Orquesta Casino de La Habana aquí, en el Teatro Palace, que en ese momento era el mejor del mundo. Sánchez tocaba la guitarra y hacía segunda voz, aunque a veces también cantó como solista con el Conjunto Imperial, igualmente estuvo cantando con la orquesta de Mario Antobal, con el Cuarteto Mayarí de Plácido Acevedo, y sobre todo con el Cuarteto Machín, siendo en ese caso la segunda voz de Machín, lo cual ya es mucho decir. Con esta última formación dejó para la posteridad varias grabaciones encomiables.

Daniel Sánchez grabó conmigo, en el momento en que hicimos las grabaciones discográficas con el Cuarteto Flores que dirigía Pedro Flores. Yo le expliqué antes que con el grupo de Pedro Flores comencé a grabar en grande, en plan de figura, en Nueva York. Pedro Flores fue el compositor de la mayoría de esos temas… Fue en esa ocasión que grabamos «Sin bandera».

Cuando yo llegué a Nueva York no conocía a nadie. Me presentaron a Pedro Flores en El Barrio (el barrio latino del East Harlem) y así fue como se fueron dando las cosas, total que al cabo de cierto tiempo la gente latina de la Gran Manzana, comenzó a apreciar mi voz, entonces cantaba por aquí y por allá... Pedro Flores me preguntó que si yo quería cantar una de sus composiciones: «¡Encantado!», le dije, casi sin saber quién era Pedro Flores… Bueno, con Pedro Flores sí hice mucho, porque hasta comienzos de 1936 grabamos con su grupo unas veinticinco composiciones… Pero con el Sexteto

11. En la época en la que Panchito Riset comenzó a trabajar como cantante de planta de La Conga Night Club, este mítico restaurante bar, abierto en sus orígenes en 1929, estaba situado en Broadway y 51 Street, en Manhattan y su propietario era Jack Harris.

74

Flores también grabamos mi primera composición titulada «Rumba brava». Este último tema junto con otro titulado «El frutero se va», un son pregón, también de mi autoría, los grabamos en 1936... ¡Hace miles de años! Después de que me acompañaron Daniel Sánchez y Davilita en la segunda voz, el que me acompañaba era Claudio Ferrer, un guitarrista y cantante puertorriqueño que trabajaba con Pedro Flores... De esa época quedaron varios éxitos, entre ellos: «Un besito no más», «Sueño de amor», «Montañés», «Tú», «Cuando ya no me quieras», «Vencido», «Esa eres tú», «Cuando vuelvas», «Pobre cantor» y el son «No me persigas», que lo grabamos a comienzos de 1936, donde canto como solista, pero desde luego ninguno como el bolero «Obsesión», uno de los más grandes éxitos de don Pedro Flores... Lo estrené con mi voz en 1935.

No me persigas
Autor: Pedro Flores
Intérprete: Panchito Riset

No, no me persigas si ya no me quieres
Dicen que ya te olvidaste de mí
Déjame solo gozar mis placeres.

A ver si puedo olvidarme de ti
A ver si puedo vencer mi anhelo
Matar mis celos y olvidarme de ti.

A ver si puedo vencer mi anhelo
Matar mis celos y olvidarme de ti
Ya ves que yo no te persigo.

Yo no te maldigo
No hablo contigo,
Ni hablo de ti.

Haz tú lo mismo por Dios
No me persigas así, no me maldigas
Ni hables de mí.

Dicen que un nuevo amor tienes
Que no me quieres

Y que te atreves jurarlo así.

Huye de mí, yo te lo ruego
A ver si puedo vencer mi anhelo
Matar mis celos y olvidarme de ti.

Dicen que un nuevo amor tienes
Que no me quieres
Y que te atreves a jurarlo así.

Huye de mí, yo te lo ruego
A ver si puedo vencer mi anhelo
Matar mis celos y olvidarme de ti.

JGR: *Algunas de las grabaciones de ese tiempo con la agrupación de Pedro Flores salieron con el sello Columbia, pero otras como «Sueño de amor» salieron con el sello Vocalion.*

PR: Sí, sí…, varias de las grabaciones que hicimos con formato de cuarteto y de sexteto, esas salieron con el sello Vocalion… Si la memoria no me traiciona corresponden a 1935 y 1936… Para ese tiempo yo me estaba abriendo paso con más fuerza en Nueva York. En ese momento todavía estaba con nosotros Daniel Sánchez, que yo recuerde…, por lo menos estaba en alguna de las sesiones de grabación que hicimos acompañados del Sexteto Flores…, creo que en los números «Tú y yo», y «Lulú», que también salieron para el sello Vocalion, pero no estoy completamente seguro. En «Linda Minerva» canté yo en plan de solista. Hay algunos números de los que salieron en el sello Vocalion, donde la segunda voz fue de Claudio Ferrer. Pero el bolero-son «Esa eres tú» salió para un sello diferente a los nombrados, que fue el sello Okeh… En este número yo fui la primera voz del grupo.

JGR: *Volviendo al tema de Daniel Sánchez, me decía usted que este magnífico cantante y estupendo guitarrista cubano formó parte del Cuarteto Machín. ¿Qué me puede agregar al respecto?*

PR. Daniel Sánchez se encargaba de hacerle la segunda voz a Antonio Machín. Después de estar trabajando con Machín, él se quedó aquí y fue el cantante de varias agrupaciones… Incluso realizó algunas pocas grabaciones, lo cual ya le mencioné. Él vino de Cuba junto a Machín con la orquesta de Don Azpiazu. Cuando Azpiazu botó a Machín, este formó un cuarteto junto a Daniel Sánchez, con Alejandro Rodríguez en el tres y Mario Bauzá en la trompeta... Después Mario Bauzá fue sustituido por Plácido Acevedo, el reconocido trompetista puertorriqueño. De aquel cuarteto también formaba parte Davilita en alguna época, como segunda voz alterna de Antonio Machín... Pero eso fue ya un poco después. En determinado momento Alejandro Rodríguez se fue del Cuarteto Machín y vino Cándido Vicenty, un tresista puertorriqueño a ocupar su lugar.

JGR: *Hace un rato usted me contaba los pormenores del inesperado deceso del gran cantante José Cheito Jiménez, quien trabajó en La Habana con el Septeto Habanero y después, con el Septeto Nacional de Ignacio Piñeiro. A propósito de Daniel Sánchez, ¿es verdad que él murió de forma trágica, como dice la leyenda callejera en Nueva York?*
PR: Todo aquello que se rumora es verdad. A mí me tocó vivir ese momento dramático... A Daniel Sánchez lo mataron por aquí mismo, en un barrio de este sector de Brooklyn donde el vecindario era bastante pesado.

JGR: *¿Recuera, usted, en qué año ocurrió aquel asesinato?*
PR: De eso hace años ya... Le estoy hablando de hace como veinte o treinta años, quizás más, no sabría precisarle la fecha ahora, pero estábamos bastante jóvenes cuando nos cayó encima esa horrible noticia. Daniel Sánchez cantaba de forma extraordinaria, era de esas segundas voces que había en la Cuba de mi infancia y juventud... De eso ya no hay por aquí... Tenía que ser muy bueno para poder hacerle la segunda voz a Antonio Machín..., porque te digo una cosa, Jairo, Machín sí que era un tipo muy exigente y quisquilloso... Se requería una buena voz para seguirlo, potente y afinada, pero sobre todo con mucha musicalidad porque Machín, cuando estaba cantando para el público te sorprendía ya que improvisaba con frecuencia sobre el escenario... Era un repentista tremendo..., un sonero de ley y un trovador muy recursivo, si el guitarrista que le hacía la segunda voz no tenía musicalidad y cometía algún error, por descuido o algo así, Machín se llenaba de ira y le iba pa' encima.
Retornando al asunto del homicidio de Daniel Sánchez, él era un buen tipo. Un tipo muy tranquilo. La muerte le sobrevino durante una riña callejera, una pelea de celos. Murió porque fue golpeado en la cabeza a tubazos por su oponente. Daniel Sánchez residía por aquí, en un barrio de Brooklyn donde había muchos italianos y también

una pila de puertorriqueños en esa época. Y lo que pasó fue que un sujeto de mala vida estaba molestando a la mujer de Daniel. Él se sintió muy ofendido por eso…, ya tú sabes, los celos, el enojo… En aquella época cuando las riñas callejeras no eran controladas a tiempo por la policía podía ocurrir que viniera un tipo y le pasara un tubo de hierro al agresor… Era como si el tubo se hubiera puesto de moda… En donde quiera que se formaba una bronca callejera por celos, por infidelidades, por drogas, por alcohol o por lo que fuera, había uno de los contendientes que se armaba con un tubo de hierro y mataba al otro a tubazos.

Así fue como mataron a Daniel Sánchez… Era buena persona, yo le tuve aprecio. Sus restos descansan en paz aquí, en un cementerio de Nueva York.

JGR: *Panchito, me hablaba de los líos de faldas que trajeron como consecuencia el asesinato de Daniel Sánchez. ¿En La Habana y más tarde, en Nueva York fue usted un hombre mujeriego?*

PR: Sí que lo fui, claro que sí, Jairo, sí que lo fui. Yo era uno de los que corrían detrás de las muchachitas. Fui un hombre en verdad mujeriego, incluso después de casado…, le di muchos dolores de cabeza a Carmen, mi mujer, hasta que poco a poco fui comprendiendo las consecuencias que traía el hecho de involucrarme estrechamente con varias mujeres a la vez, y después de aquello, aunque me venían a buscar con la frecuencia de antes, me dediqué a ver cuán bonitas estaban y a dejarlas pasar de largo…

JGR: *¿Tuvo, usted, flirteos con mujeres del mundo de la música, cantantes, compositoras, bailarinas, por ejemplo?*

PR: Hubo una época en la que me sentía muy atraído por las mujeres, además de bonitas, inteligentes, ya que me seducían por su talento… Te cuento una anécdota de los tiempos del ruido con la compositora cubana Trini Márquez, eso fue como para finales de los años cuarenta, en Nueva York… Una vez ella vino al lugar donde yo estaba trabajando, en el Café Versalles… Era una noche de invierno y después del primer *set*, mientras esperaba el turno para regresar al escenario a cantar, me fui para la barra del club a darme un trago de ron con el fin de calentarme un poco… Enseguida, ya situado en la barra del bar, estaba dándome otro palito de ron cuando de repente se me acercó Trini Márquez. Se presentó, me dijo quién era ella y se sentó a mi lado… Trini Márquez era una reconocida compositora, cantante y guitarrista que tenía un trío con otras dos de sus hermanas, el Trío de las Hermanas Márquez… Ellas procedían de Puerto Padre, un lugar del oriente de Cuba… Un día llegaron a Nueva York y después…, se quedaron a vivir en la ciudad para siempre. En una de esas yo le ofrecí un trago, y mientras el barman le servía el trago Trini me sonrió, se quedó mirándome fijamente a los ojos y me dijo: «Oye Panchito, tengo unas composiciones nuevas que quizás puedan gustarte»… Yo le contesté: «Viniendo de ti, Trini, todo me va a gustar» … De inmediato ella se echó a reír a carcajadas sin dejar de mirarme así fijamente a los ojos, como atravesándome con la mirada… Viendo aquello —y lo bien que ella estaba—, yo le cogí la gracia y la picardía al vuelo, así que le dije: «Ven y cántame una de tus canciones al oído» … Tan pronto como le hablé de aquella manera, ella se acercó con coquetería a mi oído, me abrazó con fuerza tomándome por los hombros, y con la voz más seductora que te puedas imaginar comenzó a tararearme el bolero «Anoche te soñé»… Cuando terminó de tararear esa hermosa composición a mí me impactó tanto, que me di la vuelta así de inmediato para mirarla a los ojos y lo que le dije fue: «Dámela… que yo te la grabo»… En cuanto Trini escuchó eso, de nuevo se echó a reír a carcajadas… Yo le tomé la mano con mis dos manos, sin dejar de mirarla a los ojos… Lo que sucedió entre nosotros a partir de aquel instante, es reserva del sumario.

Anoche te soñé
Autora: Albertina Trini Márquez
Intérprete: Panchito Riset

Anoche te soñé
Y en mi delirio
Mi vida te entregué
En un suspiro.

Me hablaste, te escuché
Y muy quedito
Temblando te besé
Dulce amorcito.

Llegó la realidad
Y mi alegría

Tan solo se volvió
Melancolía.

Anoche te soñé
Qué ansioso te tenía
Y cuando vino el día
Muy solo me encontré.

Llegó la realidad
Y mi alegría
Tan solo se volvió
Melancolía.

Anoche te soñé
Qué ansioso te tenía
Y cuando vino el día
Muy solo me encontré.

Anoche te soñé

80

JGR: *Dejando atrás los dolorosos hechos de sangre, relacionados con Daniel Sánchez, y las faenas de flirteador con Trini Márquez que me acaba de relatar, y regresando a su relación profesional con el compositor boricua Pedro Flores, me decía usted que fue con el Cuarteto Flores que realizó sus primeras grabaciones de importancia desde 1935. Esto me lleva a pensar que su vinculación musical con Pedro Flores se extendió por varios años, ¿fue así?*
PR: Cuando yo llegué a Nueva York las personas con las cuales me relacionaba a diario no sabían si yo era cubano o puertorriqueño, porque me veían trabajando con frecuencia con don Pedro Flores…, cantando cosas de Pedro Flores, debido a que en verdad en ese tiempo yo solo grabé unos pocos números para efectuar un disco con el Cuarteto Victoria que dirigía el compositor boricua Rafael Hernández, pero… ¡vaya!, las canciones que yo cantaba en mi primera época en Nueva York, la mayoría fueron escritas por Pedro Flores… Con decirle, que una de las primeras canciones que canté recién llegado a esta ciudad fue «Sin bandera», una canción patriótica.

Sin bandera
Autor: Pedro Flores
Intérprete: Panchito Riset

Ah, si mi Patria tuviera su propia bandera desplegada al sol
Ah, si vivieran los hombres que en tiempos de España tuvieron tesón
Ah, si existieran patriotas como eran Barbosa, De Diego y Muñoz
Quizás mi Patria no fuera tan pobre ni esclava de extraña nación.

Hoy no tienen los boricuas en la tierra ni un rincón
No les queda más que un grito que se ahogó en el corazón
Una lágrima de fe y una lágrima de amor
Ah, si existieran patriotas como eran Barbosa, De Diego y Muñoz.

Hoy no tienen los boricuas en la tierra ni un rincón
No les queda más que un grito que se ahogó en el corazón
Una lágrima de fe y una lágrima de amor
Ah, si existieran patriotas como eran Barbosa, De Diego y Muñoz.

Por todas estas circunstancias que constituyeron mis vivencias trabajando con el grupo de Pedro Flores era que las personas que recién me conocían pensaban que yo era boricua. Yo puedo estar confundido en las fechas…, puesto que han pasado muchos años desde mi primera grabación, pero si la memoria no me traiciona, con el Cuarteto de Pedro Flores fue el primer grupo con el que yo grabé de forma continua aquí, en Nueva York, esto último si tenemos en cuenta que con Rafael Hernández solamente hicimos uno o dos discos… Tendríamos que decir entonces, que las grabaciones discográficas trascendentales en el inicio de mi carrera las realizamos con Pedro Flores… Esto para mí fue muy importante teniendo en cuenta que de esa manera fue que yo me eché al bolsillo al público latino de Nueva York, que en su mayoría era población puertorriqueña… También me sirvió de mucho para darme a conocer en toda América Latina porque don Pedro Flores tenía ya mucho peso en todo el continente, hasta donde llegaban sus composiciones a través de los discos y de la radio… Aquellas grabaciones algunos años después me sirvieron para ser tenido en cuenta en Cuba, mi propio país, donde yo era prácticamente un ilustre desconocido.

JGR: *Cabe aquí hacerle la siguiente pregunta, Panchito, ¿cómo fue que usted y don Pedro Flores se conocieron? ¿Puede, por favor, decirme algo al respecto?*

PR: Todo sucedió de manera fortuita. Vivíamos en el mismo lugar de Harlem, es decir en El Barrio, equivalente ahora a decir el East Harlem. Yo estaba residiendo en un apartamento de la 114 Street y siempre los músicos andábamos en grupo por allí caminando..., saliendo de algún bar o de un café, de tal suerte que alguien entre los músicos con los que yo solía andar conocía a Pedro y nos presentaron... Pero fíjate, Jairo, este hecho tan curioso, tan pronto como nos presentamos formalmente, llega Pedro Flores y me pregunta que si quería cantar algunas de sus composiciones. Él se enteró justo en ese momento que yo era un cantante cubano que estaba por Nueva York y que mi esposa era puertorriqueña. Como el otro músico que nos introdujo le mencionó que yo estaba cantando antes con la orquesta de Mario Antobal y con el grupo del Club Cubanacán, él me preguntó además, que si yo quería grabar con su agrupación unas cuantas de las canciones que había escrito en ese momento. Naturalmente le contesté que estaría encantado de hacerlo... Desde ese día iba con frecuencia a su casa, nos hicimos amigos y él me daba las composiciones para que yo las aprendiera; esto nos facilitaba mucho los ensayos y todo eso.

Enseguida fue que estrené al menos veinte composiciones de Pedro Flores en el lapso de 1935 a 1936, el resto ya es historia sabida, por el éxito tan rotundo que tuvimos en esa época.

Algunos años más adelante, revalidamos el éxito con el número «Blancas azucenas» que se puso muy de moda en Cuba y en toda Latinoamérica, pero eso fue como en 1949, más de una década después de aquella primera vez. Trabajando con Pedro Flores y su cuarteto, el cual a veces se convertía en sexteto, fue que tuve ocasión de interactuar con Chito Morales que era uno de los que hacía la segunda voz, Daniel Sánchez, de quien ya hablamos, con quien hice como diez o doce grabaciones y Claudio Ferrer, un gran guitarrista de Puerto Rico que también cantaba como segunda voz.

Tengo otra situación anecdótica que surgió de mi amistad con Pedro... A partir de mis visitas a su apartamento fue que me hice con mi primer perro aquí. En La Habana yo era amante de los perros y siempre tuve perros... Sucedió que un día estábamos ensayando en la sala principal del apartamento de Pedro y me puse a escuchar un ruido que provenía del closet de otra habitación, un rasguño insistente como de patas de perro. Le pregunto a Pedro qué está pasando, y me dice: «Es mi perrito, lo tengo encerrado en el closet de la alcoba, porque aquí, a la sala principal del apartamento vienen muchas personas a preguntar por mí, acuden a los ensayos y eso…, y el perro no nos deja trabajar tranquilos, corriendo el riesgo de salirse a la calle y perderse, en caso de que la puerta del edificio esté abierta, porque baja las escaleras y se va… No sé qué hacer». Lo que pasaba era que el apartamento de Pedro Flores era como una suerte de embajada puertorriqueña en Harlem. No había puertorriqueño grande o chico, blanco o negro, pobre o rico que no se diera una pasada por allá para interactuar con don Pedro, tomar un café, una copita de aguardiente o de ron… Eso era una romería humana. Era algo muy bonito y dramático al mismo tiempo. Enseguida le dije a Pedro: «¿Cómo vas a tener un perro encerrado en el closet, chico?, ¿es que no lo quieres o qué?», y él me dijo que se lo habían regalado…, que en verdad quería mucho al perro y le había tomado demasiado cariño, tanto que lo retenía en el closet para evitar perderlo, pero que ante el gentío que pasaba por el apartamento prefería deshacerse del animalito.

Apenas Pedro me dijo eso yo le manifesté que después del ensayo me lo llevaría para mi casa con su anuencia, y así lo hice. Continuamos cuidando al perrito en nuestra casa mi esposa Carmen y yo. Después he tenido varios perros más, allá en nuestro apartamento en el Alto Manhattan, pero ese fue el primero… Es algo inolvidable para mí…
De allí en adelante Pedro Flores y yo continuamos en contacto por muchos años más cultivando una buena amistad y cada vez que Pedro tenía una composición que él consideraba apropiada para mi voz, tomaba el teléfono y me llamaba para que la ensayáramos y luego realizábamos la grabación con su grupo o con la orquesta que fuera.

83

JGR: ¿Cómo fue su relación profesional y de amistad con Antonio Machín?
PR: Cuando yo estaba en La Habana haciendo los papeles para venir a Nueva York lo conocí personalmente, por casualidad. Él había regresado a Cuba para realizar unos trámites consulares y nos conocimos allá en nuestro país… Después nos encontramos aquí también, porque Antonio Machín estuvo en esta ciudad bastante tiempo…, y cada vez que nos veíamos nos dábamos un abrazo… La admiración era mutua…, yo lo admiraba a él y él me admiraba a mí… Como colega era estupendo, un tipo con gran sentido del humor.

En el trabajo en cambio se transformaba, era demasiado puntilloso para mi gusto, pero él y yo nos llevábamos muy bien, cuando alternábamos en el Club Cubanacán me decía: «Ven acá Panchito, coge tú ahí la primera y yo voy con la segunda», porque en los *aftershours* nos poníamos a cantar «Suavecito», un número de Ignacio Piñeiro que estaba de moda en ese tiempo... Nosotros, con Antonio Machín, lo interpretábamos a dos voces y el sitio ese se venía abajo. ¡Ya tú sabes cómo era aquello!

JGR: *Durante cierta época el tresero del Cuarteto Machín, según se observa en las grabaciones, era Cándido Vicenty. ¿Además de la ocasión mencionada, trabajó con ellos en alguna otra oportunidad?*
PR: El primer tresero del Cuarteto Machín fue Alejandro Rodríguez, después Alejandro dejó el grupo y se fue... Enseguida vino Cándido Vicenty que era puertorriqueño, porque en la ciudad de Nueva York vivían muchos músicos puertorriqueños importantes, cuyos nombres sería extenso enumerar... Con ellos interactuamos varias veces en diferentes clubes de la Gran Manzana después de la prohibición, pero la mayoría de las veces en las que trabajamos juntos, nuestro lugar de encuentro fue el Club Cubanacán en Harlem.

JGR: *Al escuchar con atención el contenido de sus grabaciones discográficas, en especial los boleros, las canciones de amor y las canciones de desamor, me queda la impresión que usted ha tenido un don muy particular para escoger las letras de su repertorio porque cada interpretación contiene una historia amorosa, o de dolor, intensa y profunda. Cito algunos ejemplos: «María Elena», «Obsesión», «La última carta», «Te odio y te quiero», «Cruel tormento», «Convergencia», «Inolvidable», «Anoche te soñé», «Bebiendo y pensando», «Lo presentía», «Allí donde tú sabes», «Yo sé de una mujer», «Tú me haces falta», «Flores negras», «Todo me gusta de ti», «Llanto de luna», «No me beses», «Ruégame más», «Si me pudieras querer» y «Este amor salvaje», en fin...*
PR: En mi vida personal, no en mi papel de artista, sino en mi calidad de ser humano, y hombre enamorado, legitimador del amor, que es como yo me defino a mí mismo, habitualmente he tenido preferencia por aquellas letras que expresan con profundidad los avatares del amor y la pasión, el deseo y la posesividad, también me interesaron aquellas canciones que aluden a la ruptura y al olvido... No podemos dejar de lado el dolor y el sufrimiento, porque, así como existen

boleros que se refieren al idilio de amor, también son capaces de hablarnos del dolor, de la traición, del desamor, del abandono, de la pérdida, y como es natural, si me intereso en interpretar un bolero de amor…, que trate de la esperanza del amor, de la ilusión del amor, también tengo un respeto enorme por las canciones que hablan de las tragedias de la vida…, de esta linda tragedia que es la vida.

Obsesión
Autor: Pedro Flores
Intérprete: Panchito Riset

Por alto que está el cielo en el mundo,
Por hondo que sea el mar profundo,
No habrá una barrera en el mundo
Que este amor profundo no rompa por ti.

Amor es el pan de la vida.
Amor es la copa divina.
Amor es un algo sin nombre
Que obsesiona al hombre
Por una mujer.

Yo estoy obsesionado contigo
Y el mundo es testigo de mi frenesí.

Y por más que se oponga el destino
Serás para mí.

85

JGR: *Observando su discografía, encuentro que usted hizo alrededor de cuarenta grabaciones con el Cuarteto Caney, ¿por favor, puede decirme algo sobre esa etapa de su vida artística?*
PR: Por supuesto, también canté y grabé con el Cuarteto Caney. Con ellos estuve durante algún tiempo, en el año treinta y seis o treinta y siete, no hacía mucho que yo había llegado a la Gran Manzana…, antes de la guerra… En verdad hace tantos años de aquello que me cuesta mucho trabajo precisarte las fechas.

JGR: *¿Ya usted se había retirado del Cuarteto Flores?*
PR: Yo no me había retirado todavía del Cuarteto Flores cuando me llamaron los integrantes del Cuarteto Caney para que cantara

con ellos… En verdad fui el primer cantante que cantó y grabó con el Cuarteto Caney, porque ese grupo lo formaron aquí, Fernando que era el director del grupo y Santiago con quien ya éramos amigos por aquel entonces. A propósito de esta agrupación, en resumidas cuentas, su formación era más como la formación de un conjunto, con guitarra, contrabajo, bongó, tres, una trompeta y dos cantantes. Un tiempo después, cuando yo me retiré de la agrupación, Fernando le agregó el piano, en especial para las sesiones de grabación… En aquel tiempo, Fernando vinculó al grupo al pianista cubano Frank Valdés… Posteriormente, el segundo pianista del Cuarteto Caney fue el puertorriqueño Rafael Audinot, el contrabajista era Santiago Osácar… Se llamaba Santiago, pero todos le decíamos *Elio*;[12] era un muchacho de Key West…, y el director fue Fernando Storch, un cubano que vino a vivir a Nueva York un poco antes que yo. Cuando yo llegué me lo encontré aquí. El tipo era un fenómeno tocando el tres y dirigiendo el grupo… Lo que pasó fue que llegó Fernando y me dijo: «Mira Panchito a mí me encantaría que tú vinieras y grabaras unos temas con nosotros». Me habló de sones, guarachas, rumbas, boleros… «Nosotros hemos conformado un sexteto cubano aquí, en Nueva York, y estamos calientes, la gente nos quiere, van a los bailes que amenizamos, llenan los lugares y ahora nos piden los discos, quieren tener nuestros discos, ¿por qué no vienes con nosotros?» Yo le respondí: «Bueno, chico, ¿por qué no?» Llegamos enseguida a un acuerdo contractual y de inmediato nos pusimos a trabajar ensayando el repertorio de canciones y todo eso… Esta ya fue una experiencia de música popular genuinamente cubana, totalmente cubana, en la ciudad de Nueva York. En el lapso de varios meses…, no recuerdo en verdad cuánto tiempo, como un año o algo así, fue que nosotros hicimos una serie de grabaciones que fueron exitosas y bien recibidas por el público… Había camaradería en el grupo y con los del Cuarteto Caney lo pasábamos muy bien… Trabajábamos en los clubes más concurridos por la comunidad de habla hispana de Nueva York.

JGR: *Las etapas más importantes de su carrera musical usted las vivió casi todas en Nueva York. Al comienzo de su andar en muchas de las grabaciones que realizó, además de ser un gran bolerista, se aprecia que fue un extraordinario sonero. La anterior afirmación se corrobora con mayor nitidez en las cuarenta grabaciones con el*

---

12. De nombre artístico Elio Osákar.

Cuarteto Caney, ya que la mayoría están registradas como sones
o como boleros sones. Después, hacia mediados de la década del
cuarenta, observamos (con base en sus grabaciones discográficas)
que se dedicó con mayor énfasis al bolero, sin dejar por completo de
trabajar como sonero, ¿es correcta mi apreciación?
PR: Sí. Eso es cierto. Aunque vale la pena precisar que en todas las
etapas grabé boleros y grabé sones. Con los muchachos del Cuarteto
Caney fue que grabé la primera versión que hice del bolero son
«María Elena», del compositor mexicano Lorenzo Barcelata. Ese
número formaba parte de la banda sonora de una película de aquella época, es decir, estamos hablando aún de la década del treinta.

María Elena
Autor: Lorenzo Barcelata Castro
Intérprete: Panchito Riset

Quiero cantarte, mujer
Mi más bonita canción
Porque eres tú mi querer
Reina de mi corazón

No me abandones, mujer
Porque eres tú mi querer

Tuyo es mi corazón
Oh sol de mi querer
Mujer de mi ilusión
Mi amor te consagré

Mi vida la embellece
Una esperanza azul
Mi vida tiene un cielo
Que le diste tú

Tuyo es mi corazón
Oh sol de mi querer
Tuyo es todo mi ser
Tuyo es, mujer

Ya todo el corazón te lo entregué

Eres mi fe, eres mi dios
Eres mi amor

El Cuarteto Caney. Fotografía tomada en 1935 en la ciudad de Nueva York. Como puede verse, ya se trataba de una formación de cinco músicos: Tilde en la guitarra, Elio Osácar en el contrabajo, el cantante Johnny López, Fernando Storch, tres y director y Cheo en el bongó. Foto: ©Colección Fidels Eyeglasses.

JGR: *Observo al repasar mis apuntes, que las grabaciones con el Cuarteto Caney, usted las comenzó el 24 de enero de 1936, cuando hacen la sesión en la que registraron el son «Clarivel», de la autoría de Bienvenido Julián Gutiérrez, ¿quisiera agregar algo sobre ese particular momento de su vida?*

PR: Sí. En esa misma sesión hicimos seis grabaciones, es decir, los temas que se podían incluir en tres discos de 78 rpm de la época. Recuerdo que uno de los números fue «Cantando» de Mercedes Simone. Ese número estaba de moda en aquel tiempo… Era en su origen un tango argentino y nosotros lo arreglamos al estilo del son cubano, porque el Cuarteto Caney era un grupo que se especializaba en sones cubanos. La agrupación como tal nació en El Barrio (en Harlem). El cuarteto, además, era vocal instrumental. Los cuatro en cada canción, cantábamos unas partes al unísono y otras partes de modo antifonal, entre el cabecero[13] que era yo, y el coro que me daba la respuesta... El coro lo conformaban Santiago el bajista, Fernando el tresero y Tilde el guitarrista. Para las grabaciones Fernando llevaba un bongosero y un trompetista y funcionábamos como sexteto. En algunas de las grabaciones Fernando llevó a Agustín Gutiérrez a quien apodaban Manana, un muchacho que había sido el bongosero del Sexteto Habanero.

Cantando
Autora: Mercedes Simone
Intérprete: Panchito Riset

Ya no tengo la dulzura de sus besos,
Vago solo por el mundo, sin amor
Otra boca más feliz será la dueña
De sus besos que eran toda mi pasión.

Hay momentos que no sé lo que me pasa,
Tengo ganas de reír y de llorar
Tengo celos, tengo miedo que no vuelva
Y la quiero, no lo puedo remediar.

Cantando yo le di mi corazón, mi amor,
Y desde que se fue, yo canto mi dolor
Cantando la encontré, cantando la perdí
Porque no sé llorar cantando he de morir.

Virgencita milagrosa, perdóname
Si cantando esta canción que vive en mí
Yo te pido que me traigas lo que es mío,
Que tan pronto y sin motivo lo perdí.

Si es pecado querer tanto en esta vida
Yo te pido, de rodillas, tu perdón

89

---

13. *Cabecero*, en el caso del canto antifonal es sinónimo de *solista*, es decir, es sinónimo de *sonero*. El canto antifonal, frecuente en el son y en otros estilos derivados del son, suele desarrollarse mediante alternancias entre el *cabecero* y el *coro*.

Yo la quiero tanto y tanto que me muero
Si me faltan las caricias de su amor.

Cuando fuimos al estudio a grabar «Clarivel», ese mismo día grabamos también «Abandonada», «Boquita chiquita», «Choza de guano» y «Al encontrarte»… Recuerdo que salí muy contento del estudio de grabación y los muchachos estaban también felices porque fueron grabaciones que nos dejaron satisfechos… Los buenos resultados se vieron al poco tiempo, ya que después del éxito de «Sin bandera» y del *hit* tan grande que fue el bolero «Obsesión», que yo había grabado con don Pedro Flores y su grupo, no hubo nada comparable hasta que salió al público «Abandonada», aquel tema de Manolo Romero…, son que, dicho sea de paso, posteriormente también grabé como bolero, pero ya en otra época de mi carrera, cuando trabajábamos con Luis Lija Ortiz.

Abandonada
Autor: Manolo Romero
Intérprete: Panchito Riset

Abandonada en su dolor un día
En que la sombra la envolvió en su velo
Me dijo el corazón que ella vendría
En el milagro espiritual de un vuelo

Abrí los pabellones solitarios
Iluminé los vastos corredores
Quemé la mirra de los incensarios
Y el frío mármol alfombré de flores

Llego cansado de volar yo dije
A una mujer inspiradora
Rifé mi vida entera para siempre
Y arde como la mirra el corazón que inmolo

Amor, no llegues demasiado tarde
A quien se siente demasiado solo
Amor, no llegues tarde
Haz saber a quién yo adoro

Amor, no llegues demasiado tarde
A quien se siente demasiado solo
Amor, no llegues tarde
Haz saber a quién yo adoro

En la etapa con el Cuarteto Caney grabamos especialmente sones, aunque también alguna conga y unas cuantas guajiras y boleros, no obstante, se trataba de boleros con el *beat* del bolero de aquella época que tenía un tempo más cadencioso, parecido al son..., porque lo que nosotros interpretábamos era un tipo de bolero al que le dábamos más vida envolviéndolo en la atmósfera del son.

El Cuarteto Caney. Fotografía tomada a finales de la década del treinta, Nueva York. En esta oportunidad actuando como septeto. Foto: ©Colección Fidels Eyeglasses.

JGR: *Panchito, en la siguiente sesión de grabación con el Cuarteto Caney, que data del 14 de mayo de 1936, según mis notas, usted grabó otra tanda de sones entre los cuales cabe recordar «Pirulí», de Armando Valdespí; «Carmelina», de Bienvenido Julián Gutiérrez; «Lamento jarocho», de Agustín Lara; «Buscando la melodía», escrito por Julio Blanco Leonard en asocio con Marcelino Guerra y «Maleficio», composición de este último, ¿puede por favor contarme algún recuerdo de esas grabaciones?*

PR: Solo una observación: decirte que «Buscando la melodía» y «Lamento jarocho» con el paso de los años, se convirtieron en dos canciones universales, cuyo gran mérito ha sido pasar de generación en generación sin que hasta ahora hayan caído en el olvido… Nosotros, con los integrantes del Cuarteto Caney, fuimos los encargados de insuflarles aire a esos números y de darles el primer aliento aquí, para que alzaran el vuelo, y fíjate tú, Jairo, hasta dónde han llegado que todavía estamos hoy en día, nosotros dos hablando de ellas. Cuando estuvimos trabajando con el Cuarteto Caney por lo general acá en Nueva York, en todos los clubes de Manhattan, Brooklyn y el Bronx tocábamos esos dos números… Fueron en su momento reflejo de la grandeza de dos compositores nuestros de la talla de Agustín Lara y Marcelino Guerra… ¡Qué más puedo decirte, chico!

Buscando la melodía
Autores: Julio Blanco Leonard y Marcelino Guerra
Intérprete: Panchito Riset

Allá, por el horizonte
La silueta asoma detrás de las nubes

El sol con sus rayos de oro
Convierte en primores toda la campiña

El cielo se va tornando
De raros multicolores

Mirando tanta belleza
Cantando a solas

Se inspira el poeta
Soñando con las sinfonías

De una melodía
Que no está completa

Y pasa toda su vida
Buscándola y no la encuentra

¿Dónde estará la melodía?

JGR: *Panchito, otra sesión de grabación llamativa de su etapa con el Cuarteto Caney transcurrió el 21 de diciembre de 1936, y en ella es donde ustedes registraron para la posteridad los temas «Cuidadito compay gallo», son de Ñico Saquito y «María Elena» bolero son de Lorenzo Barcelata... Como hecho llamativo también fue grabada su propia composición, el son «Sabrosito bongó», ¿qué sensaciones le quedaron de todo eso?*

PR: Queríamos pegar un *hit* en las victrolas y en la radio que nos diera más oxígeno en Nueva York, para poder competir con el Cuarteto Machín, porque los discos del Cuarteto Machín —que Machín había dejado grabados en 1935— estaban pegados en esa época y la disquera con la que grabamos (el sello Columbia, a través del productor de origen puertorriqueño Ralph Pérez) nos facilitó las cosas para batear de *home run* con todas las bases llenas... Ya que, si tú observas, «Cuidadito, compay gallo» tiene una sabrosura incomparable, y «María Elena» es símbolo del romanticismo más acendrado. En aquel tiempo fue tanto el empuje de ese bolero, que incluso lo tomó en cuenta un productor cinematográfico, no recuerdo ahora mismo su nombre, para la banda sonora de su filme intitulado *María Elena*. Se convirtió también, en el punto de quiebre de mi carrera, porque mi nombre anduvo sonando de boca en boca más allá de donde yo me lo esperaba..., entonces me vino muy bien.

93

JGR: *Panchito, tengo reseñada en las anotaciones de mi libreta de apuntes una sesión realizada el 12 de octubre de 1937, en la que ustedes grabaron los sones «Bruca maniguá», de Arsenio Rodríguez y «Cruel tormento», de Julián Fiallo García. Esta sesión, memorable, con los años ha adquirido carácter histórico por ser usted, uno de los primeros artistas de importancia en dar a conocer en Nueva York las obras del compositor invidente y fabuloso tresero originario de Güira de Macurijes, por una parte, y, por otra parte, teniendo en cuenta la popularidad que con el correr de los años ha alcanzado un son de las características estilísticas de «Cruel tormento», ¿cuál es su opinión sobre esto?*

PR: Son cosas que suceden en un momento dado sin que el propósito inicial fuera ese... Cuando nosotros fuimos a grabar «Bruca maniguá», estaba transcurriendo ya el otoño en Nueva York, pero la temperatura aún era agradable, bastante fresca... Fernando y yo lo estuvimos ensayando con el acompañamiento solamente del tres a una voz, pensando en la manera cómo le sonaba a Miguelito

Valdés…, porque el número estaba acabadito de salir… Los de la Orquesta Casino de la Playa lo habían grabado en el verano, allá en La Habana, y aquí, comenzó a sonar en la radio durante esa época, entonces a Fernando le gustó la letra, pero no le podía entrar al arreglo que había hecho Anselmo Sacasas; insistía y al rato me decía: «Mira, Panchito, yo no sé cómo entrarle a eso». En un momento dado, cuando estábamos fajados en aquel tirijala, fue que se nos ocurrió a nosotros dos cambiarle el *beat* y lo arreglamos a nuestro modo, es decir, un poco más libre y directo, un son natural con acordes naturales y sin la pretensión orquestal que Sacasas le había dado. Fue de esa manera que en un santiamén lo echamos para adelante y enseguida que el disco salió al mercado se convirtió en éxito rotundo, porque sonaba fresco y espontaneo, yo me fajé en la vocalización…Ya tú ves, Jairo, que lo canté de forma genuina tal y como interpretábamos el son en La Habana, en los tiempos en que formé parte de los sextetos y septetos… Fue uno de mis mayores aciertos para el sello Columbia y de paso, pusimos en alto, en América, el nombre de Arsenio Rodríguez y el valor de la música genuinamente afrocubana, que en ese momento estaba siendo conocida en este país.

94

El Cuarteto Caney. Actuando con el formato de sexteto, lo que fue habitual en esta agrupación. Foto: Nueva York, 1940. De izquierda a derecha, Elio Osácar, contrabajo; Ramón Montes de Oca, trompeta; Johnny López, cantante; Cheo, bongó; Tilde, guitarra y Fernando Storch, tres y dirección. Foto: ©Jordi Pujol Baulenas, colección Tumbao Cuban Classics, Barcelona, España.

En cuanto a «Cruel tormento», cuando escuchamos ese son nos gustó de inmediato a Fernando y a mí, por esa razón lo grabamos… Se trataba de un número que hablaba de amor y desamor. Como éramos jóvenes, entonces nuestra manera de pensar coincidía con la forma de pensar de cualquier jovencito de esa época, y los jovencitos de nuestro tiempo lo que hacíamos era correr detrás de las muchachitas, después, sin que fuera nuestro propósito, ese número se quedó en el gusto de la gente y tú ves que hasta la actualidad tenemos no sé cuántas orquestas de salsa de Nueva York, que lo tienen montado en su repertorio, así que hay «Cruel tormento» hasta quién sabe cuándo.

Cruel tormento
Autor: Julián Fiallo García
Intérprete: Panchito Riset

Para el desierto quisiera irme,
Para estar solo lejos de ti
Un cruel tormento ha decidido
Marcharme pronto lejos de ti

Si te condueles de mi agonía
Olvidaría tal decisión
Nueva esperanza me alentaría
Si me quisieras de corazón

La noche del baile quedé enamorado
Y tú me brindaste alegre tu amor
Por causa de otro que se ha presentado
Desde aquel día me brindas dolor

¿Por qué me abandonas?, mujer de mi alma
En estos momentos que nunca pensé
Mira que estoy loco, que no tengo calma
Si tú no me quieres a los dos mataré

Qué cruel tormento hay en mi alma
No siento calma, ni un momento

Qué cruel tormento hay en mi alma
No tengo calma, ni un momento

Desde aquel día me está matando
Dolor de vida vivo sangrando
Qué cruel tormento hay en mi alma
No tengo calma, ni un momento

JGR: *Panchito, a propósito de Fernando Storch, siendo él un músico de origen alemán, ¿de dónde le venía la sabrosura esa que tenía para tocar el tres cubano?, tal y como se patentiza en sus numerosas grabaciones.*
PR: Debe ser un don que Dios le dio. No sabría explicártelo de otra forma chico. Al que Dios se la dio San Pedro se la bendiga. Lo cierto es que Fernando en esa época, era un muchacho muy enterado de todo lo que estaba pasando en la música. Un tipo inteligente y creativo en cuanto a la música se refiere. Si bien era nieto de un alemán, también era hijo de madre cubana, además había nacido y se había criado en La Habana, absorbiendo desde niño toda la música sonera de los sextetos.

JGR: *En el momento en el cual el Cuarteto Caney alcanzó el reconocimiento popular no solo en Nueva York, sino también en diversos lugares de los Estados Unidos y de América Latina, hasta donde llegaban sus discos, ¿por qué no fueron de gira por Cuba y otros países del continente americano?*

PR: Nosotros, los integrantes del Cuarteto Caney, al menos en la época en la que yo estuve haciendo algunas cuantas actuaciones y diversas grabaciones con ellos, teníamos mucho trabajo en la ciudad de Nueva York, porque fue un momento de expansión de la música típica cubana en los Estados Unidos. Eso explica por qué jamás fuimos de gira a Cuba ni visitamos otros países. La verdad sea dicha, teníamos que atender de forma permanente, compromisos para dar bailes y todo eso… Estábamos haciendo cada dos por tres un nuevo contrato de grabaciones para las empresas discográficas de aquí, de la ciudad y teníamos que darnos las mañas para buscar un hueco en la apretada agenda de compromisos y así poder hacer las grabaciones nuevas… La gente no sabe, algunas de esas grabaciones las hicimos por la madrugada, saliendo de tocar de La Conga Night Club, cuando terminábamos nuestras actuaciones en el Club Cubanacán y en el Teatro Hispano, allá en la calle 116. Los muchachos del Cuarteto Caney también tocaban y grababan al mismo tiempo con otras agrupaciones… Esa era otra situación con la que teníamos que lidiar: Tilde, el guitarrista nuestro, por lo general era solicitado para acompañar presentaciones de artistas de toda América Latina, que estaban de visita en Nueva York, y Santiago, el bajista, tenía su propio grupo, llamado Elio y su Conjunto Moderno, con el que tocaba en bailes y a veces, hasta participaba en otras grabaciones… Había que buscar un trompetista, un bongosero, nuestros músicos eran solicitados para trabajar en diversos clubes de la ciudad… Nueva York no tenía, a mediados de los años treinta, tantos músicos latinos disponibles como la gente se imagina…, era algo muy complicado de manejar para Fernando nuestro director.

JGR: *¿Recibieron ofertas de giras por los Estados Unidos y América Latina?*
PR: No solo eso, sino que además recibimos la oferta de un empresario cubano que quiso llevarnos a París con el fin de realizar una gira por Europa y el Cercano Oriente… Pero fíjate, que paradójicamente aquello no lo pudimos concretar, porque en el año 1939, yo había regresado durante algunos meses a trabajar en presentaciones con el Cuarteto Caney, y justo a Europa y al Viejo Mundo en general se les vino la guerra encima, así que las cosas se quedaron en veremos. En ese momento nos presentábamos bajo el nombre de Cuarteto Caney, pero ya te lo dije antes, se trataba a veces de un sexteto y a veces de un conjunto, aunque lo llamaran Cuarteto Caney, ya que ese era su nombre comercial, nuestras presentaciones en público por lo general eran como sexteto o como conjunto, y los cantantes éramos Machito, Manolo Suárez y yo… Eso fue por breve tiempo. En aquel entonces, estuvimos trabajando en La Conga Night Club, cuando aún estaba en la calle 51 y Avenida Broadway, porque luego, Jack Harris, su propietario, reubicó el establecimiento en un nuevo local cerca de la calle 53, que estaba próximo al Cabaret Zanzíbar en Manhattan, en el mismo vecindario en el que algunos años después, estuvo situado el Palladium Ball Room. Pero los muchachos del Cuarteto Caney, en 1938, en un momento en el que yo no estaba formando parte de la agrupación, efectuaron una exitosa gira por Venezuela, y durante esos mismos años, viajaron con frecuencia al interior de los Estados Unidos, presentándose en varias de las ciudades más importantes de este país, sin embargo, fíjate, Jairo, qué cosa más curiosa, en el tiempo en el que estuvimos grabando juntos y haciendo presentaciones, jamás fuimos ni a Cuba ni a Puerto Rico.

97

Es necesario precisar que Fernando Storch, el director de la agrupación, en determinados períodos de la historia, en especial para el registro de las grabaciones, denominó a su grupo indistintamente Cuarteto Caney, Sexteto Caney, Conjunto Caney, así como también Caney and his Cubans y Caney Orchestra. Además de los cuatro integrantes originales: Tilde, Santiago, Fernando y Panchito, el Cuarteto Caney (cuya vigencia en cuanto a producción discográfica se extendió desde 1936 hasta 1952) vinculó en sus filas a los bongoseros Cheo y Agustín Gutiérrez, a los trompetistas Ramón Montes de Oca y Remberto Lara, a los pianistas Frank Valdés y Rafael Audinot, así como también a una extensa lista de cantantes (algunos de ellos no incluidos en las grabaciones), entre quienes cabe recordar a Machito, Johnny López, Alfredito Valdés, Doroteo Santiago, Manolo Suárez, Marcelino Guerra, Daniel Sánchez, José Chiquito Socarrás, Bobby Capó, Eddie Gómez, Payo Flores, Polito Galíndez, Pepe Lara y Orlando Vallejo. Tal y como escribió el maestro Cristóbal Díaz Ayala en su *Enciclopedia Discográfica de la Música Cubana*, los integrantes del Cuarteto Caney sirvieron también de peldaño para artistas que fueron después famosos.

JGR: *Panchito, ¿La Conga Night Club, establecimiento del que usted me habla, es el mismo al que en cierto momento de la década del cuarenta, su propietario le cambió el nombre y le puso China Doll?*

98

PR: Sí, es el mismo club. En 1942, en ese club fue que hizo su debut para el público blanco de Manhattan la orquesta de Machito and his Afrocubans, con Mario Bauzá como director. En determinado momento, el señor Harris le cambió el nombre y le puso Club China Doll. Ese establecimiento tuvo una selecta clientela y la gente iba a llenarlo noche a noche, por la atracción que causaban las orquestas que se presentaban en aquel lugar. En una época, no recuerdo ahora el año, pero debió de ser después de la guerra, yo trabajaba ya en el Café Versalles, y una vez fui invitado por Machito para cantar en ese club con su orquesta y alterné con Tito Rodríguez, con quien ya éramos amigos… Tito Rodríguez, cantando con la orquesta del pianista cubano José Curbelo, con Tito Puente tocando el timbal y yo, como cantante invitado de la orquesta de Machito. La Conga Night Club albergó durante varios años a la primera orquesta afrocubana, es decir a la orquesta de Machito, para que se presentara ante el público, mayoritariamente blanco, del corazón de Manhattan, eso marcó un hito en la historia de la ciudad de Nueva York, en los tiempos en que era tan evidente la segregación racial.

JGR: *Panchito, en relación con las decenas de grabaciones disco-gráficas que usted hizo en Nueva York en los años treinta, ¿qué tan modernos eran los estudios de grabación en ese tiempo?*
PR: Cuando nosotros empezamos a grabar en Nueva York, ya los estudios de grabación tenían los equipos más modernos que te puedas imaginar.

JGR: *¿Qué desea usted agregar sobre los pormenores de las grabaciones?*
PR: En el año 1935, yo grababa en un estudio en Manhattan que, si bien no era tan sofisticado como los estudios de grabación de ahora, sí tenía micrófonos de última tecnología, lo único era que no se usaban tantos micrófonos como se están usando hoy en día, porque ahora hasta a los bongós les instalan dos micrófonos, los suben y los bajan, pero en aquel tiempo era un micrófono multidireccional para todo.

JGR: *¿Cuándo usted estaba cantando en el estudio de grabación frente al micrófono, al mismo tiempo que cantaba tocaba un instrumento? ¿Usted mismo tocaba, por ejemplo, el tres?*
PR: No, yo lo que tocaba era el bongó…, en muchas de mis presentaciones públicas tocaba el bongó, hacía un show especial en el marco de alguna descarga, tocando el bongó… Era algo muy divertido, tanto así que el público de Nueva York disfrutaba y aplaudía a rabiar…, pero no en las grabaciones, porque en las grabaciones quienes tocaban el tres, la guitarra, el bongó y los demás instrumentos, eran otros músicos mucho mejores que yo… Desde luego que a mí me gustaba tocar el tres, pero lo hacía en privado, en reuniones con amigos.

99

JGR: *Panchito, usted fue uno de los primeros vocalistas del ambiente latino neoyorquino que se ocupó de introducir en nuestra música popular una visión política y social, muy personal desde luego, plasmada en el repertorio que eligió cantar y grabar en el transcurso de su extensa carrera artística. Manuel Jiménez, Canario, fue otro contemporáneo suyo que tuvo un comportamiento similar, como pionero, al involucrar las letras de corte social, político y patriótico en sus grabaciones discográficas. Porque en el frondoso expediente de los temas que se convirtieron en canciones populares vocalizadas por su privilegiada voz, a las cuales usted les impregnó su inconfundible estilo interpretativo, hay números de connotación política y social tales como «Sin bandera» y «Trago largo», por mencionar solo dos casos, los cuales tienen además un evidente carácter reivindicativo.*

«Trago largo», grabado por usted con la orquesta del cubano Eliseo Grenet, en Nueva York, es un ejemplo de lo que acabo de mencionar… Para quienes no conocen en detalle la historia, cabe recordar que en verdad se trata de una pieza musical de protesta social, originada en 1936, escrita por el poeta y político venezolano Andrés Eloy Blanco. La mencionada canción en su momento fue prohibida en Venezuela por el régimen totalitario de esa época, ya que el déspota de turno, Juan Vicente Gómez, había suprimido las libertades ciudadanas en aquel país suramericano, hecho que se mantuvo hasta su muerte ocurrida a finales de 1935.[14]

PR: Lo mío era cantar. Lo mío es y ha sido cantar y hacerlo bien, llevarle al público que me escucha un mensaje, ponerlo a pensar y estimular los mejores sentimientos humanos frente a todas las circunstancias de la vida… Hay sentimientos hermosos como el amor y la compasión, pero mis canciones también relataron situaciones tristes como la guerra, el despotismo y el sufrimiento de nuestro pueblo ante la injusticia y la desigualdad.

Panchito, Eliseo Grenet y Jorge Negrete

100

JGR: *Panchito, cotejando las anotaciones que hice al preparar esta entrevista, observo que sus grabaciones con Eliseo Grenet and his Cuban Orchestra, fueron realizadas en una sesión fechada el 13 de marzo de 1937, ¿cuántos temas grabó usted con esa agrupación?*

PR. Solo fueron cuatro grabaciones: «Yumurí», «Trago largo», «El marimbulero» y «El maraquero». Hicimos dos discos de shellac de 78 rpm; en el primer disco, por un lado, estaba «Yumurí» y por el otro lado, estaba «Trago largo». En el segundo disco, por un lado, figuraba «El marimbulero» y el otro lado, contenía «El maraquero». Eso fue todo. Con Grenet no grabé nada más, aunque sí trabajamos juntos en espectáculos nocturnos diversos en el Club Yumurí y no recuerdo dónde más…en el Teatro Hispano, que estaba ubicado

---

[14.] A finales de la década del sesenta y más tarde a partir de la década del setenta, en la escena de la música latina neoyorquina, algunos de sus principales protagonistas, gradualmente volvieron a interesarse con mayor énfasis en introducir de forma deliberada —contra viento y marea— temas políticos, sociales y patrióticos en su producción discográfica, tal y como lo habían hecho Pedro Flores, Rafael Hernández, Eliseo Grenet, Arsenio Rodríguez, Daniel Santos y Davilita, entre las décadas del treinta y el cuarenta. Precisando, además, que el Ciego Maravilloso retomó su interés por los temas sociales algunos años después (en las décadas del cincuenta y el sesenta), al establecerse en la Gran Manzana, destacándose también en ese papel, personalidades de la talla de Frankie Dante, Eddie Palmieri, Ismael Quintana, Willie Colón, Rubén Blades y el compositor boricua Tite Curet Alonso, entre otros.

en Harlem, un teatro que ya no existe hoy en día, alternando en varias ocasiones con un artista mexicano no tan reconocido en ese momento…, que además fue mi buen amigo, me refiero a Jorge Negrete, quien a mediados de la década del treinta, se encontraba por acá trabajando…, porque Eliseo Grenet montó una revista musical titulada La Conga y ese show no solamente lo representamos en el Club Yumurí, sino también lo dimos como atracción principal de unas funciones teatrales en Harlem, junto a un elenco de grandes estrellas latinas de esa época.

JGR: *Jorge Negrete, con el paso de los años, se convirtió en un mito. Quizás contribuyó a que se agigantara su leyenda, el hecho de que murió, de forma dramática, siendo aún muy joven, a los cuarenta y dos años, a consecuencia de una cirrosis hepática.*
PR: Por aquellos años, cuando yo lo conocí y lo traté como amigo y colega en Nueva York, me quedó una grata impresión de Jorge Negrete; fue un buen compañero y un tipo correcto, caballeroso. Como cantante era fuera de serie, aunque aquí hubo personas de mal corazón, de mala entraña, que comentaron y escribieron que a Jorge no le había ido bien, artísticamente hablando, en esta ciudad, cosa que desde luego no es cierta. Se apartaban de la verdad aquellos gacetilleros que escribieron eso. Puras falacias. Cuando nos encontramos, por cosas del destino, él era muy joven todavía…, trabajamos un tiempo juntos, como cantantes de la orquesta de Eliseo Grenet en el Club Yumurí.

La leyenda de Negrete, a mi juicio, tiene que ver no solo con el hecho de que fue un cantante de gran capacidad para conectar con el público tocando las más entrañables fibras de la sensibilidad popular, sino también con la carrera cinematográfica que hizo en México y en los Estados Unidos… En la etapa culminante de su paso por el cine filmó dos películas con María Félix, quien fue su última esposa, este hecho atrajo mucho a la prensa sensacionalista de la época… Los periódicos difundieron con profusión, todas sus andanzas hasta convertirlo en un mito.

JGR: *¿Eliseo Grenet, además de tocar el piano, escribir los arreglos, dirigir la orquesta y gerenciar el Club Yumurí, cantaba?*
PR: No, él no cantaba, tocaba el piano, fue un buen pianista y durante las grabaciones participó en el coro, algo así, pero no era cantante,

Grenet y yo empezamos a trabajar juntos en el Club Yumurí, tal vez como en 1936 o en 1937, no recuerdo exactamente ahora.

Eliseo Grenet empezó con su orquesta aquí, en el Club Yumurí. Él fundó ese club tomando en alquiler un local estupendo, que estaba situado en la avenida Broadway con calle 52...Y enseguida que Grenet abrió el Club Yumurí, comenzaron a llegar muchas personas, no solo latinos, sino además, americanos y europeos, quienes se sentían demasiado atraídos por el ritmo cubano de la conga, que el maestro Grenet y yo estábamos impulsando en ese momento. El club se llamaba Yumurí, porque Grenet se inspiró en sus recuerdos del valle de Yumurí, una bonita región de Cuba, situada en la provincia de Matanzas, que le traía gratas reminiscencias de su familia y le producía nostalgia. Él conformó su orquesta y me puso a mí a tocar el bongó y la marímbula, y desde luego a cantar.

JGR: *¿Eliseo Grenet fue el compositor de los temas que usted grabó con aquella orquesta?*

PR: Con excepción de «Trago largo», escrito por el poeta y político venezolano Andrés Eloy Blanco, el mismo que escribió la letra de «Píntame angelitos negros», los demás temas que grabamos los compuso el maestro Grenet. Ahora que lo recuerdo, Eliseo Grenet lo que hizo fue musicalizar «Trago largo» para adaptarlo a mi estilo, sin embargo, y no es falsa modestia, de verdad que en mis buenos tiempos yo era capaz de acomodarme al estilo de cualquier orquesta, por más extraño que fuera, porque yo manejaba mi voz con ductilidad y me preparaba permanentemente para hacer el trabajo lo mejor posible... Me entregaba con alma, vida y sombrero a mi trabajo, ya que mi propósito era salir ante el público con un espectáculo que valiera la pena.

Cuando hicimos la grabación de «El marimbulero» toqué la marímbula en el piso. La marímbula es un instrumento rústico... En los tiempos en que todavía los sextetos no tenían contrabajo, se usaba mucho para sustituir la línea del bajo, porque las orquestas siempre tuvieron el contrabajo; los sextetos en ese tiempo en lugar del contrabajo tenían la marímbula... Era un cajón de bacalao acondicionado a la manera de una caja de resonancia al que se le adicionaban los flejes o láminas de acero, yo pulsaba las láminas sentado sobre el cajón y aquel armatoste sonaba igual que el bajo...pimbambin... pimbambin. Lo que hicimos en el estudio de grabación fue repetir lo que yo hacía en vivo con la orquesta, noche a noche, en el Club Yumurí, cuando interpretábamos ese tema.

Eliseo Grenet ya era un compositor reconocido en la época en la que trabajé con él.[15] Antes de venir a Nueva York, había compuesto zarzuelas en Cuba, entre ellas «La niña Rita», escrita a cuatro manos con el gran Ernesto Lecuona. Fue el autor de «Lamento cubano», «Las perlas de tu boca», «Drume negrita», «Lamento esclavo», «La mora» y «Ay, mamá Inés», un número que llegó a ser universalmente conocido debido a que lo tomó Rita Montaner y lo llevó a todas partes con inusitado éxito… Rita Montaner vino aquí, a los Estados Unidos, y fue también a Europa cantando ese número.

El tema «Lamento cubano» fue otro de los números de corte patriótico y social que formaron parte del repertorio que yo cantaba, en especial durante la primera etapa de mi carrera, pero no recuerdo si quedó alguna grabación, por lo menos no con mi voz…, a lo mejor si hay alguna grabación por allí rodando, no lo sé.

La orquesta de Machito and his Afrocubans. Camerinos del Palladium Ball Room, NYC, 1947. Foto: ©Jairo Grijalba Ruiz.

[15.] Sus dos hermanos Ernesto Grenet y Emilio Grenet, también fueron músicos. El primero era baterista y director del Conjunto del Cabaret Tropicana de La Habana que alternaba de forma permanente con la Orquesta del Tropicana dirigida por Armando Romeu; el segundo fue compositor y escritor, autor del libro Música popular cubana publicado en 1939.

Lamento cubano
Autor: Eliseo Grenet Sánchez
Intérprete: Panchito Riset

¡Oh!, Cuba hermosa, primorosa,
¿Por qué sufres hoy tanto quebranto?

¡Oh!, Patria mía,
¡Quién diría que tu cielo azul nublara el llanto!

¡Oh!, en el susurro del palmar
Se oye el eco resonar

De una voz de dolor
Que al amor llama...

¡Oh!, al contemplar tu ardiente sol,
Tus campos llenos de verdor,

Pienso en el tiempo aquel
Que se fue, Cuba...

¡Oh!, Cuba hermosa, primorosa,
¿Por qué sufres hoy tanto quebranto?

¡Oh!, Patria mía,
¡Quién diría que tu cielo azul nublara el llanto!

Eliseo Grenet fue perseguido en Cuba debido al contenido de la letra de aquella canción. Los hechos que lo obligaron a alejarse de nuestro país sucedieron alrededor del año 1932, cuando el gobierno del presidente Gerardo Machado. Esa persecución llevó al maestro Grenet a refugiarse en Europa, donde, pese a la tristeza que lo embargaba, tuvo éxito en diferentes países del viejo continente... Después vino a vivir a Nueva York en 1936 y abrió el Club Yumurí, fue en ese momento cuando lo conocí y me dio el trabajo para cantar en su orquesta. La canción «Lamento cubano» se hizo popular, pronto ganó el reconocimiento universal, hasta el punto de que incluso en la actualidad no hay un solo cubano de los que andan dispersos por el mundo, que no cante esa canción o no se ponga nostálgico cuando la escucha cantar.

JGR: *Volviendo al recuerdo de Jorge Negrete, se dice que en el Club Yumurí, cuando Jorge Negrete y usted trabajaron juntos con la orquesta de Eliseo Grenet, usted cantaba los números populares, entre ellos «Lamento cubano», «El marimbulero» y «El maraquero»; y Negrete cantaba los temas provenientes de las zarzuelas y las romanzas escritas por el maestro Grenet al estilo de «Mi vida es cantar» y «La virgen morena». ¿Qué tan cierto es?*

PR: Sí, es cierto, trabajamos durante una temporada corta pero muy intensa, por las actividades variadas que asumía la orquesta, ya que el maestro Grenet tenía un repertorio popular cubano y al mismo tiempo, una serie de composiciones de corte lírico las cuales se inscribían en el campo del bel canto, apropiadas para un tipo de las características de Jorge Negrete, que era un barítono culto y había venido a buscarse una oportunidad en el mundillo de la ópera, postulándose junto a su compatriota Ramón Armengod, para una plaza en el elenco del Metropolitan Opera House. La tentativa se frustró porque al presentar las audiciones a Negrete, que era capitán retirado en el ejército de México, la compañía le ofreció un puesto de sustituto y a él eso no le vino muy bien, se sintió muy triste y defraudado, ya que era un hombre joven con grandes aspiraciones y un talento desbordante para la actuación y el canto…, pero todavía no era la figura que llegó a ser en la parte final de su corta vida… Negrete se desesperó un poco al verse desempleado y sin dinero… Fue entonces, en ese preciso momento, cuando el maestro Grenet abrió el Club Yumurí, Negrete vino a pedirle trabajo y Grenet para sacarlo de apuros lo contrató como mesero, pero al poco tiempo se presentó la oportunidad de que Jorge Negrete pudiera demostrar sus grandes dotes en el arte lírico, porque el maestro Eliseo Grenet montó una revista musical titulada «La Conga», como ya te dije antes, y en aquel show, que tuvo funciones teatrales en Harlem, Jorge Negrete desempeñó un papel estelar.

Trabajamos juntos muy bien y nos llevábamos de maravilla, pero en verdad la temporada no se extendió mucho, todo esto ocurrió a mediados de 1937, porque cuando se acabó el Club Yumurí, Jorge Negrete se fue a vivir a Los Ángeles, ciudad en la que se estableció durante algún tiempo con la aspiración de incursionar en el ambiente

105

cinematográfico. Posteriormente, regresó a México logrando el sueño de convertirse en una figura de talla mundial.

Yo me desligué del Club Yumurí y me fui a trabajar a La Conga Night Club, después, comencé mis actuaciones en el Café Versalles... Guardo el recuerdo de Jorge Negrete como un buen muchacho, un buen tipo, un gran cantante.

No lo volví a ver durante varios años, hasta que un día se apareció otra vez por Nueva York... Ya era un artista de fama internacional... Yo me encontraba en el Café Versalles y él vino para ver mi show, ya estaba muy enfermo. Me mandó a llamar a su mesa y fui para saludarlo y darle un abrazo. En cuanto me acerqué a él me quedé impactado por lo pálido y demacrado que estaba..., no era ni la sombra del hombre rebosante de buena salud que yo había conocido más de quince años atrás. Hablamos durante algunos minutos nada más... Fue impresionante para mí verlo en aquel lamentable estado de salud, pese a que era aún tan joven.[16]

Hollywood

JGR: *Pasemos ahora a su etapa como cantante de planta con la orquesta de La Conga Night Club y hablemos de su viaje a California en 1937. ¿Hizo alguna película en Hollywood?*

PR: No, no llegamos a concretarlo, íbamos a filmar una película, pero tuvimos la mala suerte de que había otra compañía cinematográfica haciendo algo similar... Por ello, el proyecto aquel de hacer la película se frustró... Esa posibilidad surgió porque yo trabajé en La Conga Night Club, que estaba allá en Manhattan por Broadway, como ya te dije antes.

Con la orquesta de La Conga Night Club se nos presentó un conflicto ya que el director que llevaba las riendas de la orquesta era un hombre demasiado mayor y este señor vivía fajándose con los integrantes de la agrupación..., una situación complicada y absurda... Por esa razón los músicos lo detestaban... Además, para colmo de males estaba el hecho de que uno de los músicos aspiraba a ser el nuevo director de la orquesta..., pero entonces, el dueño

---

[16.] Jorge Negrete nació en Silao, Guanajuato, el 30 de noviembre de 1911 y falleció en Los Ángeles, California, el 5 de diciembre de 1953. Panchito Riset y Jorge Negrete, en los tiempos del Club Yumurí, filmaron una película corta del tipo *Sound Track* en la que intervienen acompañados por la orquesta de Eliseo Grenet. Negrete aparece cantando varias romanzas de la autoría de Grenet y Panchito figura cantando «El maraquero». El film fue exhibido en su época en todos los teatros importantes de la ciudad de Nueva York.

de La Conga Night Club —como yo era el que estaba siempre al frente de todos, de pie cuando cantaba de cara al público—, un día nos reunió a los músicos y nos dijo: «Miren les voy a decir una cosa..., aquí va a haber un director de orquesta nuevo, y va a ser Panchito». Algunos músicos le espetaron al dueño: «Pero es que Panchito no es músico y no sabe nada de música y todo eso». El señor les replicó: «La orquesta pertenece a este cabaret que se llama La Conga Night Club y Panchito va a ser el director de la orquesta y ya está, se acabó». Yo mismo me decía entre mí: « ¿Qué sé yo de música?, yo nada más que sé cantar...» Entonces le hablé en privado al dueño del cabaret y él dijo: «No te preocupes». De allí en adelante todos los músicos empezaron a ayudarme.

Enseguida fuimos a Hollywood con aquella orquesta..., porque se dio la siguiente casualidad: un día estábamos tocando en La Conga Night Club y entre las personas del público se encontraba presente Eleanor Powell, la hermosa y talentosa bailarina americana..., la más grande y exitosa cuando de bailar *tap* se trataba... Ella en ese tiempo estaba trabajando en Broadway y su espectáculo era estupendo. Ella era estupenda... Lo que ocurrió fue que Eleanor había ido a ese lugar para divertirse un rato con un par de amigas, con las que trabajaba en los teatros de Broadway... De inmediato me vio y me escuchó cantar... Entonces, ella se paró de la silla donde se hallaba sentada y se puso a bailar entreverada con los integrantes de la orquesta, mientras yo le tocaba el bongó..., todas las cosas que yo hacía tocando el bongó..., de tal manera que, una vez terminado nuestro show, Eleanor Powell fue al camerino de la orquesta para saludarnos, y como yo era el director, se dirigió hacia mí para conversar sobre el trabajo que hacíamos... Simpatizamos de inmediato y antes de despedirse, me dio su tarjeta personal. En ese instante me dijo: «Cuando usted viaje a Hollywood, vaya a buscarme a mi casa..., aquí está mi dirección y todo eso». Y así fue..., es más, cuando ella llegó a Hollywood, parece que comenzó a hablar de mí y de la orquesta y todo eso, y fuimos a Hollywood contratados para trabajar allá.

En uno de los días libres del trabajo visitamos su casa, estuvimos todos los músicos en su casa disfrutando una inolvidable velada y bueno..., continuamos trabajando allí en el lugar con ella por algunas semanas..., en el Club Trocadero... Íbamos a filmar una película, donde Eleanor Powell figuraba bailando como estrella y protagonista principal. Dentro de los planes trazados para el filme, habíamos definido con el productor y el director que yo salía a bailar con Eleanor durante una de las escenas... Eso hubiese sido para mí lo más grande... Yo salía en una parte de la película bailando la conga con ella..., porque yo fui el que introdujo eso aquí, Eliseo Grenet lo comenzó todo... Pero como él quería ser no más que el compositor y tocar el piano y qué se yo..., pues entonces, yo seguí con el ritmo de la conga... Por eso Eleanor Powell me mandó a buscar y estuve allá en California acompañado por mi esposa Carmen y los integrantes de la orquesta. Fue una pena que lo de la película no lo pudimos concretar.

Cuando estaba trabajando como cantante y director de la orquesta de La Conga Night Club, en ese entonces ubicado en la calle 51 en Manhattan, nosotros hicimos un segundo viaje a Hollywood en el que ya no tuvo nada qué ver Eleanor Powell... Los dos viajes que hicimos a California fueron entre 1937 y 1938... En ambas ocasiones nos desplazamos en tren desde Nueva York hasta Los Ángeles.

JGR: *Panchito, todavía en la década del treinta, usted produjo una serie de grabaciones que salieron a nombre de «Pachito y su Orquesta de La Conga Night Club». Se trata de seis registros fonográficos realizados en 1938, en los que figuran principalmente congas, sones y rumbas como «Ensueño», «Pepita», «La comparsa de Camajuaní», «Por Corrientes va una conga», «Negro cuate» y «Salambó». Algunos de estos temas fueron escritos por compositores de la talla de Rogelio Dihigo, Ernesto Lecuona, Rafael Hernández y Eliseo Grenet.*

PR: Esto que tú me preguntas, Jairo, tiene que ver con lo siguiente: Yo estuve trabajando con el maestro Grenet hasta 1937 en el Club Yumurí..., incluso durante ese año realicé varias grabaciones con el Cuarteto Caney. Tanto ellos como yo, tuvimos muchísimo trabajo en el transcurso de aquel año, porque después de que fue levantada la prohibición del expendio de bebidas alcohólicas por parte del presidente Roosevelt, los clubes aquí proliferaban y el negocio del espectáculo se fue para arriba. Igualmente, con la orquesta de La Conga Night Club viajamos a Philadelphia, a Boston y a Chicago en oportunidades diferentes, para presentarnos en esas ciudades durante una breve temporada, por decirlo de alguna manera. En determinado momento yo pasé a trabajar al Café Versalles, y estuve varias semanas actuando allí, un poco antes de comenzar la Segunda Guerra Mundial. Pero cuando aún estaba dirigiendo la orquesta de La Conga Night Club, la RCA Victor nos dio la oportunidad de hacer una sesión de grabaciones. Fue en ese momento que surgieron las grabaciones que mencionas. El primer disco de 78 rpm es el que tiene por una cara el son «Ensueño» y por la otra cara la conga «Pepita»; el segundo disco contenía por el lado A el tema «Por Corrientes va una conga», composición del maestro Ernesto Lecuona, y por el lado B «La comparsa de Camajuaní», de la autoría de Dihigo; el último disco de 78 rpm incluyó por una cara «Negro cuate» y por la otra «Salambó». Eso fue todo.

JGR: *Panchito, continuemos ahora la entrevista refiriéndonos a su actual estado de salud. En medios de prensa suele especularse al respecto.*
PR: Después que me fueron amputadas las dos piernas en 1981 por la diabetes tan agresiva que he padecido durante largos años, mis sufrimientos se han agudizado en extremo, obviamente por el hecho de tener que vivir atado a esta silla de ruedas en la que tú me ves ahora, muchacho. Pero pese a lo dicho, yo soy un hombre de recio carácter y he estado dispuesto desde siempre, a afrontar con templanza y valentía todas las adversidades de la vida. Como puedes ver, aquí está conmigo Carmen, mi esposa… Ella ha sido mi aliada incondicional para afrontar la vida como venga. No suelo referirme a mi estado de salud ante los medios de comunicación, salvo muy contadas excepciones, y quizás por eso se especula al respecto, como tú dices. Con todo y mi situación de salud, Dios no me privó de la voz, y por eso mismo he continuado cantando y haciendo grabaciones discográficas hasta hace no mucho tiempo, gracias al apoyo de mi compañía grabadora, el sello Ansonia, a su presidente el señor Ralph Pérez y a su hija Tati Glass… Mi esposa y yo a veces nos ponemos a conversar sobre todo lo que ha pasado respecto a mi condición de diabético, y al final concluimos que mi salud se ha estabilizado por haber seguido al pie de la letra las orientaciones del médico… Además, mi estado anímico es el más optimista posible y eso me ha ayudado a superar esta larga tragedia que gradualmente me ha ido alejando de los escenarios en los que hace algunos años hacía mi trabajo artístico, el Chateau Madrid, el Park Palace, el Café Versalles, el China Doll, el Alameda Room, el Palladium…

109

JGR: *¿Cuándo comenzó su padecimiento?*
PR: Eso fue hace muchos años. Una vez fui de gira a Cuba, por el año 1949, para hacer una serie de presentaciones acompañado por la orquesta del maestro Obdulio Morales, porque en La Habana se pegaron a través de la radio, unos boleros míos «El cuartito», «Blancas

azucenas» y «Cita a las seis», gracias al empresario Laureano Suárez, propietario de la emisora Radio Suaritos. Él confió en mi talento y mandó a un emisario a buscarme a Nueva York para que yo viajara a La Habana, entonces viajé, por el espaldarazo que él me brindó. En seguida pusimos manos a la tarea de montar un repertorio específico para las presentaciones en la radio… Fue necesario realizar varios ensayos con la orquesta de Obdulio Morales, porque yo era hasta ese momento un absoluto desconocido en Cuba, pues me había venido a vivir a los Estados Unidos, y había perdido durante tres lustros casi todo contacto con la gente de mi país; debido a eso la expectativa era muy grande por parte del público que compraba mis discos… Pero quiso la vida que después del apoteósico recibimiento y del reconocimiento artístico que recibí en mi país, al regresar a Nueva York me fuera diagnosticada la diabetes…, y sucedió que al principio, cuando la enfermedad fue detectada, no seguí los consejos del médico, y ya que era joven, no me cuidé lo suficiente bien, por esa razón la situación se agravó hasta la condición en la que hoy me encuentro… Pese a todo, la conclusión que me ha dejado este episodio cruel es que no he sido del todo olvidado por el público que me aplaudió hace años en los escenarios de Nueva York, ni tampoco por el público de América Latina que se familiarizó con mis grabaciones a través de los discos… Con frecuencia me entero de que llegan cartas y telegramas de los lugares más remotos del continente, preguntando por mí y por mi salud, eso lo gradezco de corazón… La música me ha dejado decenas de amigos.

JGR: *Aún en la década del treinta usted participó en algunas sesiones de grabación con la orquesta de Mario Antobal, la persona que lo trajo a Nueva York en 1933. Las mencionadas grabaciones fueron realizadas entre 1936 y 1937.*
PR: Lo primero que yo grabé con la orquesta de Mario Antobal fue una conga escrita por el maestro Ernesto Lecuona titulada «Say si si», hecha si mal no recuerdo, para el sello Brunswick.[17] Un tiempo después ellos me llamaron para grabar de nuevo; tanto Mario como Marion Sunshine, su esposa, me hicieron varios reconocimientos en aquel tiempo, por considerar que yo era uno de los cantantes más representativos de Cuba y de América Latina en los Estados Unidos. Fue en esa oportunidad que grabé un número titulado

---

[17.] Grabada en Nueva York el 4 de mayo de 1936, matriz B19179-Br7722. El lado opuesto del disco de 78 rpm contiene el tema «Hot tamales», de la autoría de Marion Sunshine, cantado por Chick Bullock, matriz B19178-Br7772.

«In a Cuban garden».[18] En la misma sesión también grabé un son titulado «El trapero», la rumba «Said the monkey» y la conga «Se viene la conga», esta última, una composición de Eliseo Grenet. Hice muy pocas grabaciones con ellos... En verdad fue una época en la que tuve demasiado trabajo en los clubes y por lo general las grabaciones las hacíamos en la madrugada, en el *after hours* después de nuestras actuaciones en los clubes de Manhattan... Otra cosa que debo decirte es que en ese tiempo las grabaciones le producían muy poco dinero al cantante, lo que nos daba la mano a nosotros era nuestro trabajo de noche en los clubes, porque allí si percibíamos unos honorarios medianamente aceptables y en ciertas oportunidades un salario justo.

JGR: *Pasemos enseguida a la Segunda Guerra Mundial. No es un episodio cualquiera y a lo mejor usted, Panchito, preferiría no hacer referencia a aquellos dolorosos recuerdos de su participación directa en un conflicto bélico en el que, si bien los fines fueron altruistas, su desarrollo fue peor que una pesadilla.*

PR: Solo quisiera decir que estuve enlistado en el ejército de los Estados Unidos de América desde 1943 hasta 1945, en cumplimiento de mi deber, que no era otro, sino contribuir a preservar la libertad del mundo occidental, amenazada de un modo terrible, por las ambiciones de un caudillo militar sin escrúpulos, como lo fue Hitler. Buena parte de Europa había caído bajo su férrea y aplastante maquinaria militar. La participación de un gran país como los Estados Unidos se hizo absolutamente necesaria ante la situación planteada, y miles de hombres en condiciones de brindarle un servicio a la patria nos enlistamos para hacerlo. Yo era joven y estaba en la guerra realizando la labor de soldado con funciones de enfermero en los campos de batalla de Normandía, en Francia; también estuve varias semanas en South Hampton, en Inglaterra. Incluso en este último lugar hice algunas actuaciones en el papel de cantante.

JGR: *¿En South Hampton usted cantaba en los campamentos militares de las tropas aliadas o lo hizo en un cabaret?*
PR: Canté en los campamentos militares estando en Francia, algunas veces también en Inglaterra, y lo hice igualmente en un cabaret de

111

[18.] Tema de la autoría de Alberto Socarrás, grabado por Panchito Riset con la orquesta de Mario Antobal, el 2 de julio de 1937, para el sello Brunswick, matriz B21347-Br7953. Una de las curiosidades de esta pieza musical es el formidable solo de flauta, grabado por el propio Socarrás.

South Hampton que se llamaba el Town Hall. Después fui licenciado del ejército al culminar con honores mis servicios, razón por la que recibí por parte del gobierno de los Estados Unidos de América varias medallas en reconocimiento a mi heroísmo. Como tantos otros ciudadanos americanos yo también cumplí a lo largo de dos años esa macabra cita con la muerte que es la guerra y viví de cerca el dolor y el sufrimiento humano en las trincheras.

Cuando por fin estuve de regreso en Nueva York y volví a verme con Carmen, puedo decirte que me costó muchísimo trabajo recomenzar la carrera de cantante, porque tú no sabes ni te imaginas las dificultades que hay cuando un hombre deja a su mujer, a sus hijos, a su familia y abandona su hogar por un extenso período de tiempo para irse al otro lado del mundo a tomar parte en una guerra… Es algo que no puedo narrarte, chico…

Grabaciones con Arsenio Rodríguez y Chano Pozo

JGR: *Panchito, hace unos minutos tuvimos que hacer una pausa en la entrevista. La pausa me dio tiempo suficiente para sustituir*

las baterías de la grabadora y reponer la cinta magnetofónica que se había agotado con la primera parte de nuestra charla. Mientras estuvimos en la pausa, tomando un café y degustando un bocadillo, usted me estaba contando de modo un poco jocoso cómo fueron sus experiencias con Arsenio Rodríguez y Chano Pozo, durante las sesiones de grabación que realizaron juntos aquí, en Nueva York.

PR: Sí, lo que sucedió fue que a Arsenio yo lo conocí en un cabaret de la playa de Marianao que se llamaba La Choricera. Arsenio era un muchacho como yo en esa época, y tocaba con un sexteto los fines de semana en el mencionado cabaret… Era muy bueno tocando el tres y todo eso… La gente lo admiraba de verdad y allí fue que nos hicimos amigos. Aquello ocurrió varios años antes de que yo tomara la decisión de venirme a vivir a Nueva York…, para el año 1929 o 1930. Arsenio tocaba con el Sexteto Boston, tenían un grupo estupendo y la gente era feliz bailando con eso… Ellos lo que tocaban eran sones, conformaban un grupo de soneros, y el público se volvía loco escuchando y bailando el repertorio de ese grupo, porque aparte de que estaba Arsenio tocando el tres el Sexteto Boston tenía como cantante a un muchacho de Güines a quien le decían El Curriquito…y ese sí cantaba bueno.

JGR: *Tomando en cuenta que usted, además de ser un artista reconocido en su campo, también ha sido un estudioso de la música popular, yo sé que tiene un criterio muy bien fundamentado sobre la importancia de la música de Arsenio Rodríguez y el carácter revolucionario y bello de su obra creativa, por esa razón quisiera saber su concepto sobre la validez del legado del Ciego Maravilloso, pero en atención a que lo conoció de cerca, estuvo grabando con él y participó en varias presentaciones con su agrupación musical, me gustaría que primero me contara la situación concreta de los momentos en los que ustedes dos interactuaron.*

PR: Sí, ya te dije, lo conocí en Marianao. Allí nos hicimos amigos porque lo que ocurrió fue que él nos escuchaba cantar cuando estábamos con Marcelino Guerra en el Sexteto Cauto dirigido por Manuel Mozo Borgellá. Nosotros nos hicimos amigos con Arsenio, sin embargo, Marcelino y yo primero fuimos sus admiradores sin que él lo supiera… Todo el mundo lo admiraba, entonces una vez que Marcelino y yo íbamos saliendo del Cabaret Panchín, que era otro sitio nocturno de allá de Marianao, Arsenio venía entrando con los integrantes de su grupo para trabajar allí, y sucedió que uno de los muchachos del grupo de Arsenio que venía junto con él, le tocó el hombro así, con la mano, y le dijo: «Mira, Arsenio, allí va pasando Panchito el muchacho que canta con Mozo Borgellá». Enseguida Arsenio se detuvo y le dijo al otro: «Llévame a donde él está…». De inmediato, ellos dos vinieron para el vestíbulo, donde Marcelino y yo nos habíamos detenido para fumarnos un cigarrillo. Arsenio vino adonde nosotros nos encontrábamos… Marcelino y yo seguíamos allí recostados en la pared conversando y Arsenio se acercó hasta donde estábamos y nos saludó…, también nos dijo que estábamos haciendo un primo y un segundo de maravilla y eso fue todo… De allí surgió una buena amistad, porque éramos jóvenes y cada uno estaba en lo suyo, buscando dónde ganar dinero o corriendo detrás de las muchachitas…, pero en ese tiempo varias veces confraternizamos, alternando en clubes nocturnos de Marianao y de La Habana puesto que el sexteto con el que trabajaba Arsenio, coincidía en actuaciones conjuntas con nuestro sexteto, y así me fui interesando en sus composiciones de tal suerte, que él también se convirtió en un gran admirador de la voz de Marcelino y en un admirador incondicional de mi voz.

Después, con el correr de los días, me mandó a buscar varias veces y canté con su grupo en dos o tres ocasiones cuando su cantante no podía trabajar, no tanto por ganar dinero, que sí lo gané, como por el placer de trabajar con Arsenio, por su camaradería y porque siempre estaba haciendo cosas nuevas para mostrar… En ese tiempo su agrupación ya contaba con la participación de un trompetista llamado Mario Argudín y el sonido del septeto había adquirido mucho más sabor que cuando recién lo conocí. Con el transcurrir de los años yo me vine para Nueva York… Obviamente, Arsenio se quedó en Cuba… Cuando él formó su propio conjunto, a comienzos de la década del cuarenta, mandó a buscar a Marcelino, porque de verdad lo quería y lo admiraba, y así fue como Marcelino Guerra trabajó una pila de años con Arsenio en Cuba y también estuvo trabajando con él acá en Nueva York, no sabría decirte cuántas veces.

JGR: *Terminada la Segunda Guerra Mundial ustedes tres se volvieron a encontrar en esta ciudad. ¿Cuáles fueron las circunstancias concretas del encuentro y cómo surgió la idea de hacer las grabaciones?*
PR: Las dos personas que estaban mejor enteradas de las andanzas de Arsenio en Nueva York, fueron Marcelino Guerra y Miguelito Valdés. Ellos eran en verdad sus mejores amigos y los dos colaboraron estrechamente para traer a Arsenio a la Gran Manzana, con el fin de que se chequeara los ojos en la consulta de un médico español de apellido Castroviejo, quien tenía su clínica en la calle 91 en Manhattan… Castroviejo estaba considerado como uno de los oftalmólogos más prestigiosos de la ciudad y su fama se debía al hecho de que se había destacado en el trasplante de córneas. El empresario puertorriqueño Federico Pagani les brindó apoyo incondicional a Marcelino, a Miguelito y a Machito, para efectuar unas cuantas actividades artísticas en beneficio de Arsenio, porque el Ciego Maravilloso tuvo dificultades para trabajar en esta ciudad en razón a que no estaba afiliado al sindicato de músicos de Nueva York. Arsenio vino a chequearse los ojos con la esperanza de recuperar la vista, que la había perdido cuando era niño, pero se quedó un tiempo acá, en la ciudad, después de que el médico dictaminó que su ceguera era irreversible. Su estadía se prolongó por varios meses, y en una de esas Miguelito y Marcelino organizaron, como ya te mencioné antes, varios eventos para ayudarlo económicamente… También participaron en esos espectáculos Chano Pozo, Noro Morales, Olga Guillot, Mario Bauzá, René Hernández y Ruth Fernández, quienes estimaban a Arsenio.

JGR: *¿En qué fecha fueron realizadas las sesiones de grabación?*
PR: La fecha no la recuerdo ahora con exactitud. Tal vez fue a finales de la primavera de 1947. En verdad pasamos tres o cuatro días grabando, porque Miguelito quería que se efectuaran varias grabaciones de Chano Pozo, Olga Guillot y Arsenio, por tratarse de tres grandes artistas cubanos que él admiraba, y todo eso lo hacía con el fin de darles un impulso más fuerte a sus respectivas carreras en los Estados Unidos. Para eso se necesitaba que cada uno tuviera grabaciones propias, hechas en Nueva York, con la intención de ampliar el récord de trabajo dentro de esta gran nación y asimismo ganar dinero suficiente para establecerse mejor en la ciudad, ya que de por sí es una ciudad muy costosa para vivir.

JGR: *Me decía usted que las grabaciones con Arsenio tuvieron diversas complicaciones y el ambiente que se formaba en cada sesión de grabación, si bien era de camaradería, tenía tensiones cada dos por tres, porque Arsenio se tomaba demasiado tiempo para grabar.*
PR: Lo que ocurrió fue, que entre Miguelito y el productor del sello discográfico Coda, el señor Gabriel Oller, que era un puertorriqueño de origen español, estaban pagando toda la producción y había que sufragar el alquiler de un estudio… Era algo bien costoso. Arsenio y Chano venían de La Habana y tenían por costumbre, cuando realizaban grabaciones en Cuba, tomarse todo el tiempo que necesitaran para ensayar y efectuar la producción discográfica, porque en determinado momento de la década del cuarenta los costos de grabación en La Habana eran mucho más bajos que en Nueva York…entonces se nos hizo un lío cambiarle a Arsenio su dinámica de trabajo dentro del estudio de grabación.
Miguelito y el señor Gabriel Oller lo consiguieron gracias a su poder de convencimiento y persuasión. Él venía con su propio esquema mental y formaba un berrinche porque lo apurábamos, pero nosotros, los que llevábamos muchos años en Nueva York, sabíamos que era en extremo costoso el alquiler del estudio, por esa razón estábamos todo el tiempo en ese tirijala… Sin embargo, es preciso aclararte dos situaciones sobre las que no debe quedar ninguna duda: la primera, los músicos y cantantes que intervinimos en esa serie de grabaciones no cobramos honorarios por nuestra labor, ya que de lo que se trataba era de apoyar a Olga Guillot, a Chano y a Arsenio para que se dieran a conocer en la ciudad… Salvo Chano Pozo, a quien Oller le pagó una suma simbólica ($30 dólares), los demás

115

participantes no percibimos ingresos por nuestra comparecencia. La segunda, Arsenio era un músico sumamente profesional y perfeccionista, poseía un talento descomunal a la hora de tocar el tres, como compositor ya tú sabes que era inmejorable y como amigo y compañero siempre nos prodigó su aprecio y respeto.

Al final todos nos acoplamos bien, tú lo puedes apreciar en los resultados del trabajo, los cuales están registrados en los discos. Arsenio nos acompañó a Chano y a mí en unas grabaciones que fueron etiquetadas bajo el nombre de *Chano Pozo y su Conjunto con El Mago del Tres*. La razón que obligó al señor Oller a etiquetar las grabaciones de aquella manera fue evitar que los ejecutivos de la disquera que tenía firmado a Arsenio en calidad de artista exclusivo (la RCA Victor), se enteraran de su participación. Con Arsenio y Chano en una de las sesiones hicimos tres grabaciones tituladas «Serende»,[19] «Seven seven»[20] y «Sácale brillo al piso Teresa».[21] Los dos primeros temas fueron compuestos por Chano y el tercero fue escrito y arreglado por Arsenio con el apoyo de Joe Loco.

En las sesiones de grabación también participaron el pianista René Hernández, el bongosero José Buyú Mangual, el timbalero Ubaldo Nieto, el contrabajista Julio Andino, el trompetista Bobby Woodlen y el saxofonista José Pin Madera. René Hernández y Arsenio se habían conocido en La Habana cuando trabajaron juntos, porque René fue pianista del conjunto de Arsenio, en Cuba, durante una breve temporada.

De igual modo, grabamos «Un poquito más»[22] y «Sin comprender».[23] Asimismo dejamos registrado fonográficamente el bolero «Contéstame» («La última carta»),[24] pieza escrita por Arsenio

116

---

19. Matriz Coda 5059-A, al respecto ver Jordi Pujol Baulenas. Liner notes del CD *Chano Pozo, Timbero, la timba es mía, Life and music of the legendary cuban conga drummer*, volumen 2, TCD – 037, Barcelona, 2001. Página 3.

20. Matriz Coda 5059-B, al respecto ver Jordi Pujol Baulenas. Op. Cit., 2001, página 3.

21. Matriz Coda 5061-B (1107), al respecto ver Jordi Pujol Baulenas. Op. Cit., p. 3, 2100. Ver igualmente: Cristóbal Díaz Ayala: Enciclopedia Discográfica de la Música Cubana 1925-1960, Florida International University. Miami 2002. Disponible en el sitio web: http://gis-lab.fiu.edu/smc/bibliografia.html. Refiere Díaz Ayala que este son montuno fue cantado por Jorge *Candy Store* Alonso en la voz prima, Panchito en la voz prima adjunta y Marcelino Guerra en la segunda voz, pero en verdad escuchando la grabación con atención se distingue claramente la voz prima de Panchito, en tanto que Marcelino y *Candy Store* aparecen en el coro.

22. Bolero son de la autoría de Marcelino Guerra Abreu, matriz Coda 5018–A.

23. Bolero escrito por Marcelino Guerra Abreu, matriz Coda 5018–B. Revisando atentamente este fonograma, no se escucha el sonido del tres de Arsenio Rodríguez, lo que indica que, si bien estuvo presente en el estudio, no participó en la grabación; o al menos no participó como tresista.

24. Matriz Coda 5061-A (1105), al respecto ver Cristóbal Díaz Ayala. Op. Cit. 1925-1960.

Rodríguez. En esa ocasión intervino el pianista Gilberto Ayala, y estuvimos Marcelino Guerra y este humilde servidor en las voces, aunque en los registros de Coda Records figura también como vocalista el cubano Jorge Candy Store Alonso.[25]

En los tres números antes mencionados Arsenio Rodríguez tomó parte como tresero invitado. En cuanto a los restantes integrantes de la orquesta, fueron músicos del conjunto de Marcelino Guerra, a quienes se sumaron algunos instrumentistas de la orquesta de Machito and his Afrocubans, varios de ellos ya referidos más arriba, y Bilingüe Ayala, un bongosero, cuyo nombre se me escapa.

Gabriel Oller, el productor de Coda Records, etiquetó el bolero «La última carta» a nombre de *Chano Pozo y su Conjunto, con el Mago del Tres* (Arsenio Rodríguez), mientras que los números «Un poquito más» y «Sin comprender» fueron etiquetados por Oller a mi nombre, figurando como invitados Marcelino Guerra y Arsenio. Los músicos que nos apoyaron eran los del Conjunto Batamú, agrupación que había formado Marcelino Guerra con el fin de realizar algunas grabaciones y amenizar los bailes en clubes nocturnos de Manhattan y el Bronx… Para ese tiempo, Marcelino tenía bastante trabajo en Nueva York.

La grabación de los seis temas la hicimos en las horas de la tarde… Recuerdo ahora que fue un día en que estaba haciendo mucho frío, así que Miguelito se valió de un mensajero para que buscara unas botellas de whisky… Cuando llegó por fin el mensajero con las botellas de whisky y apuramos el primer trago todos fuimos entrando en calor. A mí me correspondió la fortuna de haber sido el vocalista en todas las grabaciones… Cuando acometimos la grabación de los tres

117

Según el autor citado este número fue cantado por Jorge *Candy Store* Alonso, voz prima y por Marcelino Guerra, quien estuvo a cargo de la segunda voz. Díaz Ayala no menciona la presencia de Panchito en la sesión de grabación del referido tema. Díaz Ayala se basó en las etiquetas del disco para hacer su reseña, y es posible que la confusión nazca del hecho de que el nombre de Panchito no figuraba en las etiquetas, porque este se encontraba bajo contrato con el sello Ansonia Records, razón por la cual Gabriel Oller anotó el nombre de Jorge *Candy Store* Alonso. En algunas fuentes, el bolero «Contéstame» aparece bajo el título de «La última carta». David F. García afirma que este último es el título original con el que fue registrada dicha composición. Ver David F. García: *A black cuban musician in the dance music milieus of Havana*, New York City and Los Angeles, p. 528, Vol. I y II. A dissertation submitted to the graduate faculty in music in partial fulfillment of the requirements for the degree of Doctor of Philosophy, The City University of New York. 2003.

[25.] Con el correr de los años Jorge Alonso se consolidó en la ciudad de Nueva York como uno de los mejores cantantes dentro del formato de charanga a la manera francesa, trabajando durante largo tiempo como vocalista estrella de la orquesta de Lou Pérez, un flautista, compositor y director neoyorquino hijo de padre cubano, nacido en 1928 y fallecido en el año 2005, quien entre comienzos de la década del sesenta y finales de la década del setenta, lideró el ambiente charanguero en la urbe estadounidense con gran suceso.

primeros números que te mencioné, Jorge Alonso con Marcelino Guerra estuvieron en el coro, Gilberto Ayala se ocupó del piano y Mario Bauzá se hizo cargo de una de las trompetas. No recuerdo en este momento los nombres de los restantes músicos que intervinieron. Más tarde bajamos del estudio, que estaba en la azotea de un edificio en la calle 57, para ir a cenar, y cuando veníamos en el elevador algunos de los músicos que estaban con nosotros como Tito Rodríguez, Marcelino y Chano venían bromeando con Arsenio sobre lo bien que se había acoplado al estilo de trabajo y a la dinámica neoyorquina, y Arsenio, que era muy presumido y no quería perder en la discusión, les estaba haciendo otro berrinche, así tal cual era él, un hombre de genio volado a quien no le gustaba que nadie le pasara por encima.

Durante los días previos a la grabación en la que estuvimos con Arsenio y Chano, ellos dos habían ya grabado juntos varios números solo con tambores... Esos números los cantó el propio Chano porque él mientras tocaba la conga, simultáneamente cantaba en lengua bozal y en yoruba. Del mismo modo —Chano y Arsenio— hicieron juntos una serie de grabaciones en las que Tito Rodríguez fue incluido en el rol de cantante principal y Pozo actuó como cantante alterno... Fue en esa ocasión donde los acompañaron los músicos de la orquesta de Machito.

118

Arsenio tomó parte en calidad de tresero y compositor... En ese momento salió a la luz pública su número «Pasó en Tampa».[26] El vocalista que se hizo cargo del número en mención fue Tito Rodríguez, quien era un joven cantante con gran proyección en ese momento... La grabación de «Pasó en Tampa» tuvo varias complicaciones y dio para que los músicos que se encontraban dentro del estudio le gastaran muchas bromas a Arsenio Rodríguez, porque él con tal de darse a conocer de la mejor forma posible ante el público de la Gran Manzana, no estaba conforme con el solo de tres que fue grabado, de tal suerte que lo repitió cuatro o cinco veces hasta que por fin consideró que se encontraba a gusto... Fue la primera composición suya grabada por él mismo en los Estados Unidos, pero Miguelito Valdés para poder impulsar a Chano aquí, en el país, le pidió de favor a Machito que diera su anuencia para que la etiqueta del disco no saliera a su nombre... Fue por esa circunstancia que la grabación fue etiquetada bajo el título de «Chano Pozo y su Orquesta —canta: Tito Rodríguez».

Matriz Coda 5033-B (1094), al respecto ver Jordi Pujol Baulenas. *Op. Cit.*, 2001, p. 3.

La última carta
Líricas y música: Arsenio Rodríguez Scull
Cantan: Panchito Riset y Marcelino Guerra

Esta última carta que escribí
Deshizo el acuerdo entre los dos
Aquel acuerdo que decía así:
Eternamente tú serás mi amor

Esta última carta que escribí
Deshizo el acuerdo entre los dos
Aquel acuerdo que decía así:
Eternamente tú serás mi amor

Cuantas cosas prometiste
Y ninguna las cumpliste
Quiero saber si es que tienes otro amor

Para no estorbarte, mujer, dejarte tranquila
Y arrancar de mi pecho este inmenso dolor
Que me acaba la vida, y decirte adiós

JGR: *Panchito tengo entendido que con posterioridad a los hechos descritos usted se volvió a reunir con Arsenio Rodríguez y Marcelino Guerra aquí, para realizar otra sección de grabaciones, a petición del productor puertorriqueño Luis Cuevas. ¿Es eso cierto?*
PR: Sí, es cierto. Además de las grabaciones realizadas con el sello disquero de Gabriel Oller, con Arsenio y Marcelino Guerra volvimos a trabajar juntos en otra sesión de grabación realizada en 1947, en un estudio de Manhattan. Esa sesión de grabación la realizamos unos meses después de las sesiones que hicimos con Chano Pozo y Machito. Efectuamos otras cuatro grabaciones. Estas fueron producidas para el sello Verne Records de propiedad del boricua Luis Cuevas. Son grabaciones quizás menos conocidas, me atrevo a pensar, ya que no quedaron registradas a mi nombre, sino a nombre del conjunto de Marcelino Guerra.
En este trabajo no tuvo nada que ver Miguelito Valdés, esto en atención a que fue Marcelino quien se encargó del papel de líder.
Lo que sucedió fue que Arsenio quería permanecer un tiempo más en los Estados Unidos antes de regresar a Cuba, porque él deseaba

conocer mucho más a fondo el ambiente de trabajo que le ofrecía la Gran Manzana, pensando a futuro en la posibilidad de establecerse del todo en esta ciudad, entonces prolongó su estadía por algunas semanas más de lo que al inicio había previsto, y así aprovechó su presencia en Nueva York y escribió una serie de números.

Arsenio estaba alojado al comienzo de su estadía en Harlem, en el apartamento de Marcelino Guerra, pero después, las últimas semanas de su presencia en Nueva York las pasó en el Bronx, en el apartamento de una amiga suya llamada Mariana Bobe.

Marcelino y yo escogimos solo cuatro de los números compuestos por Arsenio en Nueva York, y fuimos a hablar con Luis Cuevas, quien de tiempo atrás nos había hecho una propuesta de grabación con su sello disquero. Enseguida llegamos a un acuerdo sobre los honorarios y los porcentajes de ganancias calculados con base en el número de discos vendidos. La semana siguiente al acuerdo, retornamos al estudio Nola Penthouse a grabar, pero por disposiciones comerciales, los dos discos de 78 rpm tan solo salieron a la luz pública en 1948. El primer número que grabamos fue la guaracha «Candito»;[27] el segundo fue el bolero patriótico «A Puerto Rico»,[28] un tema de corte nacionalista que Arsenio les escribió a todos nuestros hermanos puertorriqueños; la tercera composición era una guajira titulada «Esas son las cosas»,[29] donde Arsenio se destacó en el tres... Arsenio Rodríguez era un demonio tocando el tres, ¿tú lo has escuchado? ¡El hombre era un fenómeno, chico! Finalizando la sesión grabamos el bolero «No puede ser».[30]

JGR: *¿Panchito, ¿quiénes fueron los otros dos cantantes que intervinieron en estas cuatro grabaciones?*

PR: Las voces que se aprecian en el coro son las de Marcelino Guerra y Guillermo Capó, un muchacho de Mayagüez, Puerto Rico. Si tú escuchas con atención, aprecias lo que significaba cantar a dos voces, prima y segunda, cuando Marcelino Guerra y yo alternábamos juntos. Marcelino fue quien se encargó de la primera voz en el bolero «No puede ser», alternando conmigo en la primera voz adjunta. Algo que a lo mejor tú no sabías, relacionado con las

27. Matriz MV 1081 VRV 0289 – A, (Lado A), Nueva York, 1948.
28. Matriz MV 1082 VRV 0289 – B, (Lado B), Nueva York, 1948.
29. Matriz MV 1083 VRV 0290 – A, (Lado A), Nueva York, 1948.
30. Matriz MV 1084 VRV 0290 – B, (Lado B), Nueva York, 1948. Vale la pena agregar que en la grabación del tema «Candito» intervinieron Panchito Riset, como voz prima, y Arsenio, como tresero. En esa ocasión el Ciego Maravilloso introdujo un solo de antología, haciendo gala de su inconfundible estilo para rasguear las cuerdas con asombrosa inventiva.

cuatro grabaciones mencionadas, es que se efectuaron sin congas, sin trompetas ni piano. Marcelino Guerra dirigía su propia agrupación, llamada el Conjunto Batamú, pero en esta ocasión usó solo un sexteto con Bilingüe en el bongó, Julio Andino en el contrabajo, él mismo en la guitarra, y Arsenio en el tres.

JGR: *Y para concluir lo relacionado con el recuento de sus experiencias interactuando con el Ciego Maravilloso, me gustaría saber, ¿cuál es su valoración, en términos generales, del legado dejado por Arsenio Rodríguez?*

PR: Me parece que Arsenio Rodríguez fue el gran renovador de la música cubana contemporánea, porque en síntesis revolucionó el son y los formatos orquestales con los que habitualmente se interpretaba el repertorio sonero, dando un paso adelante al establecer el conjunto como la agrupación más adecuada para interpretarlo, concibiendo arreglos modernos que dotaron al son de una estructura de mayor complejidad y al mismo tiempo fue capaz de ahondar en su autenticidad, ampliando el arraigo que la música popular cubana ya había desarrollado de tiempo atrás.

El Conjunto de Luis Lija Ortiz

Arturo Gómez Marcané, al referirse a Panchito Riset, y a la importancia de sus numerosas presentaciones y grabaciones discográficas realizadas en Nueva York.

> «Mis padres pasaron su luna de miel, primero en Niágara Falls y después en New York City. Durante sus cinco días en la Gran Manzana fueron a ver a Panchito en vivo, si mal no recuerdo fue en el Havana-Madrid (que estaba situado en la calle 51 y avenida Broadway) donde lo vieron. Pocos años después de radicarnos en el Bronx, a mediados de los años 1950, fueron a verlo otra vez en otro club nocturno. Mis padres tenían seis o siete elepés de Panchito en Ansonia, los cuales yo les heredé».

Denver, 28 de febrero del 2021

JGR: *Panchito, el público en general conoce las decenas de grabaciones famosas que usted realizó en la Gran Manzana con el*

maestro Luis Lija Ortiz y su conjunto. Lija era un formidable tre-
sero neoyorquino de origen puertorriqueño. ¿Cómo fue que uste-
des dos se conocieron en esta ciudad?

PR: Lija y yo nos conocimos por coincidencia en 1942, antes de irme
a la guerra, porque los integrantes de mi orquesta y yo alternábamos
con el Cuarteto Flores y Lija estaba trabajando con don Pedro Flores,
con quien ya éramos amigos. Esto me llevó a iniciar una buena amistad también con Lija, quien en verdad era un músico extraordinario,
como pocos. Después, ya cuando regresé de la guerra comenzamos
a trabajar juntos haciendo presentaciones en clubes de Harlem, del
Downtown y del Bronx. Lija tenía un conjunto estupendo y al señor
Ralph Pérez de la compañía discográfica Ansonia, se le ocurrió la
idea de producirnos una serie de grabaciones, fue así que, en el año
1947, si mal no recuerdo, grabamos números como «Vida» y «Grito
en la noche» de Alberto Tití Amadeo; «No me beses», de Facundo
Rivero; «Anoche te soñé», de Trini Márquez, «Sambullo» y «Ponte
en el duro», de Justi Barreto…; también, «Coralita» de Raúl Azpiazu.

122

*Luis Lija Ortiz, el primero a la izquierda, trabajando con el Quinteto de Celso Vega, en un
show durante los años cuarenta, Nueva York, acompañaron al estelar cantante cubano
Miguelito Valdés Mister Babalú. Junto a Luis Lija Ortiz está el vocalista puertorriqueño
Yayo el Indio, y al fondo a la derecha de Miguelito Valdés, figura el trompetista Celso
Vega. Foto: ©Jairo Grijalba Ruiz.*

Lágrimas y tristezas
Autor: Antar Daly
Intérprete: Panchito Riset

Quiero, corazón
Hablarte a solas
Del dolor y de la pena
Que me agobia a cada instante

En esta confesión
Quiero que escuches
La oración de un alma en pena
Que te adora eternamente

Con la tristeza en el rostro reflejada
Mil lágrimas mis ojos derramaban
Y levantando hacia al cielo la mirada
Rogué perdón por todos mis pecados

Calla corazón no digas nada
Del dolor ni de la pena
Que me mata lentamente

Con la tristeza en el rostro reflejada
Mil lágrimas mis ojos derramaban
Y levantando hacia al cielo la mirada
Rogué perdón por todos mis pecados

Calla corazón, no digas nada
Del dolor ni de la pena
Que me mata lentamente

Como el conjunto de Luis Lija Ortiz tenía mucho trabajo en Nueva York, hicimos una gran cantidad de bailes con ese conjunto y teníamos un repertorio de mambos, guarachas, chachachás, danzas puertorriqueñas y boleros, así que, cuando se presentaba la oportunidad de hacer un receso en la agenda de los bailes, nos íbamos para el estudio de grabación y grabábamos unos cuantos números más, en lo que yo considero que fue mi primera etapa de éxitos con la agrupación de Lija, entre ellos un número del compositor puertorriqueño Alberto Tití Amadeo titulado «El paquete».[31]

JGR: *«El paquete» es una guaracha que, interpretada por usted, alcanzó un nivel de sabrosura insuperable..., además se trata de un tema muy gracioso.*

PR: Sí, el tema tenía algo de jocoso y nostálgico al mismo tiempo… Yo salía a escena pidiéndole un paquete a un amigo puertorriqueño…, a Don Felo que era un compositor de allá de Puerto Rico, entonces le cantaba a Don Felo pidiéndole un paquete, que me mandara desde tierras boricuas una jíbara de Ciales, de Bayamón un barrilito, un gallo de Naranjito y una hamaca de Maguey, de tal suerte que cuando me llegara el paquete a Nueva York coger mi

---

[31.] Aparte de «El paquete», en la primera temporada con Luis Lija Ortiz y su Conjunto para la compañía disquera Ansonia, Panchito grabó los temas «Mírame a la cara», bolero de su propia autoría; «El mambo con chachachá», mambo chá de la autoría del cubano Pablo Cairo; el bolero «Lo hice bueno», de Héctor Flores Osuna; «José Luis Pata Virá», guaracha de Urbano Montiel; «Por no saber pensar», bolero de Pepe Robles; «Rabo e' mula», guaracha de la autoría del trompetista cubano Calixto Leicea; el bolero «Dulce corazón», de Adolfo Salas y la danza puertorriqueña «Felices días», del reverenciado maestro boricua Juan Morel Campos.

barrilito, sonarme mi palito, coger mi chamaquita, meterla en la hamaquita y que me partiera un rayo... ¡No me levantaría oiga, Don Felo, ni aunque me cante el gallo! (Risas). Algunos de los números que hacíamos con Lija eran simpáticos.

JGR: *Panchito, en determinado momento del año 1947 Lija, René Martínez y usted unieron fuerzas para conformar un nuevo conjunto denominado René Martínez y su Conjunto, con Luis Lija Ortiz en el tres y usted como cantante. Con esa formación grabaron una serie de temas, en especial boleros, para las compañías grabadoras Verne, Cenit, Ansonia y Curro, en ese orden. ¿Por favor, puede hacer mención de esa etapa tan productiva de su vida artística?*

PR: Cuando le dimos vida al Conjunto de René Martínez que tú mencionas, Jairo, enseguida a Lija, a René y a mí nos surgió la idea de hacer unas cuantas grabaciones para el sello Verne, de Luis Cuevas, productor discográfico puertorriqueño, quien de tiempo atrás era amigo nuestro.

Lo que pretendíamos era tener números nuevos sonando en las victrolas para que nos dieran publicidad en la radio... En nuestro caso las cosas sucedían así, y no te lo digo como si yo fuera una persona presumida ni mucho menos, pero en esa época eran los productores los que nos pedían que grabáramos, porque para ellos el negocio era vender discos, y yo estaba de moda, entonces el público pedía los discos, la demanda era constante... Fue por esos tiempos que conseguí reunir suficiente dinero y compré el Cadillac del que te hablé hace un rato, porque se me presentó una muy buena oportunidad de adquirirlo a un precio razonable, aprovechando el hecho de que el dueño, un gallego de apellido Ventura que trabajaba como ejecutivo con una compañía naviera francesa, se regresaba a Europa y me dejó su auto.

Fíjate, que estas grabaciones me vinieron muy bien, porque después de la guerra lo más difícil era volver a comenzar y ganarme otra vez el favor del público. Justamente, con algunas de las grabaciones realizadas en asocio con Lija y con René, fue que logré alcanzar ese objetivo tan anhelado y al mismo tiempo tan esquivo.

Resulta que con esos músicos pegamos tres éxitos monumentales que cambiaron el curso de mi carrera: «El cuartito», «Blancas azucenas» y «Cita a las seis».

El cuartito
Autor: Mundito Medina
Intérprete: Panchito Riset

¿Por qué ríes así?
Tú no tienes razón
Para amargar mi corazón...

Tú sabes que te quiero
Que en el cuartito espero
Llorando por ti...

¿Por qué no vienes a mí?
El cuartito está igualito
Como cuando tú te fuiste

La luz a medio tono
La cortina bajita
Como tú la pusiste.

Tu retrato con flores
Porque aquí tú eres Dios
En este altar sagrado
Donde te espero yo...
La radio está en el sitio

Donde tú la pusiste,
¿Te acuerdas?, junto al nido
Donde mi amor te di.

El cuartito está igualito
Como cuando tú te fuiste
Y siempre estará así
Como te gusta a ti...

JGR: *¿Estas grabaciones exitosas realizadas para el sello Verne fueron las que lo llevaron a usted de regreso a Cuba, a comienzos de 1949?*
PR: Sí. Nosotros comenzamos a promocionar las grabaciones en comento a finales de 1947, para el año 1948 se convirtieron en un suceso musical en toda Latinoamérica, y como te contaba antes,

ya para 1949 me había convertido en una figura tan popular en Cuba, gracias al respaldo del empresario Laureano Suárez y su emisora Radio Suaritos, que comenzando el mencionado año el señor Suárez me llevó a La Habana y me puso en contacto con el maestro Obdulio Morales... A partir de ese momento, trabajamos hombro a hombro con el maestro Obdulio para montar todo mi repertorio, acompañado por los integrantes de su orquesta, con quienes hice mi exitoso debut en el radioteatro de Radio Suaritos. Carmen y yo pasamos una temporada en La Habana, y en ese tiempo hice decenas de presentaciones en mi país recibiendo la cálida acogida del público habanero.

Pero sucedió que, antes de irme para Cuba trabajamos con Lija y René Martínez, en la realización de otra tanda de grabaciones que alcanzaron la popularidad en Nueva York y en América Latina, casi todas efectuadas en 1947 y algunas en 1948, entre ellas «De cigarro en cigarro», «Linda guajira», «Dicen que dicen», «Allí» y «Abandonada».

Panchito Riset grabó en 1947 para el sello Ansonia, «Déjame solo» (bolero de Rafael Muñoz), registrado con el acompañamiento de Luis Lija Ortiz y su Conjunto. Después, durante aquel año, acompañado por el tresero Luis Lija Ortiz y el Conjunto de René Martínez, grabó cinco temas para el sello Verne Records del productor puertorriqueño Luis Cuevas, a saber: «El cuartito», de Mundito Medina; «Blancas azucenas», de Pedro Flores; «Dicen que dices», de Rafael Romero; «El tren de la libertad», de Luis Lija Ortiz y «Cita a las seis», de Adolfo Salas. De igual modo registró cinco temas para el sello Cenit: «Sin rumbo» y «Linda guajira», de su propia autoría; «Loco de amor», de Miguelito Valdés; «Besitos para ti» y «Virgencita», de Justi Barreto; pero también otros dos para el sello Ansonia Records: «De cigarro en cigarro», deLuiz Bonfá y «Te volveré a querer» de Pablo Langó, esta vez con el Conjunto de René Martínez; asimismo tres números para el sello Curro: «Abandonada» de Manolo Romero; «Allí», de Héctor Flores Ozuna y «Los ritmos cambian», de Justi Barreto. Con la agrupación mencionada (René Martínez y su Conjunto) el cantor del barrio de Atarés grabó en 1948 cuatro temas para el sello Verne Records: «Feliz viaje», bolero de Arsenio Rodríguez; «Canto guajiro», de su propia autoría; «Por un milagro», bolero de autor anónimo y «Al lado de ti», bolero de Pepe Robles. En el transcurso del año 1949 Panchito acompañado por el Conjunto de Luis Lija Ortiz efectuó veintidós grabaciones más para el sello Verne: «Allí donde tú sabes» y «Precaución», boleros de Luis Marquetti; «No te me caigas negra», bolero de Jesús Guerra; «Alas doradas», bolero de Manuel Romero; «Quiero olvidar», bolero de Sigifredo Mora; «Al lado de ti», «Miedo» (boleros) y «El cantar de un campesino» (canción jíbara) de la autoría de Pepe Robles; los boleros «No sangres corazón», de Armando Valdespí; «Ya no te quiero», de Johnny López; «Sinceridad» y «No puede ser», de Noro Morales; «Dame lo que me ofreciste tú», de Ramón Márquez; «Vendida» y «Arpía», de Carlos Crespo; «Lo presentía» y «Es un error», de Noel Estrada; «Eso no es amor», de autor anónimo; «Niña Linda», de Jesús Guerra; «Contéstame», de Alfredo Núñez de Borbón y de su propia autoría: «Son cosas del alma» y «El reloj de la vida».

De cigarro en cigarro
Autor: Luiz Bonfá
Intérprete: Panchito Riset

Vivo solo sin ti, sin poderte olvidar
Un momento nomás
Vivo pobre de amor, a la espera de quien
No me da una ilusión

Miro el tiempo pasar y el invierno llegar
Todo menos a ti
Si otro amor me viniera a llamar
No lo quiero ni oír

Otra noche esperé, otra noche sin ti
Aumentó mi dolor
De cigarro en cigarro
Cenizas y humo en mi corazón

Vivo solo sin ti, sin poderte olvidar
Un momento nomás
Vivo pobre de amor, a la espera de quien
No me da una ilusión

Miro el tiempo pasar y el invierno llegar
Todo menos a ti
Si otro amor me viniera a llamar
No lo quiero ni oír

Otra noche esperé, otra noche sin ti
Aumentó mi dolor
De cigarro en cigarro
Cenizas y humo en mi corazón

Vivo solo sin ti, sin poderte olvidar
Un momento nomás
Vivo pobre de amor, a la espera de quien
No me da una ilusión

Miro el tiempo pasar y el invierno llegar
Todo menos a ti
Si otro amor me viniera a llamar
No lo quiero ni oír

Más tarde, Lija y yo nos separamos del conjunto de René Martínez. Lija quería formar su propio conjunto y deseaba continuar trabajando conmigo y haciendo grabaciones, así que un día me llamó y acordamos reanudar las sesiones de grabación. Para entonces él ya tenía su agrupación musical y comenzamos a grabar. Esto fue también en 1947.

En esa oportunidad hicimos una nueva serie de grabaciones con el sello Ansonia de Ralph Pérez, porque Lija y yo efectuamos grabaciones para Ansonia en diferentes etapas, como te manifesté antes, también grabamos para los sellos disqueros Verne, Cenit, Mida y Curro. Con Luis Lija Ortiz fue que grabé los números míos que empezaron a oírse en América Latina después de la gran guerra.

JGR: *¿Cómo era el ambiente social y farandulero que usted encontró en La Habana, cuando regresó a su país después de tantos años sin visitarlo?*
PR: Te lo digo en una sola palabra: el ambiente habanero en ese momento era algo fabuloso... (En este instante de la conversación brotan lágrimas de los ojos de Panchito).

JGR: Panchito, usted a lo largo de su carrera artística ha tenido el privilegio de interactuar con casi todos los grandes treseros de la historia: Manolo Romero, Carlos Godínez, Panchito Chevrolet, Isaac Oviedo, Eliseo Silveira, Manuel Mozo Borgellá, Alejandro Rodríguez, Cándido Vicenty, Arsenio Rodríguez y Luis Lija Ortiz...

¿El maestro Luis Lija Ortiz de verdad era —como dicen— un fuera de serie tocando el tres, o usted cree que hubo alguno mejor que él?
PR: Mi compadre Lija fue el mejor tresero que yo me he echado a la cara, siendo puertorriqueño, fíjate tú, comparable solamente con el maestro de maestros Arsenio Rodríguez, que en verdad era un tresero prodigioso, por eso lo llamaban el Ciego Maravilloso.

JGR: Panchito, en las anotaciones que escribí durante la preparación de esta entrevista, figura que tanto usted, como Lija y Marcelino fueron marinos mercantes ¿Qué tanto de verdad hay en ello?
PR: Mira, chico, a Nueva York llegábamos todos gracias a la navegación marítima en las épocas pretéritas..., es decir, en los años veinte, treinta y cuarenta. Todos estábamos por una u otra razón vinculados a la marina mercante, ya fuera porque usábamos los buques para viajar, porque habíamos ido al muelle a despedir a un ser querido que se radicaba en otro país, o porque un primo nuestro estaba embarcado trabajando para una compañía naviera. Incluso yo grabé ¿no sé si tú lo sabías? un número titulado «Marine Tiga» («Marina Tiger»).[32] El número, escrito por mi gran amigo Mundito Medina, lo hicimos con René Martínez y Luis Lija Ortiz en 1950, y allí se hablaba acerca de todos los prejuicios raciales y sociales de los cuales eran víctimas los inmigrantes puertorriqueños que llegaban en barco al puerto de Nueva York y tenían que sufrir la discriminación, el menosprecio y la burla hasta de sus propios coterráneos. Porque en mi extensa discografía, como ya tú lo mencionaste hace un rato, Jairo, he tenido el temperamento, el carácter y la sensibilidad para incluir temas de corte social, del estilo de ese y otros tantos más... Pero volviendo a tu pregunta, Jairo, Marcelino, Lija y yo fuimos marinos mercantes porque en determinado momento de nuestras carreras —tú sabes cómo es de duro este negocio de la música en Nueva York—, las cosas no se daban, el trabajo se vino a menos, y ya que había que vivir de algo, pues todos cogimos ese oficio de ser marinos mercantes y anduvimos por los mares del viejo continente, trabajando en los lujosos barcos de pasajeros de las

130

[32.] *Marina Tiger* era el nombre de un buque que transportaba pasajeros, por lo general inmigrantes puertorriqueños de escasos recursos, quienes viajaban a la ciudad de Nueva York, como ciudadanos americanos, en busca de mejor fortuna y de más amplios horizontes para sus vidas, dadas las recurrentes crisis económicas que se vivían en la isla de Puerto Rico, convertida en colonia estadounidense desde los tiempos de la guerra contra España de 1898. Se dice que un alto porcentaje —superior al 80%— de los puertorriqueños que llegaron a la Gran Manzana, arribaron en el mencionado barco. El tema «Marine Tiga» en los años cincuenta se convirtió en un segundo himno nacional para la comunidad boricua.

grandes compañías navieras estadounidenses y europeas, en atención a que pagaban muy bien y nos daban diversas prebendas por nuestra condición de trabajadores, vacaciones varias veces al año para retornar a Nueva York a visitar a nuestras familias y la oportunidad de tener un ingreso fijo…. Trabajar como marinos mercantes, especialmente en cruceros de lujo para pasajeros, fue una especie de privilegio que se nos ofrecía de forma más fácil, por el hecho de ser ciudadanos americanos.

JGR: *Retornando al tema de su amistad y camaradería con Luis Lija Ortiz…, ¿por qué lo apodaban de esa manera?*
PR: Era un hombre presumido, muy presumido al que le gustaba salir bien vestido a la calle. Siempre estaba pulcro y elegante, pero mucho más elegante que la elegancia corriente de un hombre elegante… Lo que te quiero decir es que cuando salía de su casa a trabajar o a compartir con los amigos y colegas del mundo de la música, Lija se echaba encima todo el ropero. Siempre iba de terno, camisa blanca pulquérrima, costosas corbatas italianas, los zapatos brillantes y el sombrero más vistoso que te puedas imaginar… Él era así, le gustaba andar elegante todo el tiempo, hasta en las ocasiones menos formales…, así se había acostumbrado desde muchacho, cuando comenzó a salir por las calles de Harlem… Era atildado en grado sumo en el vestuario…, ese fue su modo de ser. En el Caribe se usa el vocablo lija para referirse a algo o a alguien muy pulido, y aunque lija es una palabra que surge de los bajos fondos de la gente común y corriente, sucedió, sin embargo, que el gran músico no lo entendía como un insulto o algo peyorativo, que se dijera para menospreciarlo, ni nada de eso, de tal suerte que el apodo era una referencia positiva a su forma de ser… Además, así le llamaban de manera coloquial desde muchacho sus amigos, entonces, en su caso lo tomó como una divisa… Date cuenta de que su nombre artístico era Luis Lija Ortiz… Si tú decías solo Luis Ortiz nadie, absolutamente nadie, iba a saber quién era, pero si decías Lija, no había sino un Luis Lija Ortiz, un hombre que en verdad no era fanfarrón, pero sí destacado, tal y como era él aquí, en el ambiente de los músicos de Nueva York… En ciertos lugares del Caribe —me refiero a otra época— también, dar lija significaba adular a una persona…, por lo general, a una persona muy pulida que se ha hecho merecedora de esa adulación… No olvides que la lija es un aditamento que sirve para pulir superficies de metal y de madera, en fin…, que con lo

sentimental que soy, no quiero decirte nada más de mi hermano Lija, porque aquí mismo me pongo a llorar.

JGR: *Continuemos hablando sobre sus grabaciones para el sello disquero Verne, realizadas en Nueva York, entre 1950 y 1951, con el conjunto de Luis Lija Ortiz. Fueron efectuadas al comienzo de una nueva década, en un momento brillante de su carrera.*
PR: Fíjate, que sí. En 1950 grabamos dos boleros con el conjunto de mi amigo Lija, uno fue «Qué cosas tú tienes», de Santiago Chago Alvarado y el otro fue «Te contaré», de Noel Estrada, ambos compositores puertorriqueños... Al año siguiente Lija me llamó de nuevo y volvimos a grabar con su conjunto..., un grupo de músicos estupendos que él había reunido en Nueva York en esa época. Luis Cuevas, el productor, nos propuso realizar cuatro grabaciones: tres de Arsenio Rodríguez, tituladas «Me enteré de todo» (bolero), «Me contaron de ti» (bolero) y «No hay cáscara peor» (mambo); y una de Mario de Jesús, compositor dominicano, el bolero intitulado «Bebiendo y pensando», el cual me dio muchas satisfacciones en cuanto a la respuesta del público.

132 En 1953 hicimos otras dos grabaciones con la agrupación que dirigía Lija, pero esta vez fueron realizadas para el sello Ansonia de mi amigo Ralph Pérez, ya que su hija Mercedes, a quien sus amigos le decíamos Tati, junto con su esposo Herman Glass, un judío americano que era el director del sello, querían que reanudáramos, Lija y yo, el trabajo de grabaciones con ellos, y así lo hicimos. En esa ocasión, si la memoria no me traiciona, grabamos «Días alegres», una canción jíbara de Claudio Ferrer y «Navidad», nostálgico bolero de Félix Castrillón.
Después de aquello estuvimos unos cuatro años sin realizar grabaciones, porque desde comienzos de 1953 hasta mediados de 1957, si mal no recuerdo, yo no me encontraba en la ciudad de Nueva York, ya que anduve embarcado en los cruceros de pasajeros viajando por Europa, el mar Mediterráneo, y el cercano Oriente, trabajando como bar tender... Pero eso ya es otra historia.

JGR: *Esto último que usted menciona, Panchito, me da pie para hacerle la siguiente pregunta: ¿Es cierto, lo que se dice en la Gran Manzana, que el maestro Luis Lija Ortiz murió de repente en alta mar, cuando trabajaba de marino mercante?*

PR: Mira, Jairo, te voy a decir lo siguiente, Marcelino y yo trabajamos con Lija tanto en la brega musical como en la marina mercante. Lija era un hombre fuerte y sano, acostumbrado tanto a las faenas de la noche en los cabarets, en los que nosotros vendíamos el arte musical al mejor postor, como a las duras labores del mar, que por lo general se desarrollaban en arduas jornadas de trabajo, lejos de tu casa, lejos de tu familia…, tareas en las que nuestra otra familia fueron los compañeros de marinería en los muelles, dentro de los cruceros a través del océano, en medio de días extenuantes de sol y de lluvia, con frío extremo y con calor extremo.

Lija y yo regresamos a esta ciudad en 1957, por pura coincidencia, él trabajaba en el mar Mediterráneo y yo en los mares del norte de Europa…, así que volvimos a la actividad musical durante unos años, dos o tres años…, porque Lija formó de nuevo su conjunto aquí, en la ciudad… Después regresó a las tareas del mar… A comienzos de 1960 nos despedimos, ya que él reanudaba sus labores en un crucero que tomaba rumbo hacia Europa. Estando en altamar lo sorprendió la muerte en el baño del personal de servicio, situado en el bar del crucero. Sufrió un infarto y murió súbitamente. Cuando los demás compañeros de su turno fueron a ver de qué se trataba, pensando que era una broma o algo así, ya que llevaba varias horas sin regresar del baño, se dieron cuenta de que no había nada qué hacer, el médico del navío determinó que había muerto.

Su cadáver fue conservado por dos días en uno de los depósitos de carnes de las gambuzas frigoríficas del buque, una de ellas fue vaciada para esos efectos. Más tarde, el navío atracó en el puerto de Melilla, posesión española situada en Marruecos, a orillas del mar Mediterráneo. En esa ciudad portuaria al cadáver de Lija le fue practicada la autopsia por parte de las autoridades del lugar y de esa manera se determinó que la causa de su deceso había sido un infarto. Varias semanas después de los hechos narrados, y una vez que todas las gestiones legales fueron atendidas por las autoridades consulares americanas, el cadáver de Lija fue repatriado en un vuelo de carga que lo retornó a Nueva York dentro de un cofre de aluminio, de los que se usaban para esas eventualidades, de tal manera que su esposa junto con sus hijos, sus hermanos y su familia le dieron cristiana sepultura. Los restos mortales de mi amigo Luis Lija Ortiz, descansan en paz en un cementerio de esta ciudad.

JGR: *¡Qué triste todo aquello, ah!*

PR: Sí, sí, muy triste, de solo recordarlo me pongo a llorar, yo soy demasiado sensible.

JGR: *¿Usted sabe qué edad tenía Lija al momento de morir?*

PR: Unos cincuenta años, tal vez menos, era un hombre joven todavía...

JGR: *El conjunto de Luis Lija Ortiz sonaba estupendo; si bien su estilo tuvo algo que ver con la atmósfera que solían crear los conjuntos cubanos..., el timbre característico del tres, los interludios con el piano y todo aquello..., también se aprecia el talante barriotero y de arrabal neoyorquino de la música que produjeron.*

PR: Lija se preocupó siempre por cuidar del negocio. En escena era absolutamente exigente con los integrantes del conjunto, la puntualidad, el vestuario, la presentación personal, la afinación, los ensayos previos. Ni te digo para grabar, cómo era de perfeccionista y quisquilloso, más que ninguno. En cuanto a los músicos, lo mismo para las actuaciones en los cabarets de Manhattan, el Bronx y Harlem, que, para las grabaciones, siempre convocaba a los mejores que podía pagar, a los que más caro cobraban, pero tratando de mantener unidos por igual a los hermanos puertorriqueños y a los cubanos, dominicanos y panameños, porque a menudo se ocupaba de buscar músicos de valía, de diferentes nacionalidades. Tenía enorme facilidad para entrar en contacto con los compositores más destacados y buen criterio para seleccionar lo mejor de su repertorio... En algunas de las sesiones recuerdo haber estado en el estudio de grabación Beltone de Manhattan, con René Hernández como pianista, imagínate, lo grande que era René, además reunía a trompetistas como Alfredo Chocolate Armenteros, Ramón Emilio Aracena y Mario Bauzá; al bajista Papi Andino, al conguero Carlos Patato Valdés; al timbalero Ramón González, a quien le decíamos Chorolo; al maraquero, percusionista y cantante Toñito Ferrer y al bongosero José Buyú Mangual, por citar solo algunos nombres... Charlie Palmieri, el pianista, también trabajó con nosotros... Muchos de los nombres de los músicos se me escapan ahora..., por ello la atmósfera esa del sonido del conjunto de Lija, de la que tú me hablas, era al mismo tiempo cubana, boricua y neoyorquina.

JGR: *Panchito, usted me decía que en 1957 reanudó las andanzas musicales con el conjunto de Luis Lija Ortiz. En ese año hicieron alrededor*

*de treinta grabaciones discográficas, la mayoría de ellas exitosas. ¿Cuál
es su valoración personal de esa nueva etapa de su carrera artística?*
PR: Durante la época en la que me mantuve lejos de la ciudad, los
negocios poco a poco fueron mejorando… La vida nocturna tomó
un segundo aire, sobre todo en los clubes que concernían al ambiente
latino, surgieron nuevos cabarets y algunos clubes de trayectoria
cerraron del todo, cambiaron de nombre, fueron adquiridos por
nuevos dueños o llegaron otros administradores con más brío y
ánimos de sacarlos adelante, así que el dinero comenzó a correr de
nuevo a montones… Yo venía de forma esporádica a Nueva York
para hacer actuaciones en los tiempos libres que me dejaba el trabajo
de los barcos. Fue así como René Hernández y yo comenzamos a
trabajar juntos con su orquesta, y a realizar algunas grabaciones
eventuales. Al mismo tiempo, cuando Lija reaparecía con su agrupación para trabajar en los cabarets de Manhattan, que era donde
mejor pagaban, me llamaba con el fin de hacer actuaciones con él.
De esa etapa con Lija y con René Hernández, fue surgiendo el nuevo
repertorio de canciones que incorporé gradualmente a mis grabaciones, pero al mismo tiempo grabamos versiones renovadas, con
arreglos diferentes, de temas como «Abandonada», «María Elena»   135
y «El cuartito», que habían sido éxitos en años anteriores. Ya en
1957, Lija y yo estábamos otra vez residiendo en Nueva York, y fue
cuando René Hernández escribió los arreglos para un sinnúmero de
temas que habíamos escogido con Lija para efectuar otra tanda de
grabaciones con el sello Ansonia… A esa etapa corresponden éxitos
de la talla de «Te odio y te quiero», «Así eres tú», «No faltaba más»,
«Perdóname», «Lágrimas y tristezas», «Que me mate la bebida»,
«Doce campanadas», «Toma estas monedas» y «Ruégame más».
Lo que ocurrió, Jairo, fue que el sello Ansonia comenzó a competir
de una forma más efectiva en el mercado de la música latina, en
Nueva York, y en todo el continente, y se esforzó por lanzar varios
discos de larga duración con mis grabaciones, realizadas con el
acompañamiento del conjunto de Luis Lija Ortiz.

Te odio y te quiero
Autores: Reinaldo Yiso y Enrique Alessio
Intérprete: Panchito Riset

*Me muerdo los labios para no llamarte
Me queman tus besos, me sigue tu voz*

Pensando que hay otro que pueda besarte
Se llena mi pecho de rabia y rencor

Prendida en la fiebre brutal de mi sangre
Te siento clavada como una obsesión
Te niego y te busco, te odio y te quiero
Y tengo en el pecho un infierno por vos

Te odio y te quiero
Porque a vos te debo
Las horas amargas
Mis horas de miel

Te odio y te quiero
Vos fuiste el milagro
La espina que duele
Y el beso de amor

136

Por eso te odio
Por eso te quiero
Con todas las fuerzas
De mi corazón

Te odio y te quiero
Porque a vos te debo
Las horas amargas
Mis horas de miel

Te odio y te quiero
Vos fuiste el milagro
La espina que duele
Y el beso de amor

Por eso te odio
Por eso te quiero
Con todas las fuerzas
De mi corazón

Este fue un momento muy diferente de mi carrera, ya que para
entonces se me consideraba una figura de la música neoyorquina,

en especial del bolero, y esa oportunidad fue aprovechada por Ralph Pérez, el presidente de Ansonia, un señor de origen puertorriqueño que entendía a la perfección el comportamiento del mercado discográfico. Esta también fue la era del auge de los elepés de microsurco, fabricados en vinilo, ya que había quedado un poco atrás la etapa de los discos de 78 rpm, y se usaban los singles de 45 rpm (también hechos en vinilo), para hacer los lanzamientos previos a los elepés.

En 1957 Panchito Riset realizó 29 grabaciones acompañado por el conjunto de Luis *Lija* Ortiz. Todas, bajo la producción de Ralph Pérez, fueron publicadas por el sello discográfico Ansonia de Nueva York en los siguientes elepés: *Panchito y Luis* Lija *Ortiz and his Conjunto* - Ansonia LP 1202 – «Quiéreme», bolero de Antonio Wilson; «Flor de ausencia», bolero de Julio Brito; «Te odio y te quiero», bolero tango de Reinaldo Yiso y Enrique Alessio; «Qué sientes», bolero de Rosita Pinto; «Qué noche aquella», bolero de Augusto Cariche; «No me ofendas», bolero mambo de Giraldo Piloto y Alberto Vera; «Así eres tú», bolero de Claudio Ferrer y «No faltaba más», bolero de Luis Arcaraz. *Panchito y Luis Lija Ortiz and his Conjunto* - Ansonia LP 1209 – «Perdóname», bolero de 137 Ricardo Fondeuf; «En la taberna», bolero tango de José González Giralt, «Descuido», bolero de Víctor Rosselló, «Ahora soy como tú», bolero de Mundito Medina; «Respeta tu amor», bolero de Baudelio Valenzuela; «Lágrimas y tristezas», bolero de Antar Daly; «Que me mate la bebida», bolero de Héctor Flores Osuna; «Te fuiste», chachachá de Silvestre Méndez y «Maldito dinero», bolero mambo de José Pepito González; y *Panchito y Luis Lija Ortiz and his Conjunto* - Ansonia LP 1228 –«Doce campanadas», bolero de Cosme Carvajal; «Qué extraño es eso», bolero de Bienvenido Julián Gutiérrez; «Qué nos pasa», bolero de Giraldo Piloto y Alberto Vera; «Maldita ambición», bolero de Luis E. Medina; «Tomá estas monedas», bolero tango de Juan D' Arienzo; «Imploración», bolero (de autor anónimo); «Ruégame más», bolero de Chucho Mendoza; «Pedacito de papel», bolero de Francisco A. Simó Damirón; «Una tarde cualquiera», bolero tango de Rodolfo Taboada; «Esa es mi vida», bolero tango de Eduardo Verde de León; «Una orquídea para ti», bolero tango de Cosme Carvajal y «Pasado», bolero tango de Víctor *Vitín* Mercado.

JGR: *Panchito, usted me contaba hace unos momentos que el sello Ansonia competía con otras compañías discográficas para abrirse* *espacio en el mercado neoyorquino y en el mercado continental. Latinoamérica ha sido pródiga en cuanto al surgimiento de boleristas de valía. En su concepto, ¿cuáles han sido los más grandes boleristas que ha tenido el placer de escuchar?*

PR: Mira, Jairo, es una pregunta difícil la que tú me haces, porque como muchos seres humanos, yo tengo mis boleristas preferidos, así que si te menciono los nombres de unos cuantos, corro el riesgo de dejar no sé cuántos colegas, con los que me une una entrañable amistad, por fuera de la lista, sin embargo, para satisfacer tu curiosidad, que veo es muy acentuada, te puedo decir que los grandes cantantes de boleros que he tenido la suerte de escuchar (habiendo trabajado incluso muchas veces con ellos), son Benny Moré, Alfredo Sadel, Pedro Vargas, Joe Valle, Vicentico Valdés, Orlando Contreras, Tito Rodríguez, Fernando Albuerne, Orlando Vallejo, Felipe Pirela, Leo Marini, Daniel Santos, Miguel De Gonzalo, René Cabel, Marcelino Guerra, Bienvenido Granda, Lucho Gatica, Jorge Negrete y Javier Solís, quien se destacó en el bolero ranchero, creando un estilo personal que caló muy hondo en el gusto del público latinoamericano.

JGR: *Entre las exponentes femeninas del bolero, ¿cuáles son sus intérpretes favoritas?*

PR: Esta es otra pregunta comprometedora ya que mis colegas son demasiado susceptibles y si cometo el atrevimiento de dejar a una de ellas sin mencionar, me van a llover rayos y centellas, porque en verdad hay tantas grandes intérpretes que me cuesta trabajo decidirme por algunos nombres, pero qué duda cabe que Olga Guillot, Elena Burke y Toña La Negra no tienen parangón…., extendiéndome un poquito más te diría que María Teresa Vera, María Luisa Landín y La Lupe ocupan un lugar destacado también… en Nueva York, el sitial lo ha tenido durante muchos años Graciela, por su versatilidad… El nombre de Graciela forma parte de la leyenda de la música latina en la Gran Manzana.

JGR: *Desde luego, el bolero ha sido el género musical transversal y medular de nuestra historia como latinoamericanos. Su presencia ha caracterizado al continente en toda su extensión y vastedad, a partir de finales del siglo XIX, cuando aparecieron en el oriente de Cuba las primeras composiciones de Pepe Sánchez, hasta nuestros días, siendo ahora Tite Curet Alonso el compositor que ha alcanzado mayor visibilidad y reconocimiento en esta época. ¿Cuáles son sus compositores favoritos en el alucinante universo del bolero?*

PR: A lo largo de mi carrera he tenido la fortuna de trabajar con casi todos los grandes compositores, por no decir que, con todos, para no pecar de inmodesto… Si tengo que citar los nombres de los grandes compositores me extendería demasiado, pero no sería justo dejar de mencionar a los que se han ganado a pulso la aceptación del público latinoamericano, como Pedro Flores, Manuel Corona, José Antonio Méndez, Rafael Hernández, Frank Domínguez, Mario de Jesús, Marcelino Guerra, Bienvenido Julián Gutiérrez, Sindo Garay, Miguel Matamoros, Luis Marquetti, Miguel Ángel Amadeo, Orlando Brito, Bobby Capó, César Portillo de la Luz y Agustín Lara.

JGR: *Panchito, algo especial que usted impuso a lo largo de su carrera artística en Nueva York, desde mediados de la década del treinta hasta el presente, que desde luego también tiene que ver con el conjunto de Luis Lija Ortiz y con el legendario pianista y arreglista cubano René Hernández, fue su gusto por retomar grandes tangos para convertirlos en boleros.*

PR: He sido quizás, uno de los primeros, si no el primer artista latino neoyorquino en imponer esa tendencia, no solo por lo importante que es el tango en sí, dada la calidad de sus creadores e intérpretes, la música que escribieron y las letras que nos dejaron, las cuales encierran temáticas siempre sorprendentes, sino también…, fíjate, Jairo, en lo que te voy a decir…, por la relación tan íntima que tiene el tango con la música cubana, en especial con el tango congo y la habanera, de donde se originó el tango argentino.

Después, cuando yo había impuesto mi estilo cantando tangos en tiempo de bolero, otros colegas con buen suceso también tomaron un rumbo similar, lo cual me da gusto y me alegra… Recuerdo ahora a algunos de ellos como a mis compatriotas Blanca Rosa Gil, Pacho Alonso y Rolando La Serie…, Felipe Pirela en Venezuela…, Héctor Lavoe y muchos que se me escapan… Más recientemente, he visto que una pila de salseros neoyorquinos de los años setenta reinterpretaron no sé cuántos tangos en tiempo de guaguancó, entre ellos Ray Barretto, Eddie Palmieri, Tito Allen, Ismael Miranda…, la lista es larga…, y continuaron desde luego con la idea de llevar el tango a los predios del bolero.

Hay algo más…, si bien los artistas que me han acompañado a lo largo de mi trayectoria musical, te hablo de arreglistas y músicos, y yo mismo, hemos estado tan involucrados en este negocio que a priori sabemos a ciencia cierta, qué tipo de temas musicales pueden llegar a gustarle al público en determinado momento, al mismo tiempo, hablando de generaciones, casi todos mis contemporáneos y yo crecimos escuchando tangos. Todos fuimos impactados por la era del tango y si quieres que te diga la verdad, cuando yo llegué a Nueva York en 1933, la música que se escuchaba era el tango y el dueño de la plaza era Carlos Gardel, el famoso cantor argentino que salía como protagonista en las películas de la Paramount, quien lamentablemente falleció durante un accidente aéreo allá en Colombia, en tu país, en el transcurso de una gira a mediados de los años treinta.

JGR: *Panchito, ¿cuál es el tango de su predilección?*
PR: Hay muchos que me gustan, la lista es larga, casi todos los grabé en uno u otro momento de mi vida, según las emociones y sentimientos que me suscitaban sus letras, te puedo mencionar algunos, sin embargo, con perdón de los compositores, me temo que pueden quedarse unos cuantos por fuera, ya que con seguridad me traiciona la memoria: «Cantando», de Mercedes Simone; «Cristal», de José María Contursi y Mariano Mores; «Arrepentido», de Rodolfo Sciamarella, «Te odio y te quiero», de Reinaldo Yiso y Enrique Alessio; «Tomá estas monedas» de Carlos Bahr y Juan D'Arienzo; «Una tarde cualquiera», de Rodolfo Taboada; «Quiero verte una vez más», de José María Contursi y «Niebla del riachuelo» de Juan Carlos Cobián.

Así eres tú
Autor: Claudio Ferrer
Intérprete: Panchito Riset

Eres perversa, pero no maldita
Eres coqueta, pero no altanera
Eres graciosa y no eres bonita
Y tienes alma de mujer sincera

En tus ojitos llevas la alegría
Que me enloquece y llena de embeleso
Cuánto no diera porque fueras mía
Qué buena estás para comerte a besos

Tú te ríes de mis necedades

Y no lo haces de mala intención
Porque en tu pecho no existen maldades
Yo sé que tienes sano el corazón

Eres perversa, pero no maldita
Si yo pudiera tenerte en mis brazos
Para morderte esa dulce boquita
Y embriagarme de amor en tu regazo

Tú te ríes de mis necedades
Y no lo haces de mala intención
Porque en tu pecho no existen maldades
Yo sé que tienes sano el corazón

Eres perversa, pero no maldita
Si yo pudiera tenerte en mis brazos
Para morderte esa dulce boquita
Y embriagarme de amor en tu regazo

Cantante de cabaret

JGR: *El maestro René Hernández ocupa un lugar especial en su vida artística, Panchito, ya que ustedes fueron amigos, colegas y compañeros de labores. Me decía hace un rato, extra-micrófono, que mantuvieron una amistad de tres décadas, desde 1946, cuando los dos se conocieron en la ciudad de Nueva York, hasta el deceso de ese gran músico, ocurrido en 1977.*

PR: Después de mis grabaciones con Luis Lija Ortiz grabé con René Hernández, el pianista, director de orquesta y arreglista. ¡Era un gran pianista el maestro René!, sin embargo, la vida es así y el señor se lo llevó para arriba… *«René, ven a tocar acá arriba, ya tocaste bastante allá abajo…».* Pero bueno…, le voy a decir una cosa, cuando yo llegué aquí, tanto para las presentaciones en los clubes como para las grabaciones, teníamos que buscar a los mejores músicos y no importaba si eran puertorriqueños, cubanos o estadounidenses…, porque si te ibas a poner en ese tiempo a exigir que el trompetista fuera cubano o el bajista cubano no podías hacer nada, porque la verdad sea dicha en Nueva York no había tantos cubanos.

Así que cuando René Hernández se radicó en la Gran Manzana, en 1946, casi de inmediato comenzamos a trabajar juntos… René era el pianista y arreglista de la orquesta de Machito en ese tiempo, no obstante, él organizó simultáneamente su propia orquesta y me pidió que grabáramos juntos, así que tengo una pila de grabaciones hechas con la orquesta de René Hernández, una orquesta de piano y sección de cuerdas…, es largo de contar, no acabaríamos hoy… Y también nosotros grabamos juntos cuando René tuvo un conjunto de solo diez músicos…, que fue cuando grabé el bolero «Aquel recuerdo triste», de Oscar Bouffartique, para el sello Ansonia… Sí, con la orquesta de René Hernández también grabamos para el sello Ansonia una tanda de boleros, ahora no me acuerdo cuántos, pero eso fue a finales de la década del sesenta y desde luego a comienzos de los setenta, porque fue cuando los señores de Ansonia sacaron dos elepés míos…, uno de ellos acompañado por el conjunto de René y después otro elepé acompañado por su orquesta… ¿Qué números?, no sé, déjame ver…, recuerdo que estaban «Si te contara», de Félix Reina; «Y eres tú», de Pedro Bullumba Landestoy, «Yo sé de una mujer», de Graciano Gómez; «Implorando perdón», de Antar Daly y otros… ¡De eso hace muchos años chico! Pero algunos años después, tal vez en 1972, algo así, René me produjo dos discos de larga duración con mi orquesta… René escribió todos los arreglos y dirigió la grabación. Fue en esa ocasión que grabamos «Lágrimas negras», de Miguel Matamoros»; «Contéstame», de Arsenio Rodríguez; «Un amor de la calle», de Orlando Brito; «Adorada ilusión», de Alberto Titi Amadeo, «Historia de un amor», de Carlos Eleta Almarán y «Si me pudieras querer», de Bola de Nieve.

Un amor de la calle
Autor: Orlando Brito
Intérprete: Panchito Riset

Creí que eras distinta
Creí que eras sincera
Y te entregué mi vida
Sin una condición

Pero solo fue un sueño
De mi alma enamorada
Y como una de tantas
Jugaste con mi amor

Igual que una de tantas
Igual que una cualquiera
Jugaste con mi vida
Y con mi corazón

Y si el corazón llora
Le digo que se calle
Que amores como el tuyo
Se encuentran en la calle

Igual que una de tantas
Igual que una cualquiera
Jugaste con mi vida
Y con mi corazón

Y si el corazón llora
Le digo que se calle
Que amores como el tuyo
Se encuentran en la calle

JGR: *Panchito, en otro de los momentos luminosos de su carrera (que fueron muchos) usted grabó, como lo acaba de mencionar, una versión bellísima del recordado bolero «Lágrimas negras», del compositor cubano Miguel Matamoros. ¿Llegó a tener contacto personal con los integrantes del Trío Matamoros en la Gran Manzana?*

PR: A los integrantes del Trío Matamoros me los encontré por casualidad, ahora me acuerdo, los escuché cantando en algún club de Nueva York…, en La Barraca tal vez, o en El Liborio, no recuerdo ahora…, y se dio la circunstancia de que yo estaba cantando también en ese club, entonces tuvimos la fortuna de conocernos y hacernos amigos…, conversando y todo eso.

JGR: *¿Usted, cuándo tomó conciencia de que era una figura de la música?*

PR: Sería mentirte a estas alturas de mi vida, ya en el ocaso de mi carrera, si te digo que yo me he considerado alguna vez una figura de la música, porque, sin pecar de falsa modestia, nunca pensé que lo fuera…, yo lo que fui siempre, desde muchacho, fue un trabajador de la música…un trabajador más, como cualquier otro hijo de vecino… Si bien tuve un poquito de fortuna ganándome el aprecio de un sector amplio del público latinoamericano, y gracias a ello he podido vivir de mi profesión y vender mi trabajo artístico por un puñado de monedas, jamás me he visto a mí mismo como una gran estrella de la música…, lo que si he podido sacar en claro, y en ese sentido te agradezco la pregunta, es que más que vivir de la música, durante todos estos años lo que yo he hecho con honestidad, es vivir para la música.

Pero fíjate, Jairo, qué lindo esto de haber vivido lo suficiente para verlo y después contarlo: personas jóvenes como tú, han llegado a pensar que yo he sido una figura de la música… En medio de todas las dificultades que he padecido, qué bueno escucharte decir eso…, sobre todo viniendo de alguien que se ha tomado la molestia de apreciar positivamente mi trabajo, porque, a decir verdad, yo no he sido más que un cantante de cabaret.

JGR: *Panchito, ¿a usted le gusta escuchar su propia voz grabada en los discos?*
PR: Hasta hace algún tiempo no me gustaba escuchar mis propias grabaciones, ante todo porque vivía muy ocupado trabajando y tenía pocos ratos de esparcimiento en los que pudiera estar completamente a solas y en silencio, en la intimidad de mi hogar, para

escuchar las grabaciones en el tocadiscos, pero en la medida en que he ido dejando de trabajar se me ha hecho más llevadera la vida regresando al pasado a través de mis propias grabaciones discográficas y claro que sí, disfruto, a veces con mi mujer y con los pocos amigos que vienen a visitarme, oyendo de vez en cuando una que otra de mis numerosas grabaciones…, aunque para matizar un poco las veladas con amigos y los momentos de extrema soledad, suelo escuchar también los boleros de René Cabel y esas canciones de amor compuestas por el maestro Pedro Flores que por lo general, se escuchan de tan grata manera en la voz de Daniel Santos.

JGR: *Panchito, volviendo a los matices tan agradables y sorprendentes de su voz, ¿qué siente usted cuando escucha su propia voz en las grabaciones?*
PR: No te niego que a veces es sobrecogedor escucharme a mí mismo, porque a través de mi voz y mis canciones, veo pasar en caravana los días que uno tras otro son la vida, las noches de amor y de deseo y aquella juventud que ahora tanto anhelo…, el contacto con los colegas de la música, con los amigos, con la gente de cabaret, el aplauso del público, todo aquello que de forma irremediable se fue y no volverá…

JGR: *¿Qué hace cuando lo embarga la nostalgia, pero sabe que ya es imposible retornar a Cuba?*

PR: Cuba es una espina clavada en mitad de mi corazón, desde hace muchos años mi corazón está sangrando. Creo, al igual que todos los cubanos que amamos entrañablemente nuestra patria, que me gustaría regresar a mi país para morir allá, ahora que siento tan cerca ese momento…, pero, como todos los cubanos que estamos lejos de la tierra que nos vio nacer, la patria la llevo en mi corazón y en mis recuerdos, y, en ese sentido, no he dejado de vivir en Cuba ni un instante de mi vida.

JGR: *Panchito, no me gustaría dar por terminada esta entrevista sin antes solicitarle que, por favor, cante uno de sus boleros, su bolero favorito.*

PR: Sí, sí, claro que sí, lo haré con gusto, es un placer, a capela claro está, porque no tengo la guitarra aquí, conmigo…, voy a cantar «Perdóname». De todos los boleros que canté a lo largo de la vida, es mi favorito.

Perdóname
Autor: Ricardo Fondeuf
Intérprete: Panchito Riset

Perdóname lo que te he hecho
Perdóname lo que has pasado por mí
Te juro que no tengo la culpa
De haber nacido sin corazón

Perdóname los sufrimientos
Perdóname los sinsabores
Que has pasado por mí

Pues yo a Dios le pido perdón
Y le imploro
Que me cambie el corazón

Perdóname los sufrimientos
Perdóname los sinsabores
Que has pasado por mí

Pues yo a Dios le pido perdón

Y le imploro
Que me cambie el corazón

JGR: Panchito, muchas gracias por esta entrevista.
PR: Gracias a ti, Jairo, el agradecido soy yo por tu gentileza.

Justo cuando nos despedíamos con un abrazo, Panchito y quien esto escribe, la tarde del sábado estaba llegando a su fin y negros nubarrones anunciaban el inminente aguacero otoñal. Salí al pasillo que daba acceso a la puerta principal del Café Rosetti, acompañando a Carmen, quien conducía la silla de ruedas en la que Panchito se trasladaba rumbo a la camioneta parqueada en el estacionamiento contiguo. Cubierto con la gruesa bufanda roja, el abrigo de paño de color marrón y calado el sombrero, para protegerse de la baja temperatura, el mítico cantor del barrio de Atarés se viró hacia donde yo estaba de pie, en mitad del pasillo, me dirigió la mirada por última vez, y con su sonrisa franca, en esta ocasión iluminada por una expresión de enorme alegría, me dijo: «Adiós muchacho, hasta, la vista», y se volvió enseguida, rumbo a la camioneta que lo aguardaba. Yo me quedé dentro del café contemplando cómo Carmen ayudaba al anciano y atormentado artista a abordar el vehículo, acondicionado para que la silla de ruedas accediese sin que su ocupante sufriera la más mínima incomodidad. Los vi, a través de los ventanales del establecimiento, alejarse sin prisa del parqueadero, y advertí que en ese instante había comenzado un aguacero despiadado, entonces regresé, no sin algo de tristeza, a la mesa en la que habíamos estado conversando por más de tres horas, y llamé al waiter para ordenar otro café, mientras afuera caía incesante la lluvia sobre los tejados de Brooklyn, y con el aguacero se iban desvaneciendo en pocos instantes los últimos destellos de las luces de aquella tarde de noviembre.

A la memoria de Panchito Riset, La Habana, 21 de octubre de 1910 - Nueva York, 8 de agosto de 1988.

Marcelino Guerra, Nueva York en 1944, club nocturno
Park Plaza, Harlem. Época en la que Guerra dirigía la
segunda orquesta de Machito and his Afrocubans.
Foto: ©Marlena María Elías.

MARCELINO GUERRA... CENIZAS EN HUDSON RIVER

Un reportaje con Marlena María Elías

A Gilda Mirós, Armando Nuviola y José Satizabal en agradecimiento por su apoyo incondicional para realizar este reportaje.

«Yo no engaño a nadie porque soy sincero/ Y cuando me entrego en una pasión/ No me importa cómo, quiero cuando quiero/ Porque a mi manera doy el corazón».

Marcelino Guerra, «A mi manera»

Marcelino Guerra Abreu, fue «La mejor segunda voz de Cuba». Se destacó en los papeles de compositor, guitarrista, maraquero y cantante solista, aunque también fue director de orquesta y trompetista, faceta esta última en la que era menos conocido.

149

Guerra Abreu, a quien apodaban Rapindey, nació en Cienfuegos (Cuba), el 26 de abril de 1914 y falleció en Campello (España) el 30 de junio de 1996. El apodo de Rapindey se lo puso al parecer, un pretendiente de una de sus hermanas mayores, durante su infancia en Cienfuegos.

Huérfano desde los cinco años, Marcelino fue criado por su abuela materna Juana. En 1931, a la edad de diecisiete años, ya encaminado en la música popular cubana, se estableció en La Habana participando en actuaciones con el Sexteto Habanero.

Por esa misma época (en 1932) tomó clases de guitarra con el profesor Rafael Nene Enrizo, integrante del Grupo Típico Santiaguero (más tarde llamado Sexteto Cauto).

Al ingresar a la agrupación dirigida por Manuel Mozo Borgellá, Marcelino Guerra se desempeñaba en el papel de maraquero y se encargaba de la segunda voz, alternando con Panchito Riset (primera voz), a quien conoció justamente al vincularse al grupo. En aquel tiempo el Sexteto Cauto trabajaba con frecuencia en el prestigioso cabaret Sans Souci en Marianao.

Corría el año 1933, cuando Fulgencio Batista derrocó al presidente provisional Carlos Manuel de Céspedes y Quesada, quien pro tempore había asumido el poder, después de la dimisión de Gerardo Machado. El general Gerardo Machado fue obligado a dimitir el 24 de agosto de 1933, al perder completamente el apoyo de los estamentos económico, político y militar del país y su lugar, fue ocupado de forma provisional por Carlos Manuel de Céspedes y Quesada, hijo del prócer la de independencia cubana, Carlos Manuel de Céspedes, quien contaba con el apoyo de los enemigos políticos de Machado y del gobierno intervencionista de los Estados Unidos, bajo la presidencia de Franklin Delano Roosevelt. La coalición política, sin embargo, fue tan débil que Céspedes resultó derrocado por un golpe militar propinado por un grupo de sargentos descontentos encabezados por Fulgencio Batista, el 4 de septiembre de 1933.

Tras el golpe de estado, el ambiente social en La Habana estaba tan caldeado que los negocios del entretenimiento nocturno se vinieron abajo, y el fructífero contrato de Borgellá con el cabaret Sans Souci se diluyó en la nada. Para sobrevivir, con demasiadas carencias, desde luego, Marcelino Guerra y Panchito Riset formaron un trío de circunstancias con el pianista Ismael Díaz; a partir de entonces las pocas oportunidades de empleo que encontraron a su paso les sirvieron para ir tirando, hasta que Panchito, decepcionado por el enrarecido ambiente habanero, decidió residenciarse en Nueva York y el trío fue disuelto.

En el período de 1934 a 1938 Marcelino Guerra trabajó con varias agrupaciones soneras establecidas en la capital cubana, y en 1937 tuvo una fugaz participación cantando con el Septeto Nacional dirigido por el compositor, rumbero y contrabajista Ignacio Piñeiro, grupo con el que efectuó unas cuantas grabaciones antológicas alternando en la segunda voz con Bienvenido Granda Aguilera. Las grabaciones que comento, de acuerdo con los registros de la compañía disquera, fueron realizadas el 17 de junio de 1937 y fueron prensadas por la RCA Victor. En los seis números el vocalista principal fue Granda en tanto que Guerra se hizo cargo de la segunda voz. Los temas grabados fueron: «Calla campanero» (bolero son) y «A gozar la conga» (conga), ambos de la autoría del tresero Francisco González Solares; «Un toque» (conga), del legendario guitarrista Eutimio Constantín, y tres composiciones del propio Marcelino, «El guajiro» (pregón), «Los guaracheros» (conga) y «Espejismo» (bolero son), los cuales le dieron un gran impulso a su carrera como compositor, ganándose a pulso el respeto en el ambiente farandulero de La Habana.

Además, conformó un binomio musical de vanguardia (para la época) con el también compositor Julio Blanco Leonard, con quien escribió alalimón los exitosos números «Volví a querer» y «Buscando la melodía» (la letra escrita por Blanco Leonard y la música por Marcelino), este último popularizado en 1936 por el cantante Pablo Quevedo. Antes de comenzar a trabajar con el conjunto de Arsenio Rodríguez, Marcelino Guerra formó parte del Trío Nuevo, un grupo vocal instrumental con Joseíto Núñez e Isolina Carrillo, quien era además la pianista y compositora de buena parte del repertorio. Al trío se incorporaron Alfredo León y Facundo Rivero, conformando el Grupo Vocal Siboney, de amplia repercusión en el medio musical habanero de su tiempo por la magnífica calidad de las interpretaciones.

El Septeto Nacional de Ignacio Piñeiro, La Habana, 1937. De izquierda a derecha, Marcelino Guerra, segunda voz y maracas; Francisco González Solares Panchito Chevrolet, tres; Eutimio Constantin Guillarte, guitarra; Ramón Ramoncito Castro, bongó; Lázaro Herrera Díaz El Pecoso, trompeta; Bienvenido Granda Aguilera, primera voz y claves y Oscar Vilarta, contrabajo. Foto: ©colección Fidels Eyeglasses.

Marcelino Guerra fue cantante solista, segunda voz, maraquero y guitarrista en diversos grupos de sones, especialmente sextetos y septetos, entre ellos el Septeto Orbe, el Septeto Sans Souci y el Septeto Los Leones (de Alfredo León), al tiempo que crecía su fama como compositor, hasta integrarse, a finales de la década del treinta, al naciente conjunto de Arsenio Rodríguez, agrupación en la que ocupó la plaza de guitarrista y segunda voz, al lado de Pedro Luis Sarracent y Miguelito Cuní.

Con el popular conjunto Todos Estrellas dirigido por el Ciego Maravilloso Marcelino permaneció hasta 1944, dejando una estela de importantes grabaciones, realizadas casi en su totalidad para la RCA Victor, pero también participó en centenares de presentaciones radiales y actuaciones en innumerables sitios de baile de la capital cubana y del interior del país, que contribuyeron, sin duda, a catapultarlo como uno de los músicos y cantantes más destacados de la isla.

De su pluma son las aplaudidas composiciones «Oye mi voz», «La clave misteriosa», «Batamú», «Juramento en las tinieblas», «Lamento lucumí», «A mi manera» (escrita en asocio con Panchito Carbó), «Pare cochero» (alalimón con Miguel Ángel Banguela), «Me voy pa'l pueblo» (cedido por el propio Rapindey a su esposa de entonces, Mercedes Valdés, bajo la condición que le firmara el divorcio) y «Convergencia», esta última escrita junto con Bienvenido Julián Gutiérrez.

A mi manera
Autores: Panchito Carbó y Marcelino Guerra
Intérprete: Marcelino Guerra

Dicen que no es vida
Esta que yo vivo
Que lo que yo siento
No parece amor

Que tengo el defecto
De ser muy altivo
Porque indiferente
Cruzo ante el dolor

Yo no engaño a nadie
Porque soy sincero
Y cuando me entrego
En una pasión

No me importa cómo
Quiero cuando quiero
Porque a mi manera
Doy el corazón

No obstante que a Marcelino Guerra Abreu y a Arsenio Rodríguez los unió una amistad de toda la vida, y que Arsenio era un artista a quien Rapindey admiraba por ser el genio renovador de la música popular cubana —especialmente del son—, el guitarrista y cantante cienfueguero alrededor de mediados de la década del cuarenta, decidió desligarse del conjunto dirigido por el Ciego Maravilloso y establecerse en Nueva York para probar fortuna en los Estados Unidos.

Haciendo gala de su espíritu aventurero (era un bohemio sobrio y un músico en toda la extensión de la palabra), partió de Cuba a mediados de 1944, contratado como arreglista por la Robbins Music, con el ánimo de triunfar en la Gran Manzana y con el sueño de dirigir su propia orquesta, propósito que consiguió con posterioridad ayudado por Machito y Mario Bauzá. Antes de viajar a los Estados Unidos a cumplir su contrato con la compañía editora Robbins Music, Marcelino Guerra participó en una sesión de grabación con el conjunto de Arsenio Rodríguez en La Habana, el 6 de julio de 1944. Después, Guerra estableció su residencia en Nueva York, pero regresó a la capital cubana a mediados del año siguiente, para tramitar los documentos con el fin de llevarse a su abuela Juana (quien lo había criado) a vivir a los Estados Unidos, cumpliéndole la promesa que le había hecho al momento de partir. En esa ocasión tomó parte en otras dos sesiones de grabación con el conjunto de Arsenio, el 5 de julio y el 27 de noviembre de 1945. Todas las sesiones de grabación fueron realizadas para la RCA Victor en los estudios de la estación radial CMQ.

En el transcurso de la segunda mitad de la década del cuarenta, alternó en Nueva York con los grandes de la música latina de la era del Palladium, pero, por adversas situaciones personales y veinte desengaños más (Nueva York suele ser a veces una ciudad de espejos y espejismos), un buen día decidió regresar por segunda vez a Cuba pensando quedarse solo durante unos cuantos meses.

Antes había fundado en la Gran Manzana, su propia orquesta, con la dirección musical del pianista cubano Gilberto Ayala, en cuanto consiguió deshacerse de la influencia de Machito. Sin embargo, con el paso de los años, y pese al éxito alcanzado, Guerra delegó en su pianista la complicada tarea de dirigirla, convencido de que no podía lidiar con la administración y con los líos cotidianos en los que se veían envueltos los músicos que la conformaban, una pandilla de tíos díscolos y viciosos.

Durante diferentes etapas sucesivas de brillo y esplendor, al frente de la orquesta, además de trabajar en bailes y presentaciones en el creciente circuito de los clubes nocturnos neoyorquinos, Guerra realizó alrededor de setenta grabaciones para la compañía disquera Verne Records, de propiedad del productor puertorriqueño Luis Cuevas. Por aquellos años, a la par del trabajo con su orquesta, la cual actuaba con frecuencia en el Palladium Ball Room de Manhattan, Guerra conformó un grupo más pequeño llamado Sexteto Batamú (también conocido como Conjunto Batamú), que utilizó para efectuar unas cuantas grabaciones etiquetadas bajo el sello disquero Coda Records presidido por Gabriel Oller, productor puertorriqueño de origen ibérico, las mismas que le sirvieron para interactuar con los más grandes artistas latinos neoyorquinos de su tiempo, como Miguelito Valdés, Tito Rodríguez, Olga Guillot, René Hernández, Arsenio Rodríguez, Machito, Chano Pozo y Mario Bauzá.

A su regreso a la mayor de las Antillas, fue acogido de nuevo por Arsenio Rodríguez, quien enterado de que Guerra Abreu estaba en La Habana lo vinculó otra vez a su conjunto para algunas de las grabaciones que el compositor matancero estaba realizando con la RCA Victor; de esta manera el arte exquisito de sus interpretaciones puede escucharse a través de sus actuaciones como solista (y a veces segunda voz) en los temas: «Guaragüí», «Burundanga», «Mi conuco», «Pogolotti», «Murumba», «Amores de verano», «Mira... cuidadito», «Te contaré» y «Mira que soy chambelón».

El regreso de Marcelino Guerra Abreu a Cuba para reintegrarse al conjunto de Arsenio es un tema que se ha prestado para la polémica. De acuerdo con las informaciones documentales que tengo a mano, data de la primavera de 1951, tal y como puede corroborarse al escuchar su voz en las grabaciones realizadas por la agrupación del Ciego Maravilloso el 1ro. de mayo del mencionado año. En ellas alterna con Miguelito Cuní y Domingo René Scull de modo indistinto en la primera y en la segunda voz: «Negrita» y «Amor a mi patria» (primera voz); «Ya se fue», «Amor en cenizas», «A Graciela» y «Pobre mi Cuba» (segunda voz) e «Injusta duda» (dueto con Domingo René Scull).

Injusta duda
Autor: Enrique González
Intérprete: Arsenio Rodríguez y su Conjunto
Cantan: Marcelino Guerra y Domingo René Scull

Siempre creí
Que no pudieras entender
Mi amor, mujer

Pero luego comprendí que me engañaba
Mi propio pensamiento
Y hoy veo en ti

La salvadora de mi vida
Que se va
¿Qué voy a hacer?

Así es la vida
Tener que confiar en ti
Después que tanto dudé

155

No comprendo qué misterio
Me conduce y me separa
De la dicha

De aquella diosa
De mis sueños adorados
Que se van

Marcelino Guerra Abreu participó, además, con el conjunto de Arsenio en Cuba, durante la segunda etapa de su presencia en La Habana, en las sesiones de grabación del 29 de mayo, el 22 de junio, el 14 de agosto, el 25 de octubre y el 11 de diciembre de 1951, así como también en las grabaciones del 22 de enero y del 18 de marzo de 1952. Con posterioridad regresó por su propia cuenta a Nueva York, ciudad en la que volvió a reunirse con Arsenio Rodríguez en numerosas ocasiones, durante las décadas del cincuenta y el sesenta, para presentaciones y grabaciones.

Las grabaciones habaneras, arriba reseñadas, todas fueron realizadas en los estudios de CMQ, según lo afirma Jordi Pujol

Baulenas en su libro *Arsenio Rodríguez y su conjunto, músicos, cantantes, anécdotas y discografía 1940-1956*, publicado por Tumbao Cuban Classics, Blue Moon Producciones Discográficas S. L., Barcelona, 2007, páginas 9 a 38.

Empero, el testimonio de una autoridad en la materia, el productor discográfico e investigador musical René López, obtenido en la ciudad de Nueva York, el 6 de mayo del 2019, indica que Marcelino Guerra permaneció con el conjunto de Arsenio en Cuba, desde 1940 hasta 1944. Después se trasladó a Nueva York, ciudad en la que estuvo dedicado a la música, y no regresó más a Cuba para trabajar con Arsenio, pues no quería volver atrás, ya que se había integrado al ambiente neoyorquino de la vanguardia musical presentándose y grabando con diversas agrupaciones y no estaba interesado en retornar a su país.

Por último, en la primavera de 1952, tras la disolución del conjunto el Brujo de Macurijes se radicó también en Nueva York, y Marcelino (que había trabajado con éxito en esa ciudad, a pesar de los altibajos ya referidos) regresó al ambiente del circuito de los clubes nocturnos neoyorquinos. Allí alternó sus actuaciones como

integrante de la agrupación del Ciego Maravilloso (en presentaciones y grabaciones), con una serie de apariciones junto a Machito y diversas orquestas del medio, incluyendo su propio Conjunto Batamú, el Sexteto Caravan de Luis Lija Ortiz y otros más, dejando decenas de discos de 78 y 45 rpm para diversos sellos discográficos entre ellos Ansonia Records, del productor puertorriqueño Rafael Pérez Dávila, las cuales contribuyeron a apuntalar su leyenda.

En la siguiente etapa de su vida, en 1954, aunque no dejó del todo la música, Guerra Abreu (ya convertido en ciudadano estadounidense) se hizo marino mercante y se embarcó en un buque de carga, el SS Atlantic de la compañía American Export-Isbrandtsen Lines. Con posterioridad, también trabajó a bordo del SS Constitution, perteneciente a la misma firma naviera.

La actividad de marino mercante la ejerció por más de una década, pero no paraba de escribir canciones, aunque en ese extenso período de desengaños y soledades, divorciado al fin de su primera esposa Mercedes Valdés, dejó de hacer presentaciones ante el público, cayendo casi en el olvido.

En 1965 Marcelino Guerra, cansado de la rudeza de la vida en alta mar, regresó a la ciudad de Nueva York y se vinculó de nuevo a la escena musical, trabajando con diversas agrupaciones, entre ellas el conjunto de Arsenio Rodríguez y la orquesta de Machito and his Afrocubans, dejando numerosas grabaciones realizadas durante ese período. No obstante, en 1972 conoció a la madrileña Julia Núñez, con quien contrajo matrimonio, y juntos fijaron residencia en la ciudad de Campello, provincia de Alicante.

A mediados de los años setenta, otra vez de paso por Nueva York, invitado por René López, Marcelino Guerra se reincorporó al mundillo artístico y participó durante marzo de 1976 en la producción del disco *Lo dice todo*, el segundo del Grupo Folklórico y Experimental Nuevayorquino, considerado hoy en día clásico de la música latina de todos los tiempos; grabación en la que interactuó con Félix Corozo Rodríguez y Willie García en las voces, interpretando el bolero de su autoría «Dime la verdad», número en el que además tocó la guitarra.[33]

Dime la verdad
Autor: Marcelino Guerra
Intérprete: Grupo Folklórico y Experimental Nuevayorquino
Cantan: Marcelino Guerra, Félix Corozo Rodríguez y Willie García

He notado en ti
Algo que no sé
Y me hace pensar
Que no estás feliz

Dime la verdad
No tengas temor
No me quieres ya
Eso ya lo sé

Cariño como el mío en este mundo
No se encuentra así
Y no creas que yo quiero que te quedes
Sin tener tu amor

He notado en ti

[33.] El Grupo Folklórico y Experimental Nuevayorquino para la ocasión estaba integrado por Manny Oquendo, Reynaldo Jorge, Andy González, Alfredo *Chocolate* Armenteros, Virgilio Martí, Oscar Hernández, Jerry González, Frankie Rodríguez, Rubén Blades (como invitado especial), Portinho, José Rodrigues, Nelson González y otros destacados músicos afincados en los barrios latinos de la Gran Manzana.

Algo que no se
Y me hace pensar
Que no estás feliz

No me quieres ya
No tengas temor
Dime la verdad
Se acabó el amor

No me quieres ya
No tengas temor
Dime la verdad
Se acabó el amor

No me quieres ya
No tengas temor
Dime la verdad
Se acabó el amor

158

He notado en ti
Algo que no se
Y me hace pensar
Que no estás feliz

No me quieres ya
No tengas temor
Dime la verdad
Se acabó el amor

No sientes por mí
Eso ya lo se
Sin embargo, a ti
Siempre te amaré

No me quieres ya
No tengas temor
Dime la verdad
Se acabó el amor

No me quieres ya

No tengas temor
Dime la verdad
Se acabó el amor

Que dime la verdad
No tengas temor
No me quieras ya
Dilo por favor

No me quieres ya
No tengas temor
Dime la verdad
Se acabó el amor

Algún tiempo después, afincado en Alicante donde residió con su segunda esposa, Julia Núñez, el cantante cienfueguero, considerado en aquel tiempo por la crítica especializada un mito y uno de los pocos sobrevivientes de la mejor época de la música cubana, relanzó su carrera artística de forma más constante, trabajando al frente de agrupaciones de pequeño formato, aunque nunca se apartó por completo del ambiente neoyorquino, pues regresaba con frecuencia a la Gran Manzana. En la península ibérica continuó su labor de cantante, compositor y guitarrista y trabajó en la escena local hasta los días finales de su vida, cuando tuvo un dueto (guitarra y claves), en el que hacía la primera voz y tocaba la guitarra.

En 1995 se le tributaron sendos homenajes en Bilbao y Madrid, reflejados en su último disco titulado *Rapindey* (Nubenegra 1012) —que contó con la participación de Compay Segundo, Jacqueline Castellanos, Javier Colina, Demetrio Muñiz, Gema Corredera, Pancho Amat, Reinaldo Hierrezuelo y la cantante habanera Omara Portuondo—, el cual recogió algunas de sus más conocidas composiciones.

Al fallecer, sus cenizas fueron llevadas a Manhattan por Julia Núñez, en cumplimiento de la última voluntad de Marcelino, dado el apego que este músico perdurable sentía por la ciudad de Nueva York. En este emotivo acto, punto final de sus honras fúnebres, que supuso el regreso de los restos mortales de Rapindey a la ciudad que lo vio triunfar y fue escenario de sus alegrías y tristezas, Julia estuvo acompañada por algunos de los camaradas de andanzas musicales del inmortal artista cienfueguero.

Marlena María Elías

Kendall, Florida, miércoles 14 de octubre del 2015. Residencia de Marlena María Elías. La conversación gira alrededor de los últimos días de la vida de Marcelino Guerra.

Marlena María Elías, escritora cubana residente en los Estados Unidos, es la única testigo de excepción capaz de recordar con total precisión los sucesos ocurridos durante los últimos días de la vida de Marcelino Guerra Abreu, y con gentileza, accedió a hablarnos en este reportaje, sobre los acontecimientos que condujeron de modo fatal a su deceso.

La conocí en uno de mis viajes al estado de la Florida, por mediación de un destacado editor originario del municipio de Regla, quien generosamente accedió a introducirme en su mundo, en el que por años había primado el silencio.

Consideré, en su momento, la importancia de haber dado con una persona que estuviera en la capacidad de brindarnos a los seguidores de Marcelino Guerra en el mundo, un testimonio directo sobre los sucesos determinantes que cerraron la apasionante vida del

legendario músico. Era la única oportunidad de sacar a la luz pública un período desconocido y al mismo tiempo trágico del periplo vital de uno de los artistas latinos más importantes de todos los tiempos.

Para el autor de estas crónicas y reportajes el reto de encontrar a Marlena María Elías en algún lugar de los Estados Unidos, y conversar con ella, fue como encontrar una aguja en un pajar. Al revelar la historia que a continuación descubrirán en estas páginas, espero haber cumplido de forma cabal con el propósito con anterioridad enunciado.

El reportaje

JGR: *Marlena María, buenas tardes. Gracias por esta entrevista.*
MME: Buenas tardes, Jairo.

JGR: *¿Dónde naciste, en qué lugar de Cuba?*
MME: En una finca muy hermosa en El Caney.

JGR: *¿Dónde está El Caney?*
MME: En Santiago de Cuba.

JGR: *¿Tu apellido es Elías por tu padre?*
MME: Sí.

JGR: *¿Y por tu esposo qué apellido tienes?*
MME: Mazaira, en los Estados Unidos soy Marlena María Mazaira, por mi esposo.

JGR: ¿Él es español o cubano?
MME: Español, hijo de gallegos, pero nació en la provincia de Oriente, en Cuba.

JGR: *¿Cómo llegaste a conocer a Marcelino Guerra? ¿Cuál fue tu contacto con él y desde cuándo?*
MME: Nosotros fuimos a España de paseo, mi esposo y yo. Toda la vida yo fui su admiradora. A don Marcelino Guerra lo admiré mucho, muchísimo… Yo creo que más que nadie fui su fan más querido, porque todas sus canciones me fascinan sobre todo «Me voy pal' pueblo».

JGR: *Es una guajira, ¿tú la escuchabas desde cuándo?*
MME: Desde niña.

JGR: *«Me voy pal' pueblo» fue un tema muy popular de los años cuarenta.*
MME: Por Los Panchos que la hicieron famosa, más o menos en el año 1944.

JGR: *También lo grabó Benny Moré algunos años después.*
MME: Sí, pero ya eso fue más tarde, como en los cincuenta, esa canción la hace famosa cualquiera, valga la redundancia que sea Marcelino el que la compuso.

JGR: *En el registro de autor aparece a nombre de Mercedes Valdés, que era la esposa de Marcelino en esa época.*
MME: Fue una de las composiciones de Marcelino que mayor popularidad alcanzó… La sencillez de la letra resultó suficiente para calar hondo en el corazón de sus seguidores.

Me voy pa'l pueblo
Autor e intérprete: Marcelino Guerra

Me voy pa'l pueblo
Hoy es mi día

Voy a alegrar toda el alma mía

Me voy pa'l pueblo
Hoy es mi día
Voy a alegrar toda el alma mía

Tanto como yo trabajo
Y nunca puedo irme al vacilón
No sé qué pasa con esta guajira
Que no le gusta el guateque y el ron.

Ahora mismo la voy a dejar
En su bohío asando maíz
Me voy pa'l pueblo a tomarme un galón
Y cuando vuelva se acabó el carbón.

Me voy pa'l pueblo
Hoy es mi día
Voy a alegrar toda el alma mía

162

Me voy pa'l pueblo
Hoy es mi día
Voy a alegrar toda el alma mía

Desde el día que nos casamos
Hasta la fecha trabajando estoy
Quiero que sepas que no estoy dispuesto
A enterrarme en vida en un rincón

Es lindo el campo muy bien ya lo sé
Pero pa'l pueblo voy echando un pie
Si tú no vienes mejor es así
Pues yo no sé lo que será de mí

Me voy pa'l pueblo
Hoy es mi día
Voy a alegrar toda el alma mía

Me voy pa'l pueblo
Hoy es mi día
Voy a alegrar toda el alma mía

JGR: *Al momento de conocer a Marcelino Guerra en Campello, ¿cuál fue tu reacción?*
MME: Lloré de felicidad porque yo lo admiraba tanto, que no pensé que podría conocer a don Marcelino Guerra.

JGR: *¿Y en qué año lo conociste?*
MME: En el noventa y uno.

JGR: *¿En qué época te fuiste a España?*
MME: En el noventa.

JGR: *¿Desde Cuba?*
MME: No, desde desde Miami, yo llegué aquí, el 1ro. de octubre de 1968.

JGR: *¿Cómo fue tu encuentro con Marcelino Guerra en España?*
MME: Me llevaron a su casa en Campello, yo le pregunté a una persona que había allí, —Pedro se llamaba el señor—: «¿Dónde vive Marcelino Guerra?». Y él, como le dije que era cubana, creería que yo lo estaba buscando para pedirle algo, no me dijo nada, pensaría: «El pobre Marcelino no puede ayudar a esta señora». Pero él   163
no sabía que yo lo buscaba por admiración. Una amiga mía cuyo esposo trabajaba en la revista *Semana de Madrid*, Sonia se llama, habanera ella, me dijo: «¡Muchacha vamos!, si yo te voy a llevar a la casa de Marcelino, se va a volver loco cuando te vea».

JGR: *¿En el momento en que tú lo conociste, Marcelino todavía trabajaba en el mundillo de la música?*
MME: ¡Chico! ¡Marcelino tocaba todos los días en los night-clubs de Campello y Alicante! Pero él ganaba mucho dinero en Nueva York. Si el trabajo no estaba bien en Alicante, él me dijo que con lo que tenía no pasaba apuros económicos, porque vivía de las regalías que le producían sus composiciones.
Sus composiciones fueron grabadas por tantos intérpretes, que siguen aún vigentes, y en su tiempo le produjeron a Marcelino una significativa suma de dinero por regalías.

JGR: *¿Cómo fue la reacción de Marcelino, en ese primer encuentro?*
MME: Nos abrazamos. Yo le dije: «¡Maestro, lo admiro desde niña!»

JGR: *¿Y él qué te dijo?*
MME: Se echó a reír y dijo: « ¡Julia, oye esto!»

JGR: *¿Y desde allí te hiciste amiga de él y de Julia?*
MME: Sí, eso fue por seis años. Una de las amistades más bellas que usted pueda ver.

JGR: *¿Marcelino Guerra te contó aspectos relacionados con la primera parte de su carrera artística en Cuba?*
MME: Sí, conversábamos con frecuencia, en repetidas oportunidades sobre el trabajo tesonero que hacía siendo la segunda voz de Panchito Riset, cuando comenzó a trabajar con el Sexteto Cauto en 1932, en el prestigioso cabaret Sans Souci, de Marianao.
En esa época no había micrófonos en los clubes nocturnos como sí los hay hoy en día, y ellos, Panchito y Marcelino, tenían que esforzar demasiado la voz para satisfacer las exigencias del público que deseaba bailar toda la noche con el Sexteto Cauto. Una vez Marcelino, así conversando…, estábamos conversando, y de pronto él se quedó unos instantes en silencio, pensativo, enseguida desenfundó la guitarra para cantar «Dime la verdad», uno de esos boleros hermosos que salieron de su pluma…, ese era el bolero que más le gustaba a Julia, su mujer, le gustaba mucho, pero muchísimo…
Cuando terminó de cantar se levantó de forma intempestiva de la silla así que Julia y yo no sabíamos qué estaba pasando… Él salió de la sala y se recostó en la baranda del balcón de su casa… Cuando fuimos a verlo se encontraba llorando, con la mirada perdida en la lejanía del mar Mediterráneo, que quedaba al frente de su casa en Campello… Enseguida Julia le preguntó: « ¿Qué te sucede, viejo?», y Marcelino, sin entrar más en detalles, le contestó: «Nada, Julia, nada, solamente estaba pensando cómo es que aún tengo voz, si cuando yo era joven y vivía todavía allá en La Habana, en los salones de baile, para ganarnos tres pesos por noche, nos veíamos obligados a cantar sin micrófonos, sin ninguna amplificación y no te imaginas mujer cómo teníamos que esforzar la garganta».
Lo que pasó fue que Mozo Borgellá, que era el director del grupo, necesitaba un maraquero que pudiera intervenir además en la segunda voz, entonces buscó a Marcelino, porque este desde muy joven, conocía la rutina de ser maraquero y cantante.

164

Marcelino en realidad podía cantar muy bien de primera voz, pero por tratarse de un hombre tan inteligente y despierto, muy pronto se dio cuenta que en el ambiente musical habanero escaseaban los cantantes que fueran capaces de hacer la segunda voz y que además, supieran tocar las maracas, por ello, los directores de los grupos se disputaban a tipos como Marcelino... Él era un barítono natural, cantante versátil, maraquero de armas tomar y por ese tiempo además, comenzó a interesarse de forma más profunda en el estudio de la guitarra, ya que en el Sexteto Cauto el guitarrista era nada menos que Rafael Nene Enrizo.

Marcelino, a pesar de ser un joven inexperto, era un visionario de la música y cuando interactuaba con Enrizo en las presentaciones permanentes que hacían en el cabaret Sans Souci, se enteró de cuál era la marca de cigarrillos que el afamado guitarrista fumaba... Con el pretexto de obsequiarle un paquete de cigarrillos para demostrarle su gratitud y admiración se le fue metiendo poco a poco al maestro en sus predios, y, a la manera de cualquier muchacho curioso, le preguntaba por las tonalidades básicas de La, Sol y Fa, y después por los cambios de acordes, los acordes naturales y los movimientos escalísticos... Así que, poco a poco, aunque al comienzo se rehusaba, el maestro Enrizo le fue dando lecciones hasta que Marcelino se convirtió en un consumado guitarrista..., y ya tú sabes, un hombre que canta bien, que es buen maraquero y que se destaca en la guitarra, consigue trabajo sin problemas..., si de paso tiene composiciones propias, pues se abre camino en un mundo tan exigente como el de la música.

JGR: *¿Qué tan cierto es que Marcelino antes de ir por primera vez al cabaret Sans Souci, para trabajar con el Sexteto Cauto, no tenía un traje de gala?*
MME: Es cierto, ese episodio forma parte de las innumerables situaciones que tuvo que afrontar Marcelino de joven, para ganarse a pulso un lugar en el excluyente mundillo de la farándula internacional. Lo que ocurrió fue que Borgellá, el director del Sexteto Cauto, ya te lo dije hace un momento, quería contratar un cantante que pudiera hacer la segunda voz y al mismo tiempo tocara las maracas con la rutina completa del maraquero, y alguien en el entorno de la música habanera, le mencionó el nombre de un muchacho cienfueguero, afirmándole que estaba disponible y que lo hacía muy bien... Borgellá al parecer no estaba muy convencido de contratarlo..., hablaron

y todo eso, pero no llegaron a nada porque el tresero santiaguero dijo que se iba a buscar otras opciones, mejores quizás, y que si no encontraba a nadie para ocupar la plaza pensaría en Marcelino. Por aquel entonces, Marcelino, que cantaba en el papel de primera voz y lo hacía de maravilla, dado que era un hombre picarón y aguzado, decidió convertirse en segunda voz y maraquero, porque se percató que de esa forma saldrían a su encuentro mejores oportunidades de trabajo, ya que los cantantes dedicados a la segunda voz, que además fueran buenos maraqueros, no abundaban en el ambiente, tal y como te lo mencioné.

El maestro Borgellá se cansó de buscar…, para decirlo coloquialmente se vio a gatas, tratando de dar con un buen prospecto, pero no logró su propósito, entonces no le quedó otro remedio que volver a hablar con Marcelino; fíjate cómo son las cosas del destino. Cuando los dos ya estaban de nuevo frente a frente, pasados los días desde el primer encuentro, Borgellá le dijo: «Bueno lo contrato, pero tiene que venir aquí, al Sans Souci, a tocar de traje blanco, camisa blanca, lacito negro anudado al cuello y zapatos negros», y… ¡Vaya!, Marcelino no disponía de un atuendo de esas características… Sin embargo, allí presente estaba el manager, la persona que llevaba las riendas del cabaret Sans Souci, un caballero a quien le decían Polo. Según el relato de Marcelino, este señor era a la vez el director del Sexteto Los Criollos. Testigo del inconveniente aludido por los dos interlocutores Polo quedó gratamente sorprendido por la calidad humana y la simpatía de Marcelino, de tal manera que de forma intempestiva se involucró en la conversación entre los dos músicos, y en un gesto de generosidad le ofreció a Marcelino la opción de prestarle diez pesos para que se hiciera con el traje.

Contaba Marcelino en una de nuestras tantas conversaciones que en cuanto se despidió de aquellos hombres se dirigió a una prestigiosa tienda de trajes para caballeros, del centro de La Habana, y compró el atuendo de gala…, incluso le sobraron dos pesos… La noche del debut estaba vestido de forma impecable, acompañando en la segunda voz a Panchito Riset de forma magistral… De allí para adelante la carrera artística de Marcelino Guerra fue siempre en ascenso.

Afirmaba Marcelino que en los tiempos en los que trabajó con Panchito, conformaron el mejor dueto de voces del son cubano de su época, ellos eran en verdad fuera de serie.

Después que se retiró del Sexteto Cauto, Marcelino dio muchas vueltas de una agrupación a otra… Entre 1934 y 1938, cantó con varios grupos, uno de ellos fue el legendario Septeto Nacional de Ignacio Piñeiro, alternando voces con Bienvenido Granda… En esa etapa escribió canciones memorables como «Juramento en las tinieblas», y compuso una serie de números de valía, entre ellos «Convergencia», escrito en asocio con Bienvenido Julián Gutiérrez… En el período de 1938 a 1940, Marcelino formó parte del Trío Nuevo junto con la pianista y compositora Isolina Carrillo… Esta agrupación poco a poco fue ampliándose en la medida en que fueron encontrando más oportunidades de trabajo en los radioteatros habaneros… Por aquel entonces a Joseíto Núñez (el otro integrante del Trío Nuevo) se sumaron Alfredo León y Facundo Rivero, por esa razón decidieron cambiarse el nombre y se pusieron Conjunto Vocal Siboney.

Durante las etapas que pasó con Ignacio Piñeiro y con Isolina Carrillo el maestro Marcelino nos contaba que aprendió música, estudiando con mayor profundidad la guitarra. Fue así que sus conocimientos se ampliaron entre otras materias al solfeo, la armonía y el contrapunto. Esto lo llevó no solo a afianzarse en su quehacer de compositor, sino además, a incursionar en otro rubro de la actividad musical que le permitió ganarse la vida de forma decorosa, trabajando de arreglista. Los buenos arreglistas conseguían empleo con facilidad en esa época, porque había mucha demanda en la industria disquera, tanto en el ambiente habanero, como en la floreciente industria disquera neoyorquina donde las grabaciones dedicadas a la música afrocubana estaban en proceso de expansión.

«Convergencia» es un caso muy especial en la historia de la música popular cubana. Marcelino contaba que cuando Bienvenido Julián Gutiérrez y él compusieron ese número, ya venían los dos trabajando de tiempo atrás para establecer nuevos giros armónicos que antes no habían sido explorados en el bolero. Esto formaba parte de su trabajo como innovadores. Establecieron un concepto diferente y de mayor complejidad armónica en el campo del bolero. En ese orden de ideas, «Convergencia» se convirtió en un clásico del género que, desde entonces hasta el presente, ha servido como marca de identidad del bolero moderno, por las inspiraciones melódicas de vanguardia, que no obstante el tiempo que ha pasado, hicieron que ese número se haya mantenido vigente en el exigente gusto del público.

Convergencia
Autores: Bienvenido Julián Gutiérrez y Marcelino Guerra
Intérprete: Marcelino Guerra

Aurora de rosa en amanecer,
Nota melosa que gimió el violín.
Novelesco insomnio do vivió el amor,
Así eres tú mujer:

Principio y fin de la ilusión,
Así eres tú en mi corazón,
Así vas tú de inspiración.

Madero de nave que naufragó,
Piedra rodando, sobre sí misma,
Alma doliente vagando a solas

De playas, olas, así soy yo:
La línea recta que convergió
Porqué la tuya al final vivió.

A comienzos de la década del cuarenta Marcelino Guerra, cuyo talento y gracia eran en realidad desbordantes, se había convertido en una leyenda de la música cubana, fue en ese tiempo, como en 1942, que incorporó a su repertorio de intérprete el bolero son «Sediento de amor», un número de la autoría de Jacinto Scull que fue grabado con la atmósfera sonera que tenía el conjunto de Arsenio Rodríguez, agrupación con la cual Marcelino Guerra permaneció hasta que tomó la decisión de irse para Nueva York.

JGR: *¿En sus conversaciones Marcelino te contó qué fue lo que lo motivó para dejar su país, y establecerse en Nueva York en 1944?*
MME: Él se fue por tres semanas a Nueva York, contratado por una compañía editora, la Robbins Music, para arreglar cuatro números de su autoría.
Marcelino había remitido por correo los cuatro temas a la compañía editora, cuya sede estaba en Nueva York, y el músico que asignaron en la Gran Manzana para escribir los arreglos, al parecer, no supo cómo entrarles. La compañía llevó a Marcelino a la metrópoli estadounidense con ese único propósito y él se sentó con su guitarra

junto a un pianista de la editora, cuyo nombre ahora se me escapa, con el fin de escribir los arreglos musicales. Terminado el trabajo debía regresar a La Habana, pero tomó la decisión de quedarse en Nueva York, porque quería probar fortuna conformando y dirigiendo su propia orquesta. Él creía que podía con la pesada carga de echarse encima la responsabilidad de dirigir una orquesta y coincidió con el hecho de que Machito tenía mucho trabajo con la suya y no se alcanzaba ni para los tratos, así que Machito y Mario Bauzá fundaron una segunda orquesta también llamada Machito and his Afrocubans y optaron por situar a Marcelino como cantante y director.

Conviene aquí precisar, para una mejor comprensión del amable lector sobre lo que en verdad estaba pasando en la escena de la música latina neoyorquina, cuando Marcelino Guerra llegó a la Gran Manzana, que Machito y Mario Bauzá con su orquesta, habían adquirido tal preponderancia que literalmente les llovían las ofertas de los empresarios encargados de los clubes nocturnos, para presentaciones y giras. Así las cosas, la orquesta original de Machito era la banda residente de La Conga Night Club, en el Downtown (un poco antes de trasladarse al Palladium Ball Room), en tanto que la segunda orquesta de Machito (a cargo de Marcelino Guerra) se estableció en el Park Palace del East Harlem, en el Upper Manhattan. Esto indica que en efecto se trataba de dos orquestas diferentes, bajo el mismo nombre, y con un solo director musical (Mario Bauzá). Machito además de cantar, se encargaba de los negocios y llevaba las riendas de la contratación, delegándole a Bauzá la responsabilidad de los músicos, los arreglos, el repertorio y los ensayos. De hecho, no obstante que tocaban por lo general los mismos números noche tras noche, Bauzá había fijado sitios y horarios diferentes para los ensayos, de tal manera que, aunque conformadas por músicos distintos, ambas sonaran como si se tratase de una sola. La principal fue usada para todas las grabaciones de esa época, mientras que la segunda no efectuó grabaciones de carácter discográfico que no fueran las tomas in situ, realizadas en ocasiones por aficionados o por los mismos músicos en el ámbito de sus propias actuaciones. A medida que Marcelino Guerra fue entrando en calor, enriqueció el repertorio con números de su autoría, arreglados por él mismo, y adicionó el show de trompeta, que le servía para cerrar el espectáculo, ya fuese en el Park Palace o en el Park Plaza, los cuales estaban situados a pocas cuadras de su lugar de residencia.

JGR: *Excúsame, Marlena María, me surge aquí, un interrogante sobre el que siempre he querido ahondar, ¿es verdad que Marcelino Guerra además de cantante, compositor, arreglista, maraquero y guitarrista, también tocaba la trompeta?*

MME: Sí, fíjate que sí, Jairo. Eso es verdad… Don Marcelino Guerra fue un músico completo en toda la extensión de la palabra… En Nueva York además se desempeñó en el papel de director de orquesta y productor de muchas de sus propias grabaciones… Aquello de que era trompetista es cierto… Él comenzó desde niño con la trompeta en Cienfuegos, estimulado por su abuela materna que fue quien lo cuidó, ya que se quedó huérfano de padre y madre siendo muy chico, pero por situaciones que no vienen a cuento, en la adolescencia se desencantó de la trompeta y poco a poco, la dejó de lado. A pesar de ello, cuando se fue a vivir a La Habana y ya trabajaba en el ambiente musical se dio el lujo de tomar clases particulares, nada menos que con el profesor Lázaro Herrera, uno de los mejores trompetistas soneros de todos los tiempos, con quien trabajó durante una corta temporada en el Septeto Nacional… Marcelino me contaba que daba las notas graves y agudas con facilidad y tenía un fraseo sonero muy desenvuelto, debido a que Herrera le ayudó a desarrollar una facultad que ya había aprendido don Marcelino desde niño y era su buena embocadura… Ya tú sabes que una buena embocadura lo es todo para un trompetista… Justamente cuando llegó a Nueva York y tuvo el encuentro con Mario Bauzá y con Machito, el maestro Bauzá fue de la idea de sugerirle a Marcelino que reanudara sus estudios de trompeta y lo puso a tomar clases con un profesor americano de apellido Newman, quien según me contaba don Marcelino, fue el maestro que se encargó de mejorarle la pauta de su respiración, la cual es fundamental para un trompetista, además, Newman le enseñó decenas de canciones típicas del Tin Pan Alley estadounidense y algunos estándares de la música afroamericana que don Marcelino pronto adaptó a su estilo cubano, fraseándolas a la manera típica de los sones y las guarachas.

Por sugerencia del maestro Bauzá, y para darle un ingrediente más al espectáculo americano, necesario para triunfar en el Park Plaza, Marcelino al final de su show, al frente de la segunda orquesta de Machito and his Afrocubans salía a escena tocando la trompeta, y, a decir verdad, según él mismo lo manifestaba, no lo hacía nada mal, porque su actuación noche a noche, era despedida por el público asiduo de aquel cabaret del East Harlem con una atronadora salva de aplausos.

JGR: *¿De esa época es esta fotografía que tú aún conservas, donde Marcelino aparece vestido, de forma impecable, sonriente empuñando la trompeta?*
MME: Sí, esa fotografía es del año 1944…, fue tomada en la ciudad de Nueva York, cuando comenzó a dirigir la orquesta. Don Marcelino me regaló una copia autografiada de la fotografía… Es la fotografía que tú tienes, Jairo, en este momento en tus manos y la he conservado con cariño durante dos décadas… En ese entonces don Marcelino era un hombre joven, acababa de cumplir treinta años. Conforme iba pasando el tiempo don Marcelino se puso a trabajar en Nueva York y al comienzo le iba muy bien, él no dejó de lado su papel de compositor…, continuó escribiendo canciones, de la misma forma que lo hacía en Cuba. Entre las canciones que escribió están «Yo soy la rumba», un número muy popular que don Marcelino cantaba a dos voces con Machito, y «La botánica», guaracha jocosa que formaba parte del repertorio de Graciela, la hermana de Machito, estupenda cantante también; una mujer con tanta versatilidad para el canto que podríamos equipararla con Celia Cruz y La Lupe.

JGR: *Cuando Marcelino Guerra estaba en Nueva York cantando con la segunda orquesta de Machito, me decías tú que, fue aclamado por los bailadores del club Park Plaza en Harlem.*
MME: Sí, el Park Palace y el Park Plaza, según contaba don Marcelino, estaban juntos en El Barrio…los domingos en la noche por veinticinco centavos de dólar, las damas y cincuenta centavos de dólar, los caballeros, el público bailador podía acceder a la pista del club para disfrutar con la música de la orquesta y la voz de don Marcelino Guerra.

JGR: *Marlena María retomemos lo relacionado con la vida de Marcelino en España. Me decías que el legendario cantor cienfueguero se presentaba en los clubes de Campello.*
MME: Sí, al igual que en los clubes de Benidorm y Alicante.

JGR: *¿Tenía su propio grupo?*
MME: Sí, y después otro músico que tocaba la clave y él en la guitarra y primera voz, formaron un dueto, porque fíjate que la clave era

muy importante para la música de Marcelino Guerra. Marcelino era la mejor segunda voz que ha existido en la música cubana.

JGR: *Marcelino Guerra trabajó con Arsenio Rodríguez tanto en Cuba como en los Estados Unidos. Algo muy particular.*
MME: El primero de los dos que llegó a los Estados Unidos en el año 1944, ya te lo mencionaba antes, fue don Marcelino. Cuando el Ciego Maravilloso se vino a vivir a este país, don Marcelino se vinculó al conjunto como primera voz, pero también alternaba en la segunda voz con otros cantantes que Arsenio tenía en su redil, de tal manera, que cantó con Arsenio en Nueva York decenas de veces, al igual que en las giras por Hoboken, Philadelphia y Chicago.

JGR: *Y grabó con Arsenio tanto en La Habana como en Nueva York.*
MME: Él siempre habló cosas hermosas de Arsenio.

JGR: *¿Tú conociste a Arsenio?*
MME: ¡Cómo no! Yo vi a Arsenio en La Habana entrando a CMQ. Yo estaba en la calle L y 23, allí estaban CMQ Radio y CMQ Televisión, las dos empresas, y Arsenio iba entrando; yo no sé si iba al cine o a una cafetería que había en los bajos. Yo en esa época estaba muy dedicada a mi esposo y a mis hijos, pero sacaba tiempo para escuchar mucho la radio y escuchaba frecuentemente el conjunto de Arsenio Rodríguez y en esa agrupación Marcelino Guerra hacía la segunda voz. Comprábamos los discos. En la década del sesenta Marcelino y Arsenio se volvieron a encontrar en los Estados Unidos, fue por esos años, cuando actuó con Arsenio en Chicago y en Nueva York durante las giras y presentaciones del conjunto de Arsenio en esas dos grandes ciudades. Las actividades con Arsenio en los años sesenta pusieron a Marcelino muy feliz.

JGR: *La crianza de Marcelino Guerra en su infancia, estuvo a cargo de su abuela materna, Juana, y según él contaba en una de las tantas entrevistas de prensa que concedió, cuando ya se hizo adulto cargaba con su abuela para todas partes y cada vez que se interesaba en formalizar alguna relación de pareja con una mujer, lo primero que le ponía de presente era que su abuela se iría a vivir con ellos.*
MME: Sí, eso es cierto, don Marcelino adoraba a su abuela, y la adoración era mutua, porque ella lo quiso como a su hijo predilecto y estuvo toda su vida con él.

JGR: *Marcelino vivió con ella una larga temporada en Nueva York.*
MME: Sí, muchos años, desde 1945, hasta que partió para España. En los años cincuenta Marcelino se vinculó como marino de una compañía naviera europea. Pero algunos años antes, cuando el servicio militar obligatorio, él se hizo marino mercante.

JGR: *¿Era un hombre aventurero?*
MME: Sí, fue muy aventurero, y tenía un corazón de oro. Más tarde se puso a trabajar con los millonarios en trasatlánticos de paseo, como los que hay ahora, pero en esa época no eran tan lujosos. Trabajaba de bar tender, llevaba la comida a las mesas de los pasajeros que por lo general, eran personas adineradas que viajaban en los barcos como turistas con rumbo a Europa o al Medio Oriente.

JGR: *¿Y en esa ocasión es cuando va a Europa y se queda en España alrededor del año 1966?*
MME: Él conoció a su esposa Julia en Nueva York; se casó con ella y se fueron para España en 1972. Allá en España vivieron durante más de dos décadas en diferentes ciudades de la península, hasta el final de su historia.

173

JGR: *¿Y ese final de su historia cómo fue?, tú que lo viviste.*
MME: En Bilbao le hicieron una de las fiestas más bellas del mundo. ¡Lo que no le habían hecho los cubanos! ¡Lo que no le habían hecho en Nueva York! En esa ocasión Omara Portuondo participó en la producción de un disco junto a Compay Segundo y unos cuantos más.

JGR: *¿Ellos hicieron unas grabaciones con Marcelino?*
MME: ¡Cómo no!, la idea comenzó en Bilbao y la redondearon en Madrid. Entonces, como él era tan pretencioso, tenía un poquito de estómago, trató de bajar el estómago con una faja elástica de hacer ejercicios. Se reventó el colon, cogió peritonitis.

JGR: *¡Impresionante! Es algo que no es fácil de aceptar, que no es fácil de entender...*
MME: Él no duró ni dos días en el hospital.

JGR: *¿Esa fue la causa de su muerte?*
MME: Lo llevaron al hospital..., en fin.

JGR: *Me decías tú que su mujer estaba muy nerviosa.*

MME: Sí, porque si ella llega a decir en el hospital que esa era la mejor segunda voz de Cuba, con lo que España admira y adora a los músicos cubanos, pero bueno *anyway*, ahí estaba que era su día. Como dice su canción: «Me voy pal' pueblo, hoy es mi día voy a gozar toda el alma mía», ese día ya Dios… (Dos lágrimas brotan de los ojos de Marlena María Elías justo en el momento en que rememora la muerte de Marcelino). Y seguro que él está en el paraíso, porque Marcelino era muy decente, era una bellísima persona, no fumaba, no bebía; tenía un perrito que él idolatraba, le puso Caruso.

JGR: *Como el recordado tenor lírico italiano.*

MME: Sí, señor.

JGR: *Ese momento debe haber sido muy dramático, el momento de su muerte, para sus amigos, su esposa.*

MME: Sus mejores amigos estuvimos allí con ella.

JGR: *¿Lo cremaron o lo sepultaron allá en Campello?, ¿cómo fue el final?*

MME: Lo cremaron, porque él quería que sus cenizas finalmente fueran llevadas a Manhattan y esparcidas en las aguas del río Hudson; él le sacó una canción a Nueva York.

JGR: *¿Entonces su última voluntad fue que lo cremaran?*

MME: Sí, y Julia llevó sus cenizas a Nueva York. En ese momento, en el que se entrecruzan tantas emociones y recuerdos felices y dolorosos al mismo tiempo, Julia estuvo acompañada de músicos y muchas amistades de Nueva York. A Marcelino Guerra le hicieron un pequeño homenaje; cuando Julia, su esposa, se disponía a lanzar las cenizas al río Hudson, ella se puso otra vez tan nerviosa que, en vez de tirar las cenizas, la cajita de madera tan hermosa que había comprado se le soltó de las manos y accidentalmente cayó al río tiñendo de dramatismo ese instante conmovedor. En un futuro, un buzo, alguien que esté buceando, se va a encontrar esa caja que contiene las cenizas.

JGR: *¿Tú estuviste en Manhattan durante ese momento o estabas en España?*

MME: No, Manolo, mi esposo, estaba allá en España enfermo. No pude acompañar a Julia al homenaje que le brindaron a Marcelino Guerra en Nueva York, en su despedida final.

JGR: *Tú le hiciste una composición a Marcelino, a manera de tributo por el respeto y la admiración que sentías por él, que, por fortuna, le brindaste en vida.*
MME: Él lloró de emoción cuando yo le hice esa canción.

JGR: *¿Cómo se titula la canción?*
MME: Se titula «Eres».

JGR: *Marlena María, por favor, ¿podrías darme una copia de las líricas?*
MME: Claro que sí, Jairo, encantada.

JGR: *Gracias, Marlena María, ¿cuándo compusiste esta canción?*
MME: A comienzos de marzo de 1991 en Campello.

JGR: *Quiero hacerte unas cuantas preguntas más, porque no pretendo abusar de tu tiempo.*
MME: Yo me siento muy honrada con esta entrevista, no hay ningún problema.

JGR: *¿Cómo era Marcelino Guerra?, es que por lo general el mundo*
conoce a los artistas, las composiciones, escucha sus voces en los discos, pero siempre hay ese interrogante de cómo era, si era una persona corriente de casa, hogareño, amable, que no fumaba, que no tomaba.
MME: Marcelino Guerra era un caballero, con buen sentido del humor. Era de buen comer, sí, señor, era muy seguro de sí mismo y tenía un corazón noble. Cuando él estaba en el barco, nos contaba que cuando los millonarios le encargaban las langostas, en el pedido del menú, él les preguntaba que, si podía escoger una o dos más, extra, para dárselas a sus compañeros que no podían comer langosta porque eran pobres.

JGR: *Este es un aspecto desconocido de la personalidad de Marcelino Guerra.*
MME: Tenía un corazón de oro.

JGR: *Veo en el álbum fotográfico que tú conservas, algunas fotografías donde estás con tu esposo Manolo departiendo con la señora Julia Núñez y el maestro Marcelino Guerra en Campello.*
MME: Sí, solíamos salir a almorzar o a tomar un café…, en fin, a cenar en alguno de los muchos restaurantes de la ciudad, situados frente al mar, contemplando el atardecer, viendo la puesta del sol…

Don Marcelino era un hombre contemplativo y un conversador agradable, siempre de palabra fácil, un ser humano sencillo, a veces nostálgico, a veces un tanto introvertido.

Marcelino Guerra en el Park Palace de Harlem, NYC , 1944, como cantante y director de la segunda orquesta de Machito and his Afrocubans. Foto: © Archivo Jairo Grijalba Ruiz.

176

JGR: *Cuando hablabas con Marcelino Guerra, ¿qué opinaba él de Cuba, de volver a Cuba? ¿Sentía añoranza por Cuba?*
MME: Él sintió siempre añoranza por Cuba, pero dijo que mientras ese sistema existiera no retornaría al país, y cumplió su palabra, como he hecho yo. Tengo cuarenta y siete años de haberme ido de Cuba. No voy a ir mientras estén ese par de señores.
Me imagino —ahora que lo pienso y que han pasado varios años después de su deceso— que Marcelino añoraba mucho su tierra, porque él era de Cienfuegos. La ciudad más hermosa que he visto. Benny Moré le sacó una canción tan bella.

JGR: *«La perla del sur».*
MME: «Cienfuegos es la ciudad que más me gusta a mí ¡Eh!». Me imagino que añoraba a su gente, a sus amigos, su familia. Él hablaba mucho de Cuba, de su infancia. Cuando era un niño, por lo rápido que solía andar, siempre estaba agitado, por eso le pusieron Rapindey, que era un diminutivo, como los diminutivos que se usan en inglés.

Marcelino caminaba rápido, corría rápido. Era un fenómeno... Lo que ocurrió fue que cuando él era un niño de doce años, los pretendientes de sus hermanas mayores se presentaban en la casa materna con intención de cortejarlas... Eran unas mulatas guapísimas y desenvueltas, lo que atrajo hacia ellas una legión de admiradores. En los años veinte se acostumbraba mucho en las ciudades y poblados de Cuba brindarle una tacita de café a todo aquel que visitara la casa, entonces alguna de las hermanas de Marcelino, con tal de verse a solas con el muchacho que la requería en amores, le daba al niño una moneda de veinticinco centavos para que fuera a la bodega más cercana a comprar «Tres de café y dos de azúcar», como decimos popularmente los cubanos... Marcelino salía a toda carrera, como alma que lleva el diablo, para la bodega y casi de inmediato regresaba a casa con el mandado. Además de ser un muchacho bien educado y bien mandado, tenía la inteligencia y la agudeza del cubano y percibía que no era conveniente dejar a su hermana a solas con el desvelado pretendiente, aparte de ello, él creía de buena fe que mientras más rápido se presentara de nuevo en su casa con el café y el azúcar, más jugosa iba a ser la propina que la hermana mayor le iba a dar, así que el hecho de moverse con tanta rapidez propició que uno de aquellos pretendientes de sus hermanas le pusiera el apodo de Rapindey... A partir de entonces, fue el apodo con el que lo conocieron en su entorno familiar y cuando se hizo músico el apodo se pegó en los ambientes faranduleros.

JGR: *Según me dices tú, Marcelino era alto de estatura.*
MME: Era alto y fuerte; cuando él fallece..., usted sabe que cuando ya nos estamos haciendo grandes, la columna vertebral se reduce de pulgada a pulgada y media, pero con todo y eso, era un hombre de seis pies y una pulgada.

JGR: *Al haber tomado la decisión de radicarse en España y contraer matrimonio con una ciudadana peninsular, ¿cómo lo habían acogido los españoles?*
MME: ¡Lo adoraban! Si él hubiese dicho en el hospital (donde no era muy conocido por los médicos y las enfermeras de turno) que era Marcelino Guerra el músico, cantante y compositor, seguro que lo hubieran atendido de urgencia y no hubiera fallecido de esa forma. Porque Marcelino Guerra era saludable. Él iba a Nueva York a hacerse sus chequeos, así que, en España, si él hubiera dicho: «Yo soy

Marcelino Guerra, el que sacó «Me voy pal' pueblo», «Convergencia», «A las dos», «Pare cochero», «A mi manera» y «New York», que la sacó primero que la de Frank Sinatra…, lo hubieran atendido rápidamente… Pero bueno, ese era su destino y así se cumplió.

Pare, cochero
Autores: Miguel Ángel Banguela y Marcelino Guerra
Intérprete: Marcelino Guerra

Soy un chico delicado
que nací para el amor
este coche me ha estropeado
pare en la esquina, señor.

Ya me duele la cabeza
tengo estropeado un riñón
y si sigo en este coche
voy a perder un pulmón.

Cochero, pare, pare cochero,
Cochero, pare, pare cochero,
Cochero, pare, pare cochero,
Cochero, pare, pare cochero.
Cochero, pare, pare cochero,
Cochero, pare, pare cochero,
Cochero, pare, pare cochero,
Cochero, pare, pare cochero.

JGR: *Tú me decías que Julia se quedó en España.*
MME: Si, Julia continúa en España. Julia es muy sencilla, una dama encantadora.

JGR: *Marlena María, ha sido un placer haber estado aquí, en tu casa en Kendall. Muchas gracias por esta entrevista.*
MME: Gracias a ti, Jairo, por venir a visitarme y por querer enterarte de lo que aconteció con el maestro Marcelino Guerra en el momento más dramático de su vida.

Al concluir la entrevista, tuvimos la ocasión de tomar un exquisito café cubano, preparado por Marlena María Elías, y estuvimos conversando un rato más, acompañándola en la cocina, mientras terminaba de colarlo. De paso, la bondadosa mujer, cuya lucidez y gentileza no dejaban de sorprendernos a cada instante, aprovechó aquel momento para enseñarnos otra serie de fotografías que testimoniaban los años en los que, junto a Manolo, su marido, tuvo la fortuna de compartir en privado, innumerables situaciones de la vida cotidiana con Marcelino Guerra y su esposa Julia Núñez.

De un momento a otro, justo después de haber dispuesto los platos y las tacitas sobre la mesa situada en la espaciosa cocina de una casa confortable, hermosa y fresca, Marlena María extrajo del baúl de sus recuerdos un disco sencillo de 45 revoluciones por minuto, prensado en España por el sello MG Records. El disco contenía el bolero «Soy de ti», una de las últimas grabaciones del legendario cantor cienfueguero, en cuya etiqueta de color verde estaba plasmada de puño y letra del propio Marcelino una dedicatoria en la que se leía lo siguiente: «Para Marlena y Manolo, con afecto Marcelino Guerra, 1994». Junto al disco, las fotografías y otros objetos que en vida pertenecieron al aclamado compositor, había también una cinta magnetofónica en la que fueron registradas por él mismo, sus últimas interpretaciones acompañándose de la guitarra. Un instante después de terminado el café tuvimos el privilegio de escuchar su voz recia y formidable grabada apenas unas semanas antes de morir.   179

Tras despedirnos de nuestra gallarda anfitriona, el fotógrafo José Satizabal y quien esto escribe, abordamos de nuevo el auto. A la par que abandonábamos el casco urbano de Kendall, recorríamos a gran velocidad, bajo el soleado atardecer de aquel día de otoño, la distancia que nos separaba de Hollywood, y esquivábamos centenares de vehículos a lo largo de la autopista I-95 —una de las carreteras más rápidas del sur de la Florida—, íbamos pensando que de Marcelino Guerra, el hombre, solo habían quedado como testimonio, apenas perceptibles, hundidas en el fondo del río Hudson, un puñado de cenizas atrapadas sin remedio por el brusco giro del azar, en un sencillo cofrecito de madera escapado de las manos de su mujer; mientras que de Marcelino Guerra, el artista, andaban rodando desparramadas por el mundo decenas de canciones inmortales que a diario cobraban nueva vida en el corazón de cada uno de sus seguidores, y que con el paso del tiempo se habían ido acrecentando cada vez más.

A la memoria de Marcelino Guerra Abreu, Cienfuegos, 26 de abril de 1914- Campello, 30 de junio de 1996.

NUESTRO ÚLTIMO CAFÉ EN EL VERSAILLES

Reportaje con Orlando Collazo
(Cantante de la Orquesta de Neno González)

Al maestro Eloy Cepero Conde con mi gratitud, por su invaluable colaboración para realizar este reportaje.

> *El dulcerito llegó*
> *Y yo le voy a comprar*
>
> *La panetela borracha*
> *Y el sabroso cusubé,*
>
> *El coco acaramelado*
> *Ay, como te gusta a ti.*
>
> *El Dulcerito llegó*
> *El Dulcerito llegó*
> *El Dulcerito llegó»*

Florencio Carusito Hernández, «Llegó el dulcerito»
Miami, otoño de 2015, Little Havana

181

Orlando Collazo fue el cantante de la Orquesta de Neno González, la charanga más antigua de Cuba, fundada en 1918. Durante cuatro años, desde finales de 1955, hasta mediados de 1959, Collazo formó parte del trío (y cuarteto) de voces de la agrupación, junto a Carlos González, Evelio Rodríguez y Julio Valdés. Cuando decidió retirarse de la orquesta (aduciendo razones personales), fue sustituido por Orlando Contreras, aquel afamado cantante que a partir de 1959 (por su desbordado talento), dio mucho de qué hablar en Cuba y en América Latina.

Collazo tuvo una breve carrera como cantante, sin embargo, tan corto tiempo le bastó para coprotagonizar un hito histórico en el ámbito charanguero propiamente dicho, ya que la Orquesta de Neno logró un hecho sin precedentes en su trayectoria artística, al vender cien mil copias de un disco sencillo en el formato de 78 rpm, con el tema «Llegó el dulcerito». El mencionado número, versionado decenas de veces por diferentes agrupaciones de la cuenca del Caribe, es una composición de Mercedes Álvarez y Florencio Hernández Carusito, este último, el legendario vocalista del Sexteto Favorito.

«Llegó el dulcerito» es uno de los máximos *hits* de la música popular cubana de todos los tiempos, y fue grabado en 1957. Más tarde el productor discográfico Ramón Sabat lo incluyó en el exitoso elepé «Ritmo Tropical», prensado por el sello Panart en 1959, durante una época en la que las charangas habían tomado un segundo aire, después del declive que ese tipo de formato orquestal padeció, debido al auge de los conjuntos, desde comienzos de los años cuarenta. La cara B del disco en mención contenía el tema «Por eso no debes», bolero de la autoría de Margarita Lecuona, también versionado en múltiples oportunidades.

La charanga de Neno González, la decana de las charangas cubanas

Sobre la fecha de fundación de la Orquesta de Neno González, considerada la decana de las charangas cubanas, suele presentarse una controversia, ya que hay quienes afirman que data de 1918. Cristóbal Díaz Ayala es de la opinión que su fundación se remonta al año 1924, en tanto que Helio Orovio en su *Diccionario de la Música Cubana* afirma que fue fundada en 1926.[34]

Lo cierto es que a la edad de quince años Neno —de nombre Luis González Valdés, quien además de músico era abogado, nacido en La Habana el 20 de agosto de 1903 y fallecido en esa misma ciudad el 8 de junio de 1986— se daba el lujo de ser un flamante pianista y director de orquesta, decidido a seguir los pasos de su padre, el maestro Luis González, propietario de un conservatorio de música en La Habana.

Siendo aquellos los tiempos del cine silente, González, en los comienzos de su extensa carrera de director, llevó la agrupación (por entonces un quinteto de piano, contrabajo, timbal, flauta y güiro) a trabajar a los cines de barrio, dándose a conocer en el concurrido

---

[34] Ver: Cristóbal Díaz Ayala: *Enciclopedia Discográfica de la Música Cubana* 1925-1960, Florida International University. Miami 2002, y Helio Orovio: *Diccionario de la Música Cubana, Biográfico y Técnico*, Editorial Letras Cubanas, segunda edición aumentada y corregida, La Habana 1992.

mundillo de los teatros habaneros, haciéndose un lugar en el gusto del público amante del bolero, el danzón y el danzonete.

La charanga de Neno González alcanzó aun mayor notoriedad en 1932, cuando se incorporó la cantante Paulina Álvarez, quien en su momento fue denominada por el público la Emperatriz del Danzonete. Fue con la arrolladora vocalista cienfueguera que la orquesta comenzó de verdad su incursión en los estudios de grabación, dejando prensados, entre otros, los números «Rompiendo la rutina» y «La violetera», que contribuyeron a apuntalar la creciente fama de la agrupación, seguida entonces por una amplia corriente de bailadores.[35] Álvarez permaneció durante varios años con la charanga de Neno, aunque de forma intermitente por sus frecuentes participaciones con otros grupos. Incluso en 1936 dio un recital que causó gran impacto en su tiempo en el marco de los llamados Conciertos Típicos del afamado Teatro Alkázar (después conocido como Teatro Musical de La Habana) que prohijaba el reconocido compositor Jorge Anckermann.

En la primera etapa, cuando estableció la orquesta con el formato típico charanguero, sus integrantes fueron Belisario López, flauta; Alfredo Urzais, violín; Fernando Urzaiz, contrabajo; Federico González, congas; Primitivo Guerra, timbal; Eladio Díaz, güiro y Neno González, piano. Un poco después, Belisario López decidió conformar su propia orquesta y fue sustituido en la flauta por José Antonio Díaz.

Con el auge del danzonete y el desempeño de Paulina Álvarez, la charanga de Neno se afianzó en el gusto del público habanero, como puede apreciarse en las formidables grabaciones discográficas de esa época, la que se extendió durante toda la década del treinta hasta los albores del decenio siguiente, quedando para la posteridad, al menos una veintena de éxitos publicados en discos de 78 rpm del sello Victor, en la mayoría de los cuales, sin embargo, no participó la Emperatriz del Danzonete, quien desde 1939 había decidido también fundar su propia orquesta con similar formato. En la etapa con Paulina Álvarez, la orquesta de Neno estaba integrada por: José Raymat, flauta; Carlos del Castillo, violín; Pedro López,

183

[35.] Paulina Álvarez nació en Cienfuegos el 29 de junio de 1912 y falleció en La Habana el 22 de julio de 1965. Además de cantante, fue guitarrista y pianista. El número «Rompiendo la rutina», un danzonete de la autoría de Aniceto Díaz, lo grabó en varias oportunidades con acompañamientos diferentes, no solo con la Orquesta de Neno González, la de Gilberto Valdés, la de Adolfo Guzmán y la suya propia, sino también con la orquesta del maestro Antonio María Romeu.

contrabajo; Ángel López, timbal; Federico González, congas; Juan Febles, güiro y Neno González en el piano.

El lugar dejado por Paulina Álvarez en la orquesta fue ocupado en lo sucesivo por Alberto Arroche, la voz principal en las seis grabaciones realizadas en 1937; Miguel García, vocalista en las grabaciones que datan de 1940 y Dinorah Nápoles, presente en dos de las grabaciones de 1945.

Más tarde, a finales de los cuarenta y comienzos de la década siguiente, Cheo Junco y Raúl Simons se hicieron cargo del papel de vocalistas, protagonizando un giro estilístico al cantar al unísono, dejando atrás el protagonismo acentuado que habían tenido los solistas, cuando el danzonete estaba de moda, y que fue retomado por todas las charangas de ese tiempo, que impulsaron el canto a dos voces manteniéndose hasta la actualidad.

Entre las grabaciones notables de la orquesta en los años treinta y cuarenta, además de las mencionadas que impuso Paulina Álvarez, se destacaron «Cruel tormento», de Julián Fiallo García; «Camina, Juan Pescao», de Orestes López; «Flores negras», de Sergio de Karlo; «Las perlas de tu boca» y «La mora», de Eliseo Grenet; «Aquella tarde», de Ernesto Lecuona; «Quiéreme mucho», de Gonzalo Roig; «Tres lindas cubanas», de Guillermo Castillo García; «A la loma de Belén», de Juana González; «Almendra», de Abelardo Valdés; «Por eso no debes», de Margarita Lecuona; «El guanajo relleno», de Ignacio Piñeiro; «Mamá, son de la loma», de Miguel Matamoros; «Espíritu burlón», de Miguel Jorrín; «Lázaro y su micrófono», de Mayito Fernández y «La última noche», de Bobby Collazo, convertidas en estándares de la música popular cubana de todos los tiempos.

A pesar del denodado trabajo de sus integrantes y del esfuerzo del director, después de 1952 hasta mediados de 1955, la charanga tuvo un declive en cuanto a su popularidad, el cual la llevó casi a desaparecer de la escena musical habanera. El declive era obvio y hasta entendible si tenemos en cuenta que la agrupación venía en activo desde 1918, sobrellevando con enormes dificultades los retos cotidianos del turbulento oleaje de la farándula habanera, no desprovista de altibajos debidos a la recurrente inestabilidad política y económica del país, de la cual la música no estuvo exenta. La complejidad de la escena farandulera de ese período histórico, sin embargo, a algunas orquestas les permitió reflotar mientras que otras se iban a pique, esto explica de cierto modo el auge de charangas como la Orquesta Sensación, Fajardo y sus Estrellas, Enrique Jorrín, la Orquesta

América y la Orquesta Aragón, en detrimento de las orquestas de Antonio Arcaño, Melodías del Cuarenta, Belisario López y otras. Superado el bache, que alejó de los estudios de grabación y de los radioteatros a la charanga de Neno González en el período de 1952 a 1955, una nueva generación de músicos y cantantes decidió tomar el relevo y asumir la tarea de echar de nuevo a andar la orquesta. En ese momento emergió a la luz pública el nombre de Orlando Collazo.

Expatriado en la Pequeña Habana, en el corazón de Miami, Collazo ya era un hombre octogenario y desgastado por las penalidades y avatares de la vida, cuando tuve la fortuna de conocerlo, un año antes de su repentino deceso.

Quiso el destino que durante una de mis permanencias en la «Ciudad del Sol», Collazo y quien esto escribe, coincidiéramos en la realización de cuatro programas transmitidos en directo a través de La Poderosa Radio 670 AM, una de las emisoras de habla hispana más influyentes del sur de la Florida; estación radial que ha continuado en los Estados Unidos el legado dejado por la desaparecida RHC Radio Cadena Azul de La Habana, la cual, en sus tiempos de gloria, fue regentada por Amado Trinidad Velazco, mítico empresario radial.

Aquella memorable estadía en Miami me permitió (a instancias del banquero y musicólogo cubano Eloy Cepero Conde) conversar con Orlando Collazo durante cinco oportunidades en el transcurso de dos meses; cinco extensas e inolvidables charlas. Cuatro de ellas, mediadas por una taza de café en el restaurante Versailles, y una más en un sombreado parque de la Calle Ocho. Al evocar aquellos momentos, vividos con tanta intensidad en compañía del reconocido fotógrafo colombiano José Satizabal, no puedo más que sentirme privilegiado por el hecho de haber tenido la oportunidad de sacar a la luz pública los recuerdos de este hombre singular y afable, indiscutido protagonista de la noche habanera, confundido tras bambalinas entre los centenares de rostros famosos de una década como la del cincuenta, época que encumbró en la cúspide de la fama y en los pináculos de la gloria a tantos y tantos mitos de la música cubana entre ellos: Benny Moré, Bola de Nieve, Celia Cruz, Elena Burke, La Lupe, Olga Guillot, Rolando La Serie, Celio González y Arsenio Rodríguez, pero que simultáneamente sirvió para condenar al ostracismo casi total a algunos artistas de valía, que como en el caso de Orlando Collazo, por absurdas circunstancias, han permanecido confinados en el oscuro callejón del olvido.

El reportaje

JGR: *Estamos en la Pequeña Habana, en la Calle Ocho, en compañía del maestro Orlando Collazo, habanero, cantante de la orquesta de Neno González, ya retirado de la actividad musical. Orlando, buenas tardes, gracias por aceptar esta entrevista.*

OC: Buenas tardes, Jairo. Quiero, antes de empezar a hablar de mí, hacer una breve exposición sobre ti. Tengo el placer de haberte conocido hace pocas semanas a través de nuestro común amigo Eloy Cepero Conde, musicólogo cubano, quien me había hecho una semblanza tuya. Te mencionó como un colombiano que conoce extraordinariamente nuestra música. Por fortuna, he podido comprobar que es así, y me atrevería a afirmar a pie juntillas que tú eres uno de los escritores colombianos cuyos conocimientos sobre la música cubana merecen admiración. No exagero al decir que la conoces más que los cubanos. Me incluyo entre ellos; porque has tenido la capacidad de escribir tres libros sobre aquel genio que fue Arsenio Rodríguez, el Ciego Maravilloso, tarea que nadie había hecho en Cuba. Además, tienes un título de una universidad muy prestigiosa. Conocimientos que has demostrado a cabalidad durante los cuatro programas radiales consecutivos que realizamos juntos a través de *La Poderosa Radio*, en Miami, y en el trato personal que, por suerte, hemos mantenido en las últimas semanas en las que he tenido el agrado de conocerte.

JGR: *Gracias, maestro, ¿en qué lugar naciste y cuándo?*

OC: Yo nací el 23 de junio de 1935 en el barrio de Luyanó, en La Habana; nací en una clínica que se llamaba Hijas de Galicia. Mi mamá era asociada de dicha institución clínica y tuve la dicha de nacer ahí.

JGR: *¿Quiénes fueron tus padres?, ¿cómo se llamaban?*

OC: Mi papá, difunto cuando yo tenía un año y un mes de nacido, falleció en un accidente automovilístico y solo pude conocerlo a través de fotos y por intermedio de mi mamá que me hablaba mucho de él. Mi madre se llamaba Ángela Bertemati Valdés, también natural de La Habana. Mi padre Orlando Collazo Senior era natural de Artemisa, antigua provincia de Pinar del Río, en el extremo occidental de Cuba.

JGR: *¿Te criaste en el barrio de Luyanó?*

OC: No. Yo nací en Luyanó, pero me crié en el barrio de Pueblo Nuevo. Se llamaba así, y los que nos criamos en esa zona le seguimos diciendo Pueblo Nuevo, aunque los cubanos nacidos después de 1976 (entre ellos mi hijo Orlando que está por aquí), saben que en Cuba el gobierno efectuó una nueva división político-administrativa y a esa zona le pusieron Centro Habana; es decir, una división territorial un poco más amplia que el barrio, que es un área más pequeña.

JGR: *Fíjate que cuando tú nombraste a Luyanó, que es el sitio donde naciste, recordaba yo que Arsenio Rodríguez tiene un número que se llama «El rumbón de Luyanó».*
OC: Efectivamente.

JGR: *Y cuando hiciste referencia a Pueblo Nuevo, me vino a la mente que Arsenio Rodríguez grabó para la RCA Victor otro número que se titula «Pueblo Nuevo se pasó»; este y «El rumbón de Luyanó», otro guaguancó, que como todos los demás, fueron temas famosos en los años cuarenta dedicados a los barrios de La Habana por el Ciego Maravilloso.*
OC: Es cierto, con esas grabaciones Arsenio corroboró una vez más   187
su vocación para cantarle a los barrios, a la gente de los barrios. En ese sentido, el Ciego Maravilloso tenía claro que la música bailable cubana de la época debía afincarse en la gente de los barrios y convertirse en una expresión moderna de la vida urbana, de la vida de los barrios populares. Arsenio Rodríguez era único e irrepetible y desde muy temprano en su carrera musical, comprendió a cabalidad que la evolución y el futuro del son montuno y del guaguancó dependían de la forma en que él captara la vida de las gentes de las barriadas populares y de qué manera esas experiencias fueran expresadas en la música que él estaba desarrollando, dentro de un proceso de identidad con las vivencias de la calle. Porque, ante todo, hay que decir que la música de Arsenio es la música del barrio, de la calle, de la esquina, de la bodega y de las «sociedades de color»; en especial durante esa etapa de mediados de los años cuarenta, que es cuando Arsenio impactó con mayor fuerza en el gusto de los bailadores de La Habana y de Cuba en general.
Después te puedo hablar ampliamente sobre este tema, aunque en tus libros tú has hecho mención de los barrios de La Habana y de los números que Arsenio les dedicó.

JGR: *Un capítulo de mi libro* Arsenio Rodríguez, el Profeta de la música afrocubana *se titula «Guaguancó en La Habana», y hace alusión a los temas que Arsenio Rodríguez les compuso y les grabó a los barrios de la capital cubana; habla de Luyanó y habla de Pueblo Nuevo.*

OC: Lo que ocurrió, ahora que estamos haciendo mención de los barrios de La Habana, fue que en las barriadas populares era donde se movían la mayoría de los bailadores que seguían de cerca la música de Arsenio.

Me refiero a las comunidades negras que formaban parte de los sindicatos de trabajadores y de las sociedades de color, quienes con mucha frecuencia organizaban bailes, amenizados por el conjunto del Ciego Maravilloso.

Esta fue la razón por la que Arsenio decidió referirse a la vida de las gentes de esos barrios en las letras de sus canciones, ya que en determinado momento aquellos sindicatos de obreros y las diferentes sociedades de color constituyeron su principal fuente de trabajo. Esa etapa de la carrera de Arsenio Rodríguez, la menciono con mayor énfasis, porque transcurrió durante toda la década del cuarenta, y coincidió con mi etapa formativa en la música, puesto que yo desarrollé mi gusto musical a través de las grabaciones del conjunto de Arsenio correspondientes a esa época de su vida artística, sin imaginarme siquiera que con el paso de los años me iba a dedicar a la música.

Durante la segunda mitad de la década del cuarenta Arsenio Rodríguez escribió una serie de guaguancós para barrios de La Habana y Marianao, los cuales grabó con su conjunto para diversas producciones discográficas de la RCA Victor. De igual modo, con su arreglista de cabecera, Lilí Martínez, adaptó diversas composiciones dedicadas a las barriadas populares, escritas por otros autores como Silvio A. Pino, Fernando Noa, Federico Gayle y el propio Lilí, tales como «Juventud Amaliana», «A Belén le toca ahora», «Juventud de Cayo Hueso», «Pogolotti», «Amores de verano», «Juventud de Colón», «El Cerro tiene la llave», «Guaguancó en La Habana» y «Los Sitios, Asere», entre otras.

JGR: *¿En qué escuela estudiaste? ¿Tu infancia la pasaste en qué escuela?*
OC: Antes déjame aportarte algo más sobre Luyanó, aunque no tiene relación con Arsenio Rodríguez directamente, pero sí tiene relación con la música cubana y con un gran intérprete boricua, que seguro conoces, me refiero a Daniel Santos.

JGR: *Por supuesto, Daniel Santos, el Inquieto Anacobero; en Colombia le decían el Jefe, así lo apodaron en Barranquilla, según se ha dicho, aunque en Cali y en Medellín, las otras dos ciudades de Colombia, donde tuvo enorme arraigo la música del genial cantor boricua, se disputan el privilegio de haber sido el lugar de origen de ese apodo. Y desde luego, tú aludes al número «Bigote e' gato», un tema muy popular en la voz de Daniel Santos, que menciona al barrio de Luyanó.*

OC: El Jefe, ajá, a él y a Orlando Contreras les pusieron los jefes. Te digo que Daniel Santos tuvo su primera incursión a Cuba, si la memoria no me traiciona, en el año 1946, estuvo cantando con la Sonora Matancera, y grabó «Bigote e' gato», un número que se hizo famoso en La Habana, cuyo autor fue Jesús Guerra Sayaz.

«Bigote e' gato es un gran sujeto/que vive allá por el Luyanó/y tiene el pícaro unos bigotes/que llena a todos de admiración».

Hice la primaria en una escuela que estaba en la misma cuadra donde vivíamos con mi familia. Viví en La Habana desde que era pequeño, desde que tengo uso de razón, en la calle Nueva del Pilar entre Benjumeda y Llinás, cerca de un lugar —los habaneros deben saber dónde queda eso— donde estaba la pipa de agua para llenar los tanques. En la calle Nueva del Pilar, en una escuela primaria, ahí estuve hasta quinto grado, la escuela se llamaba Malgor porque era el apellido que tenían las tres señoras que eran las maestras. Me acuerdo del nombre de las tres: Lauriana, Benita y Luisa, las tres obviamente ya fallecidas…, están en manos del señor.

189

JGR: *¿Eso fue a comienzos de los cuarenta?*

OC: Sí, a comienzos de los cuarenta hasta el año 1946. Allí hice parte de la primaria; no tenía ni que cruzar la calle, ya que la escuela estaba por la misma acera de nuestra casa. Primero me llevaba mi mamá y más tarde, ya cuando era un poquito más grandecito, iba yo solo. Concluí la primaria y los estudios secundarios un poco después —hice estudios de Escuela de Comercio— en el Colegio de los hermanos de La Salle, que estaba en la calle Carlos Tercero, entre Oquendo y Soledad, también relativamente cerca de donde yo vivía. En ese colegio terminé quinto y sexto grados e hice los estudios correspondientes a la Escuela de Comercio.

JGR: *¿Tenías alguna inclinación por la música, por el canto, en esa época o todavía no?*

OC: Sí, me voy un poco más atrás.

JGR: *Estabas hablando de cómo fueron tus inicios en la música, ¿cuándo comienzas a interesarte por la música?*

OC: Como es obvio, oyendo la música cubana…, desde que tengo uso de razón. Yo diría que la mayoría de los cubanos hemos sentido una afición y una atención hacia la música, porque forma parte de nuestra cultura y no solo forma parte de nuestra cultura de manera racional y consciente, sino que además, de forma inconciente la llevamos en la sangre.

Se puede decir, sin que sea una exageración de mi parte, que todo cubano tiene un músico dentro de su organismo, dentro de su cerebro y su circulación sanguínea y no soy la excepción. En este caso más bien diría que soy la regla; crecí escuchando música en mi casa, por mi abuelo materno. Debo decir, como había mencionado antes, que a mi papá por desdicha no lo conocí, lo perdí cuando yo tenía un año y un mes, pero mi abuelo fue quien ocupó el lugar de mi padre. En este caso hizo realmente la función de abuelo materno y además, de padre. Él, como la mayoría de los cubanos, disfrutaba mucho la música. Le encantaban los danzones y la voz de Barbarito Diez; era uno de los que más escuchaba en la radio y se podría decir que crecí escuchando música, de Barbarito Diez, y también de otros intérpretes, entre ellos la Sonora Matancera y el Conjunto Casino, del que hablaré un poquitico más adelante, Abelardo Barroso, por supuesto, y música de todos aquellos grupos de sones que irrumpieron en la década de los años treinta hasta los cuarenta. Luego vinieron los conjuntos, a la manera del conjunto de Arsenio Rodríguez, del que tú haces una mención muy precisa.

JGR: *El Conjunto Casino, el Conjunto Kubavana de Alberto Ruiz y la Sonora Matancera, eran, junto al grupo de Arsenio, la sensación de esa época.*

OC: La Sonora Matancera había iniciado como tuna, seguidamente pasó a ser un sexteto, después se amplió a septeto y luego llegó a conformarse con el formato de conjunto, siguiendo el ejemplo del precursor que fue Arsenio Rodríguez. Entonces, mi afición por la música fue tal que inclusive debí estudiarla de niño con más dedicación, pero nunca tuve la participación directa, que se esperaba que tuviera. Mi mamá quería —al igual que en muchos casos— que yo estudiara piano. Fue un hecho muy particular, porque resulta que no quise seguir estudiando piano, después de que estuve algunos meses tomando clases particulares.

La maestra de piano era justamente la que yo mencioné, Lauriana Malgor, que era contemporánea en edad con mi mamá, pero no continué con las lecciones de piano porque el piano conspiraba contra lo que cualquier niño de esa edad en Cuba quería hacer, y era que nos gustaba mucho el béisbol; entonces el piano se interponía contra los juegos de pelota. Así que insistí tanto, que mi mamá habló con la maestra, diciéndole que yo no quería seguir estudiando piano, cosa que les he mencionado a mis hijos, porque se quedó grabada para siempre en mi memoria una frase que dijo Lauriana en aquel momento, cuando no quise estudiar piano. Aunque yo no entendía lo que ella estaba diciendo en ese instante, solo después con los años vine a comprender en verdad esa frase. Me di cuenta de su significado. Ella dijo: «Qué pena que no quieras seguir estudiando piano, con el oído que tienes». Yo no sabía qué quería decir ella con aquello de «el oído que tienes».

JGR: *¿Tú piensas que hubieras sido un gran pianista, o jamás te lo planteaste?*
OC: Bueno, quizás gran pianista no, pero por lo menos hubiera disfrutado tocando. Tal vez siendo un pianista más, no creo que un notable pianista; sin embargo, el hecho de haber aprendido a tocar el piano me hubiera permitido dedicarme a eso para tener algo más que hacer en la vida.

JGR: *¿Te llamaba la atención el juego de la pelota, porque eras niño o tenías la pretensión y el sueño de ser un jugador profesional?*
OC: No podría decírtelo ahora. Disfrutaba jugando a la pelota, supongo que eso me ocurría por el hecho de ser un niño. Tendría, ¡qué sé yo!, no recuerdo la edad que podía tener, quizás tenía siete años, no sé, no recuerdo, no soy capaz, la memoria no me llega tan precisa. Entonces me di cuenta, después de transcurrido el tiempo, que yo tenía facultades vocales, facilidad para cantar, talento para la música; es algo que no se adquiere, sencillamente se nace con eso.

JGR: *Aunque dicen por ahí que, más que el talento, en la carrera musical lo determinante es la disciplina y la capacidad de aprendizaje, la capacidad para escuchar la música, la capacidad para ensayar la música. Existen diversos puntos de vista al respecto.*
OC: Se nace, pero bien, esas son etapas que pasaron, que no tienen remedio y no se puede mirar para atrás.

Yo terminé, ya lo dije antes, en el Colegio de los hermanos La Salle en el año 1952, Ciencias Comerciales, y casi de inmediato comencé a trabajar en una compañía norteamericana de seguros que se llamaba American International, en el año 1952, me acuerdo hasta la fecha, 20 de junio de 1952, me faltaban tres días para cumplir diecisiete años.

JGR: *¿A tan temprana edad comienzas a trabajar de contador?*
OC: Sí. Comencé a trabajar en la compañía de seguros, entonces por casualidad al año siguiente, Carlitos, como le decíamos de cariño a Carlos González, el hijo de Neno, para ese entonces también inicia labores en dicha compañía. Yo lo llevé para que empezara a trabajar en el año 53.

JGR: *¿Ya conocías a Neno?*
OC: Sí, yo a Neno lo conocía porque él vivía cerca de donde vivió una prima mía en la calle Campanario entre Rastro y Carmen y sabía que era una persona mayor, contemporáneo con mi mamá y siempre lo veía ahí.

192 JGR: *¿Con la orquesta?*
OC: Sí, él había conformado su orquesta creo que fue en…1918, tengo entendido. Podemos chequear después la fecha.

JGR: *La Orquesta de Neno González es la decana de las charangas cubanas.*
OC: Efectivamente.

JGR: *La Orquesta de Neno González fue fundada mucho antes que la Orquesta Aragón, porque la Orquesta Aragón surge en 1939, y la Orquesta de Neno González fue organizada en 1918.*
OC: Claro.

JGR: *Además, esta fue una orquesta que ya era muy popular desde antes que surgiera en el ambiente de las charangas de La Habana la Orquesta de Belisario López.*
OC: Muy cierto.

JGR: *La Orquesta de Neno González, si tú lo ves desde la cronología de este tipo de agrupaciones musicales danzoneras y soneras, tenía amplia presencia y preferencia en el gusto del público bailador y comprador de discos, desde antes que apareciera la Orquesta de*

Antonio Arcaño llamada popularmente «La Radiofónica». En aquellos tiempos, aún no irrumpía en el panorama farandulero de la capital cubana la Orquesta de José Fajardo. Estas últimas son orquestas que se popularizaron un poco después en el ambiente musical habanero.
OC: Belisario López y Neno González eran compadres. A Neno lo consideraba como a un señor que podía ser mi papá, cuando lo veía por allí en la calle. Pero a Carlitos con quien nos conocimos en La Salle —llegó al colegio un año después de que ingresé— como ya te dije, lo llevé a trabajar a la compañía de seguros.
En el año 1953 el maestro Enrique Jorrín dio a conocer el chachachá, cuando estaba con la Orquesta América de Ninón Mondejar.

JGR: *Anacario Ninón Mondejar dirigió una orquesta estupenda. Esa agrupación tocaba aquellos extraordinarios números «La engañadora» y «El túnel».*
OC: Es correcto. Entonces, ¿qué sucede? Las orquestas de charanga en aquella época habían decaído un poco y la gente de la generación mía decía que esa música era de viejos, porque obviamente era un tipo específico de música que le gustaba a la generación anterior a la nuestra.

JGR: *Ustedes ya estaban en la época de los conjuntos.*
OC: En efecto, y ahora que mencionas a los conjuntos, tal cual lo has escrito en tus libros de la Trilogía de Arsenio Rodríguez, y lo has dicho varias veces en la radio, el conjunto con el que más se bailaba, por lo menos la generación mía, era el Conjunto Casino, más que con el conjunto de Arsenio, porque había una división músico-racial demasiado marcada.

JGR: *¿Entre blancos y negros?*
OC: Exacto, el Conjunto Casino atraía más a los blancos y en alguna medida, la Sonora Matancera también; mucho más que el conjunto de Arsenio Rodríguez, el cual era de cierto modo un conjunto para los negros.

JGR: *Arsenio era bien prieto, ya lo hemos mencionado... El estilo del son montuno de Arsenio Rodríguez ha sido descrito por muchos especialistas que se han ocupado de la obra del Ciego Maravilloso como un «estilo negro y macho».*
OC: Así es, y además el ritmo del Conjunto Casino era algo diferente.

JGR: *Más adelante.*
OC: Exacto.

JGR: *El ritmo de los sones que tocaba el conjunto de Arsenio era un poco más atrás, más ralentizado.*
OC: Más aguantado, y entonces las orquestas tipo charanga (estructuradas mediante la conjunción de los violines, la flauta y la sección rítmica) habían decaído bastante, sobre todo como te decía, las charangas de Belisario López y la charanga de Neno González.

JGR: *¿La charanga de Cheo Belén Puig y la orquesta Melodías del Cuarenta también habían bajado en su popularidad o no tanto?*
OC: Bueno, fíjate, Jairo, que la Orquesta Melodías del Cuarenta no había bajado tanto su popularidad, estaba todavía más o menos en la cresta de la ola.

JGR: *La Orquesta Melodías del Cuarenta fue en su momento respaldada e impulsada por Arsenio Rodríguez y por Antonio Arcaño, los dos eran socios del pianista Regino Frontela Fraga (quien fue el director de Melodías del Cuarenta).*
194   **OC:** Sí, es cierto. No olvides que la Orquesta de Arcaño y sus Maravillas se mantenía en ese el grupo de las muy populares. Lo que sucede es que cuando Enrique Jorrín da a conocer el chachachá, obviamente, pegó, y ya tú lo mencionabas hace un rato, aparecieron las grabaciones de la Orquesta Aragón, entonces todo el mundo (me refiero a los músicos) quería en ese momento copiar a la Orquesta América de Ninón Mondejar, porque la Orquesta América era el faro del ritmo nuevo, que en este caso era el chachachá.

JGR: *Con Enrique Jorrín en el violín.*
OC: ¿Entonces, qué sucede?, que todo el mundo quería copiar a Jorrín, y esto coincide con el hecho de que la Orquesta Aragón introdujo en el ambiente habanero unas grabaciones muy novedosas, que se hicieron populares con facilidad, entre ellas «El agua del clavelito», que creo fue uno de los primeros números que pegó de la Orquesta Aragón en La Habana, y el otro tema muy popular fue «Nunca», un tema que también lo había montado en su repertorio la Orquesta América, pero con un ritmo diferente a la versión montada por la Orquesta Aragón, la cual era un poco más adelante.

JGR: «*Nunca*» *fue escrito al inicio como bolero por Ricardo López Méndez, con música de Guty Cárdenas. Este último fue un compositor, cantante y guitarrista mexicano, yucateco, nacido en Mérida. A Cárdenas lo asesinaron en su juventud, en un entrevero con dos españoles, acaecido en Ciudad de México, en la década de los años treinta, convirtiéndose desde entonces, en un personaje del mito y de la leyenda en América Latina, no solo por su trágica y prematura muerte (a los veintiséis años de edad, cuando se encontraba en la cumbre de la popularidad y tenía toda la vida por delante), sino además por la belleza de sus composiciones e interpretaciones.*

OC: De acuerdo, entonces eso trajo como consecuencia que la Orquesta América se convirtiera en la preferida en cuanto a solicitudes para amenizar bailes; ya que si una orquesta no tenía bailes, pues no ganaba dinero. Por esta razón todo el mundo quería bailar con la Orquesta América, y en cierta medida, un sector también muy amplio del público bailador quería que sus fiestas fueran amenizadas por la Orquesta Aragón, ya que la Orquesta Aragón de un momento a otro se fue en punta, sobre todo cuando entró Richard Egües a formar parte del grupo.

195

JGR: *El ingenioso flautista, quien también fue pianista y arreglista.*

OC: Sí. De tal suerte que todo el mundo quiso copiar ya no tanto a la Orquesta América, sino a la Orquesta Aragón. En ese sentido la Orquesta de Neno González estaba sin trabajo. Los músicos antiguos de Neno estaban haciendo otras cosas, en su casa, en fin…, y ya que coincidimos Carlitos y yo, lo que te mencionaba antes, en la misma compañía de seguros, pues a veces en los recesos a la hora del *lunch* nos poníamos a tararear los números que eran *hits* en aquel momento no solo de la Orquesta Aragón, sino también de la Orquesta América. Estando en esas, una vez el jefe que teníamos nosotros ahí en la oficina nos dio el impulso y nos dijo: «¿Ustedes por qué no hablan con tu padre —refiriéndose a Carlitos—, para que organicen de nuevo la orquesta?», y así fue. Así lo hicimos, hablamos con el viejo Neno —tal cual le decíamos de cariño—, entonces empezamos primero a ensayar las voces. Éramos un cuarteto de voces en ese momento, conformado por Carlitos González, por supuesto; Julio Valdés, Humberto —un primo de Carlitos—, cuyo apellido no recuerdo, y yo. Después quedamos solo tres cantantes, pero al principio éramos cuatro, así aparece en la foto que tú tienes en este momento en tus manos. Más tarde conseguimos que nos contrataran para el primer baile. Este fue un baile que obtuvo la orquesta en el pueblo de Carlos Rojas, en la provincia de Matanzas, realizado el 25 de diciembre del año 1955.

JGR: *Tenías tú, veinte años.*
OC: Veinte años tenía, es cierto; bueno, en la foto que traje para que veas cómo lucía la orquesta en esa época, te puedes dar cuenta los años que han pasado comparando cómo estoy ahora y cómo estaba en ese entonces.

JGR: *Han pasado sesenta años.*
OC: Sí, casi nada… Te iba a decir una expresión, pero me di cuenta de que estabas grabando; te la digo después fuera de grabación. Entonces, luego —no recuerdo la fecha— Neno se convirtió en el administrador de la orquesta, entre otras cosas, era el director y el administrador, es decir, el que buscaba los bailes, las fiestas y los contratos que obtuvo la orquesta. En este caso —por citar tan solo un ejemplo— obtuvimos un contrato para transmitir por Radio Cadena Habana —que estaba situada en San José, entre Prado y Consulado—. Todos estos son lugares de La Habana. Seguramente, Jairo, tú conoces algunos.

JGR: *Sí, sí, por supuesto.*
OC: Y ahí comenzamos, no recuerdo exactamente la fecha, por desdicha.

JGR: *¿Pero en ese mismo año?*
OC: No, ya en el año 1956, al año siguiente. Habíamos hecho, como te dije antes, el primer baile el 25 de diciembre de 1955, así que ahí estuve con la orquesta. Coincidimos con Orlando Contreras; él cantaba con el trío de Arty Valdés, tenían un buen trío y eran muy populares en ese momento. El programa radial nuestro comenzaba a las siete y cuarto de la tarde y se extendía hasta las siete y cuarenta y cinco de la noche (con una duración de media hora), y a esa hora se daba inicio al programa radial del trío de Arty Valdés en el cual estaba Orlando Contreras. Allí nos conocimos. Nos conocimos de vista, nos saludábamos de vez en cuando, pero menciono a Orlando Contreras, porque Contreras luego fue uno de los integrantes de la Orquesta de Neno González, cuando yo me fui. Porque debo decir que yo estuve con la Orquesta de Neno González poco tiempo. Estuve desde el año 1955, ya te lo mencionaba antes,

hasta el año 1959, debido a que la universidad, que había estado cerrada por razones políticas, reabrió durante 1958. La Universidad de la Salle era una universidad privada y por ser antiguo alumno me admitieron, de tal manera que quise continuar la carrera que había interrumpido en aquel momento.

JGR: *¿Y la continuaste?*
OC: La continué y la terminé, terminé la carrera de contador público, aunque en la práctica, nunca ejercí la carrera, porque después trabajé en otras actividades. Pero bueno, hice eso y mi decisión trajo como consecuencia que yo me desvinculara un poco de las actividades de la orquesta; incluso a muchos músicos nuevos que entraron después de que me fui de la agrupación, los conocí apenas de vista y hay otros de los cuales ni siquiera te puedo decir su nombre, porque no los recuerdo, no tuve casi trato con ellos. Por ahí sí tengo los nombres de algunos de los músicos que formaron parte de la orquesta en la época en que yo comencé. Uno de ellos, me refiero a Orlando Alonso, Mantecón, era el pianista que sustituyó a Neno. El maestro Neno parece que tenía cierto problema de artritis en las manos.

JGR: *¿Y el maestro Neno no siguió tocando el piano?*
OC: Él dirigía la orquesta y tenía que ver con todo lo demás, pero no podía tocar el piano y Orlando Alonso, Mantecón, que había sido pianista del conjunto la Gloria Matancera, fue el que lo sustituyó. Él ejecutaba muy bien el piano; los violinistas eran Cabezas, no recuerdo su nombre; Pedrito Ramos y el otro era de apellido… ese no lo tengo, se me fue de la memoria.

JGR: *¿Y la flauta quién la tocaba?*
OC: La flauta al inicio, la tocaba un músico que se llamaba Gonzalo Boix, que después fue a parar al Cabaret Tropicana con el grupo de Senén Suárez; lo que ocurrió fue que el maestro Suárez lo llevó para allá y estaba mejor en el Cabaret Tropicana con Senén Suárez, razón por la cual entró Pancho el Bravo, como flautista de la orquesta de Neno González.

JGR: *¿Cuál era el nombre de Pancho el Bravo?*

OC: Alberto Cruz. Por ahí incluso está en las fotos, en una de las fotos que vimos. Bueno ya te digo, estuve hasta el año 1959 con la orquesta del maestro Neno González.[36]

JGR: *Amenizaron muchos bailes me imagino.*
OC: Sí, en aquella época eran muy importantes los bailables que se daban en el interior del país…, eran en verdad lucrativos para nosotros, los integrantes de la orquesta. En efecto fue así, ya que los bailes que se daban en el interior, no en la capital, sino en poblaciones, y pequeñas villas, eran mejor remunerados que los bailes que se celebraban en la ciudad… Según nos decía el maestro Neno, así fueron las cosas, ya que él era el administrador de la orquesta y se encargaba de pagarnos nuestro salario.

JGR: *Que tú recuerdes, ¿en qué lugares de la provincia de La Habana, dieron bailes?*
OC: Estuvimos actuando por tres años consecutivos…, quizás un poco más…, en una pila de sitios, porque hubo un momento en que la orquesta se puso muy caliente y nuestra popularidad se fue para arriba, entonces el maestro Neno no daba abasto para manejar todo aquello y tuvo que contratar a un ayudante que le echara una mano con el negocio, de tal manera que pudiera sacar más tiempo libre para organizar de forma conveniente el repertorio de la orquesta, cuidar de los arreglos, el vestuario y el transporte… Esto último porque a menudo, desde el jueves hasta el domingo, teníamos que movernos de villa en villa por el interior de la provincia de La Habana, entonces entre todos decidimos tomar una guagua de alquiler con el nombre de nuestra orquesta grabado en los cuatro costados… Esta decisión mejoró con creces las condiciones de trabajo, puesto que entre actuación y actuación podíamos dormir al menos unos minutos en el trayecto de un sitio a otro. Tiempo después el maestro Neno compró la guagua.

198

[36.] Fueron diversas las formaciones de la Orquesta de Neno González en el período de 1955 a 1959, época en la que Orlando Collazo Bertematí permaneció como integrante de la agrupación habanera. Entre sus miembros durante ese quinquenio, sobresalieron Orlando Alonso González, *Mantecón* (piano), Jorge Abal (piano), Héctor *Camagüey* Rodríguez (contrabajo), Ciro Esquijarrosa (timbales), Jesús *Chuchú* Esquijarrosa (timbales), Enrique Pelegrín Macías (güiro), Agustín Suárez (conga), Pedrito Ramos (primer violín), Almanzoro Cabezas (segundo violín), Orlando Lamy (tercer violín), Alberto Cruz, *Pancho el Bravo* (flauta), así como también los cantantes Orlando Contreras, Julio *El Caballo Valdés*, Ignacio *Mazacote* Carrillo, Carlitos González y Vitto Rey.

Orlando Collazo, Julio El Caballo Valdés y Carlitos González, los tres cantantes de la charanga de Neno González, durante una actuación pública en 1956 en La Habana. Foto: José Satizábal, archivo de Orlando Collazo.

La orquesta de Neno era de su propiedad, pero para efectos de la administración funcionaba de forma parecida a una cooperativa, es decir, todo el dinero que ingresaba por concepto de bailables y derechos de grabación lo repartíamos por igual entre los integrantes, según nuestra participación en los bailes y el número de días trabajados… El maestro Neno era el *manager* y nos cobraba una suma razonable por gastos de administración, la cual le sufragábamos en el momento de liquidar cada contrato… La orquesta tenía un delegado, elegido por nosotros, quien llevaba la vocería sindical y nos representaba ante la Gobernación de la provincia de La Habana para efectos legales… Nunca tuvimos dificultades mayores con los salarios, el transporte, el alojamiento y la logística, ya que Neno, además de músico era abogado y se aplicaba con total responsabilidad en el manejo de los contratos y el dinero… En esa guagua nos desplazábamos a Guanabacoa, para tocar un bailable en el Casino Español y después salíamos durante la misma noche para el Club de los Ingleses en Rancho Boyeros… Era un ajetreo constante, de aquí para allá y de allá para acá, amenizando bailables por doquier en el lugar que fuera, con tal de que nos pagaran, y a fe que ganábamos mucho dinero en ese momento. Aunque te digo una cosa, Jairo, el trabajo era agotador, porque teníamos poco tiempo para descansar y compartir con la familia… Además, debes tener en cuenta que todas las actuaciones las hacíamos de noche…, a veces dos, tres y hasta cuatro presentaciones cada noche, en lugares diferentes… Por ejemplo, en un momento dado estábamos en Guanabo, en el Club Puerto Príncipe tocando allí para los integrantes de esa sociedad y enseguida que terminábamos las dos tandas pactadas nos veíamos obligados a recoger nuestros bártulos y, muertos de cansancio, abordar la guagua para salir directo a Cojímar, donde nos estaban esperando para actuar en un bailable en La Terraza Club.[37]

Los integrantes de la charanga de Neno González en La Habana, durante una de sus actuaciones ante el público en el transcurso del año 1958. Al centro, los cantantes Julio El Caballo Valdés, Orlando Collazo y Carlitos González. En el extremo derecho está el flautista Pancho el Bravo. Al fondo, en la parte izquierda de la imagen, se alcanza a ver a Neno González, detrás del contrabajista. Foto: José Satizabal, archivo de Orlando Collazo.

JGR: *¿Siempre estaban actuando en las localidades del interior de la provincia?*
OC: Sí, siempre, ese era nuestro diario vivir…, súmale que de día la mayoría de los muchachos de la orquesta trabajábamos en diferentes actividades ajenas a la música, algunos, por ejemplo, Carlitos González y este servidor, estábamos trabajando de empleados en una compañía de seguros, así que nos veíamos en aprietos para cumplir con tantos compromisos de forma simultánea.

JGR: *Sin embargo, siendo ustedes unos muchachos tan jóvenes en ese tiempo, me imagino que tomaban todo aquello como un asunto en*

---

37. La Terraza era un restaurante bar cuya historia se remonta a 1940, aunque el edificio donde funcionaba, en verdad un caserón de dos pisos, con vista al puerto de Cojímar, fue edificado en lo alto de una roca hacia el año 1925.

extremo divertido, que quizás les permitía de forma más frecuente, correr detrás de las muchachitas por ahí..., no sé.

OC: Sí, es cierto, no te lo niego, fue una etapa tremenda que implicó experiencias extremas, amoríos de ocasión y situaciones simpáticas... Me viene a la memoria ahora, una anécdota dramática y al mismo tiempo divertida, que nos ocurrió una vez..., no recuerdo con exactitud el año..., debió ser en 1958 quizás..., veníamos de los Jardines de La Tropical ya tarde de noche, después de haber realizado allí una actuación extenuante, para el público bailador de aquella popular cervecería, y en el camino a Cojímar, lugar de la siguiente actuación, a bordo de la guagua nos dimos unos tragos de ron como para calentar la garganta, así que estábamos eufóricos..., diríase que borrachos, justo en el momento en que llegamos para amenizar un bailable en La Terraza Club, sitio habitual de nuestras actuaciones en esa plaza... Lo deseable, enseguida que ingresamos al club, era haber pasado primero por la cocina del establecimiento para tomarnos un café bien cargado, con el fin de atenuar un poquito la borrachera, pero tan pronto como descendimos del autobús escuchamos al anunciador por el altavoz, manifestando que ya estaba en el lugar la Orquesta de Neno González, la decana de las charangas cubanas y no sé qué más cosas, así que prácticamente subimos a la tarima de inmediato y dimos comienzo al baile.

La gente había empaquetado el lugar, imagínate, era un viernes en la noche y el club estaba lleno hasta las lámparas, de tal suerte que tocamos el tema que identificaba a nuestra orquesta y enseguida fuimos entrando en calor, tocando un número tras otro, hasta cerrar aquella primera salida con el tema «Mamá, son de la loma» de Miguel Matamoros, ya que lo montamos en el repertorio de la orquesta tocándolo en tiempo de son... Cuando nosotros atacamos ese número el club se quería venir abajo, porque de la manera que lo interpretábamos le gustaba mucho a la gente y lo habíamos pegado en el gusto del público..., era el tema con el que siempre cerrábamos las actuaciones.

Tan pronto pudimos bajarnos de la tarima para hacer un receso, todos los músicos de la agrupación salimos para la cocina del club, y en la tarima se encaramaron los muchachos de la Orquesta Sublime, dirigida por el flautista Melquíades Fundora... Ellos en ese tiempo, además de su vocalista habitual que era Marcos Perdomo, estaban trabajando con el gran cantante Orlando Vallejo, quien era su vocalista invitado.

JGR: *¿Orlando Vallejo, el mismo cantante del Conjunto Casino?*

OC: Sí, sí, el mismo… Pero fíjate que ya en la cocina hablamos con el personal de servicio, porque todos ellos nos conocían y eran amigos nuestros… Entonces, viendo lo encurdelados que veníamos, lo primero que nos ofrecieron fue un cafecito cubano y enseguida algo de cenar…, que, a propósito, Jairo, en esos casos se acostumbraba que los músicos cenáramos de pie, recostados contra alguna pared, con el plato en una mano y el tenedor en la otra, conversando, riendo y bromeando desprevenidamente.

Estábamos en esas, cuando de pronto sentimos una algarabía, la Orquesta Sublime que estaba acompañando a Orlando Vallejo en la interpretación de ese bolerazo titulado «Un amor que no fue amor» paró de tocar y por unos instantes, se apoderó del ambiente un silencio rarísimo, interrumpido enseguida por una serie de disparos de arma de fuego, uno, dos, tres disparos, uno tras otro, y de inmediato, se formó un griterío y un alboroto de sálvese quien pueda… Mi plato fue a dar no sé a dónde, porque por instinto de conservación nos tiramos al piso para tendernos en el baldosín y ponernos a salvo del tiroteo. Cuando vinimos a darnos cuenta se había armado una estampida y vimos un tumulto de gente corriendo por encima de nuestras cabezas, para ganar la calle por la puerta de servicio.

Algunos de los músicos corrimos al salón principal para ver de qué se trataba el asunto y salir al rescate de los colegas de la Orquesta Sublime, que estaban tocando en la tarima y se hallaban indefensos, ya que por un instante pensamos que los tiradores iban a por ellos, cuando en esas, nos topamos con un hombre viejo, alto y corpulento que venía reculando de espaldas hacia donde estábamos Bol Vivar, el bajista de nuestra orquesta, Julio Valdés y yo… El tipo vestía camisa blanca y pantalón caqui de dril y traía un revólver en la mano derecha, amenazando con disparar nuevamente, pero antes de que pudiéramos siquiera parpadear le fue para encima una mujer joven, bonita y furiosa, quien pugnaba con vehemencia por golpearlo con la cartera, mientras lo insultaba en inglés con palabras de grueso calibre… «Este maldito, cabrón, desgraciado, hijo de puta», y de allí para arriba.

Instintivamente, Bol Vivar y Julio Valdés, que eran unos tipos que estaban acostumbrados a liarse a los golpes en cuanto molote encontraban a su paso, le cayeron a piñazos al viejo del revólver, hasta conseguir dominarlo y arrebatarle el arma… Al mismo tiempo, ya viendo de qué iba la cosa, yo me paré en medio tratando de atajar a la enfurecida mujer, para evitar que agrediera al viejo... En el forcejeo con Bol Vivar y con Julio Valdés, el viejo, que con nada se sosegaba y forcejeaba hecho un demente, comenzó a sangrar por boca y nariz, como consecuencia de los puñetazos que mis dos amigos le habían tenido que dar para apaciguarlo... De un momento a otro, cuando fui a ver, la mujer me metió un puntapié de putamadre en los «timbales», y me remató con un empujón a mansalva... Yo caí al suelo de costado, por el flanco derecho, golpeándome la frente contra la baranda metálica que separaba la pista de baile de la tarima de los músicos, y enseguida comencé a sangrar por la ceja, mientras veía cómo la hembra, hecha un demonio, molía a carterazos al viejo... Vivar trató de interponerse, pero de nada sirvió, porque aquella mujer le fue para arriba al viejo y de dos bofetadas lo derribó sobre una mesa, recogió su cartera y salió del establecimiento echando pestes. Algunos minutos después, cuando la mujer estaba en el parqueadero instigando con otra tanda de improperios a su chofer, para que este tratara de echar a andar el auto con intenciones de irse de aquel lugar, vino la policía de Batista y rodeó el club, la gente se calmó poco a poco y se formaron diversos corrillos... En ese instante comenzaron a aflorar los comentarios... Al momento, vinieron dos oficiales de la policía para informarles al viejo y a la fémina aquella que quedaban arrestados por escándalo público y daño en bien ajeno..., pero de suerte, que enseguida intervinieron el presidente de la sociedad, el jefe de la actividad y un industrial de apellido Cabrizas,[38] quien se encontraba en el club con su esposa, y se pusieron a conversar con el comandante del escuadrón de policía... Varios policías vinieron hasta donde yo estaba, también con la intención de arrestarme, así que estuve presente durante toda la conversación y escuché cuando el industrial y los otros le estaban diciendo al comandante que el arresto no era necesario. Cabrizas tomó la palabra y dijo: «Mejor evitemos un escándalo, ya que será sumamente bochornoso para el gobierno cubano, que mañana los diarios revelen la noticia de que la policía de La Habana ha arrestado a dos ciudadanos estadounidenses», y agregó: «Todo este alboroto surgió de una simple pelea conyugal».

Por fin, la fiesta, rota por la refriega, volvió a su furor... Al rato, vinieron los paramédicos en una ambulancia y se llevaron al viejo, borracho y ensangrentado, quien aún vociferaba, con despecho

---

38. Omitimos el nombre y hemos cambiado el apellido del personaje real, con miras a mantener indemne su privacidad, a efectos de conservar vigente con el maestro Orlando Collazo Bertemati, nuestro pacto de confidencialidad y preservar la integridad de la fuente.

contra la guapa mujer, toda suerte de injurias, ininteligibles para nosotros, sin que nadie hubiera encontrado la manera de mandarlo a callar, mientras que la presunta agresora, una vez que consiguieron calmarla, fue conducida por dos oficiales de la policía a un hotel de la Habana Vieja... También se hizo necesario que viniera otra ambulancia y se encargara de llevarnos a la clínica más cercana, donde nos curaron las heridas... A mí me hicieron una sutura de siete puntos en la ceja derecha y a Vivar otra de nueve en el antebrazo izquierdo. Cuando salíamos para la clínica, Carlitos, quien esa noche se estaba haciendo cargo de la orquesta, porque el maestro Neno González no se encontraba con nosotros, me dijo que los dos de la pelea eran el escritor americano Ernest Hemingway y su amante, la actriz Ava Gardner, aquella que unos años atrás había sido la esposa de Frank Sinatra.

JGR: *¡Qué incidente tan vergonzoso! Nunca se sabe adónde diablos va a terminar una pelea de celos, ¿verdad?*
OC: Sí, sí, así mismo es...

JGR: *¿Y es que a Hemingway le gustaba mucho la música cubana?*
¡OC: ¡No, no, qué va, yo no creo eso! Hemingway era un hombre cascarrabias y egocéntrico que no tenía la más mínima idea de lo que en verdad es nuestra música... Vivió en Cuba como veinte años, y jamás pudo distinguir la diferencia entre un danzón y una guaracha, a mí se me pone que él no más estaba allí por la chica, ya que hasta donde supe ella era la invitada de los esposos Cabrizas, y quizás lo que sucedió fue que llevó al legendario escritor a la fiesta a rastras, contra su voluntad, aunque dicen que él era cliente asiduo de La Terraza Club y que iba a beber allí con frecuencia, pero rodeado de hombres generalmente.

JGR: *¿Entonces, por qué aquella mujer le cayó a golpes?*
OC: Es difícil ahora, con tanto tiempo que ha pasado desde esa época, establecer la certeza en todo aquello, pero imagínate, Jairo, a Cabrizas, un flirteador impío, tratando de propasarse de un momento a otro con la amante de Hemingway, y al corpulento novelista americano, ya con unos tragos encima, enceguecido por la ira y los celos... Así que no le costó nada encabronarse como un demonio, desenfundar el Smith & Wesson del 22 que traía encima y dispararle al gigoló cubano sin ningún miramiento, con tan buena suerte

para el sorprendido Cabrizas, que la Gardner se puso de por medio entre él y Hemingway, y el viejo no dio en el blanco, dejándolo con las ganas de matar a su oponente.

205

— FOTO TOMADA EN LOS VARDINES DE LA TROPICAL. PRESUMO HABRÁ SIDO EN 1947 (POR EL UNIFORME) QUIZÁS PRINCIPIOS DE 1948
— DE IZ.Q A DERECHA:
"PANCHO EL BRAVO" (ALBERTO CRUZ)
"CARLITOS" (CARLOS GONZÁLEZ)
YO (ORLANDO COLLAZO)
JULIO VALDÉS.   07/02/11

Pancho el Bravo, Carlitos González, Orlando Collazo y Julio Valdés, integrantes de la charanga de Neno González, en los Jardines de La Tropical, Marianao, 1957.
Foto: José Satizábal, archivo de Orlando Collazo.

JGR: *¿Cómo fue que Hemingway, quien tenía fama de portar siempre armas encima, y se ufanaba de ser un certero cazador de leones en las planicies de África, falló tres tiros, casi a quemarropa, y no se cargó a aquel fulano?*
OC: No sabría explicártelo con total claridad, Jairo, pero hay que tener en cuenta que ese hombre estaba borracho, y además tomemos en consideración que una cosa es tener el valor para matar a

un animal durante un safari —que, según los cazadores, lo hacen como si fuera un deporte— y otra cosa muy diferente es tener el valor y los cojones para matar a un hombre.

JGR: *Sí, creo que tienes razón, Orlando, son dos cosas muy distintas. Después de que saliste de la clínica, ¿que pasó?*
OC: Permíteme, por favor, te termino la historia... Francisco Bocalandro, el bajista de la Orquesta Sublime, se hizo cargo del puesto de Bol Vivar y cuando la fiesta continuó, la Orquesta de Neno González volvió a la tarima sin su bajista y sin uno de los cuatro cantantes, pero pudieron al fin y al cabo, cumplir el contrato y recibir el pago por el trabajo realizado.

JGR: *¿Tú no interpusiste una demanda contra la Gardner por los perjuicios y las lesiones causadas?*
OC: Al inicio no contemplé la necesidad de hacerlo, pero pasados tres días y viendo que la hinchazón en la frente no remitía, temiendo perder el ojo derecho, seguí el consejo de Neno González, que como ya te dije, además de músico también era abogado, e interpusimos una querella judicial... El asunto estuvo a punto de convertirse en un incidente diplomático, de no ser porque la parte demandada accedió a conciliar y al final nos pusimos de acuerdo ya que ellos ofertaron una razonable indemnización, que en parte sufragó los perjuicios causados.

JGR: *Orlando, a propósito de Ava Gardner, ¿era tan bonita como dicen? Porque en ese tiempo su belleza alcanzó los niveles del mito y la leyenda.*
OC: Por supuesto que sí, era muy linda, aunque después de haberla tenido frente a frente y luego de haberme enterado que en verdad era ella, pensé que no era tan alta como me la había imaginado al verla salir en las películas... Lo que sí puedo decirte con certeza es que pegaba durísimo.

JGR: *¿Tú la habías visto antes, personalmente?*
OC: No, nunca, solo en el cine.

JGR: *Retornemos de nuevo a las actividades con la Orquesta de Neno González. ¿En qué sitios de la ciudad de La Habana amenizaron bailes?*
OC: Bueno, mayormente en La Tropical, tanto en el Stadium, que eran bailes nocturnos los sábados, como en los Jardines de

La Tropical, que eran bailes diurnos. Había un bailable muy famoso que se llamaba «El día del detallista». El detallista es el que nosotros llamamos el bodeguero.

JGR: *La Tropical como fábrica de cerveza, competía con La Polar y con La Cristal.*
OC: Efectivamente.

JGR: *Las tres daban bailes.*
OC: Sí, pero la que más daba era La Tropical. La Polar también, ambas estaban en Puentes Grandes.

JGR *Cerca de Marianao.*
OC: La otra era, y sigue siendo, la marca Hatuey, de la Cervecería Modelo, pero esa fábrica estaba situada más lejos y ahí los bailables no eran tan seguidos como los que se daban en La Polar y en La Tropical, y bueno, ahí nosotros coincidimos con el Benny. Yo tuve la dicha y el honor de haber coincidido con el Bárbaro del Ritmo, con Benny Moré.

JGR: *¿En La Tropical?*
OC: En el Stadium de La Tropical.

JGR: *Este acontecimiento histórico del que tú me estás hablando, Orlando, no ocurrió en el Salón Rosado de La Tropical, ni en los Jardines de La Tropical, sino en el Stadium de La Tropical.*
OC: Todo el mundo le decía el Stadium. Realmente los conciertos se realizaban en la parte alta del estadio de béisbol que era el escenario en el que se jugaba a la pelota, aunque el Almendares Park fue construido mucho antes que el Stadium de La Tropical y fue el primer lugar que albergó el Torneo de Béisbol de Cuba.
En este estadio se realizaban los juegos Habana versus Marianao, Habana versus Almendares, Cienfuegos versus Marianao, etcétera. En la década de los cuarenta el Stadium de La Tropical primero era solamente un estadio para ir a ver los juegos de pelota. Luego se acondicionó un salón para bailar y se habilitaba los sábados en la noche.

JGR: *Ahora existe ahí el Salón Rosado Benny Moré, en los Jardines de La Tropical.*
OC: En efecto existe todavía. La entrada es por la calzada de Columbia. La avenida 41.

JGR: *Cerca de ese vecindario está el campo militar de Columbia.*
OC: Es correcto. Te decía que coincidí..., que yo tuve la dicha y el honor de coincidir con Benny Moré. Y tengo que señalar algo que fue muy interesante, sucede que cuando el Benny venía de tocar en el Alí Bar y llegaba al Stadium de La Tropical, los bailes empezaban casi siempre a las nueve de la noche y duraban hasta las cuatro de la madrugada.
Benny Moré por lo general tocaba una sola tanda. Llegaba alrededor de la una de la madrugada. Aquello era un centro de bailadores, ahí el patón, como decimos nosotros los cubanos, no podía entrar... Todo el mundo tenía que ser bailador y de los buenos. Pero, fíjate, Jairo, que cuando el Benny aparecía en la tarima, cada uno de los músicos alistaba su instrumento y a una señal del Benny comenzaban a tocar, entonces el Bárbaro del Ritmo metía dos o tres pasillos, y la gente literalmente dejaba de bailar para ver el espectáculo, porque en realidad, el Benny era un espectáculo.

JGR: *¿Ustedes entraban primero y tocaban antes que el Benny?*
OC: En efecto, ya te digo, nosotros coincidimos varias veces. Yo

coincidí con la Orquesta Aragón y con otras orquestas también. Nosotros tocábamos casi siempre una o dos tandas. Tanda le decimos al tiempo de ejecución de varios números musicales, cada tanda duraba casi siempre alrededor de media hora.

JGR: *Sí, ocho o nueve números.*
OC: Ajá. Las tandas duraban media hora más o menos. El Benny tocaba una sola tanda, como te decía. Venía del Alí Bar a eso de la una de la madrugada.

JGR: *¿Tocaba una sola tanda y se iba para otro club nocturno?*
OC: Sí. Tocaba una sola vez nada más y se iba. Y la gente dejaba de bailar, se paraban frente a la tarima a verlo, a ver el espectáculo, a verlo dirigir, a verlo cantar y a verlo bailar.

JGR: *¡En realidad, era un verdadero monstruo en tarima!*
OC: El público se aglomeraba a verlo gesticular, no querían perder de vista ni un solo detalle de su actuación en escena. Tú me disculpas que cuando estamos conversando no te estoy mirando a la cara, el problema es que estoy haciendo un esfuerzo memorístico impresionante.

JGR: *Es increíble lo que me has contado, estimado Orlando, y eso me lleva a una nueva pregunta. He querido que tú narres con precisión los acontecimientos de una época de la vida musical en Cuba que, como cosa curiosa, ha sido estudiada por los musicólogos e historiadores con cierta profundidad. No obstante, de manera increíble, dichos musicólogos e historiadores han dejado de lado de forma deliberada, el interés por personajes como tú, que, si bien no fueron rutilantes estrellas, sí se convirtieron en valiosos protagonistas de la escena musical habanera de la década del cincuenta.*

OC: Sí, sí, eso es cierto.

JGR: *En ese período de cuatro años de permanencia, cantando en la Orquesta de Neno González, ¿cuántas grabaciones hiciste?*

OC: Hay un solo CD en la actualidad circulando en el mercado, aquí, en los Estados Unidos. Ese CD contiene la recopilación en formato digital de varias grabaciones que realizamos con la Orquesta de Neno González. En esa época produjimos varios discos en el formato de 45 rpm y algunos de larga duración. No recuerdo ahora, con exactitud, cuántos… En el CD que te menciono, también fueron incluidas unas cuantas grabaciones que hicimos para el formato de discos de 78 rpm. El CD se titula *Conjuntos y Orquestas de Cuba. Orquesta de Neno González*, del sello Egrem.

Los discos de 78 rpm fueron producidos en la casa Panart.

En el CD mencionado se encuentran algunas grabaciones hechas con la casa Panart, pero, además, este disco compacto contiene otras grabaciones que realizamos con la Orquesta de Neno González en los estudios de Luis Agüero, situados como es natural, en la ciudad de La Habana.

JGR: *El sello Panart que tú estás mencionando publicó en esa época un disco de larga duración en vinilo, titulado Orquesta de Neno González. Ritmo Tropical (Panart–LP 2030), que contiene los siguientes temas: Lado A. 1) «La almendrita y el piñón», de Eduardo Saborit y Agustín Campos; 2) «Controversia del baile», del compositor Evelio Rodríguez; 3) «El chachachá del cubilete», escrito por Don Raymat; 4) «La cachimba de San Juan», un clásico de Ignacio Piñeiro; 5) «Cara sucia», cuya autoría se le atribuye al destacado músico argentino Francisco Canaro y 6) «Por eso no debes», composición de Margarita Lecuona (prima del afamado pianista y compositor Ernesto Lecuona).*

De igual modo, el disco en mención, por el lado B contiene los siguientes temas: 1) «El diablo tuntún», de la autoría del reconocido compositor Bienvenido Julián Gutiérrez; 2) «A la loma de Belén», una pieza musical muy popular en los años veinte, escrita por el cantante del Sexteto Habanero Felipe Neri Cabrera Urrutia, con frecuencia atribuida a su esposa Juana González; 3) «Con tres yeribita», de la pluma de Rosendo Ruiz, 4) «Ya usted lo ve, ya usted lo sabe», de Evelio Rodríguez; 5) «Ay, Blanca Nieves» y 6) el famoso tema «Llegó el dulcerito», de Florencio Hernández y Mercedes Álvarez.
A Florencio Hernández lo apodaban Carusito.

OC: ¿Sabes por qué le decían Carusito?
Porque a Abelardo Barroso, al gran Abelardo Barroso todos en Cuba le decían Caruso, ya que lo consideraban el más importante cantante cubano de su época, de su tiempo, y ya que el cantante más glorioso en el campo del bel canto en ese entonces era el tenor italiano Enrico Caruso, lo tomaban de paradigma, y al que mejor cantara lo comparaban con Caruso, fue por ello que a Barroso le decían Caruso, porque Barroso, ¡vaya, chico!, era el cantante más extraordinario que yo me he echado a la cara… Florencio Hernández imitaba a Barroso, quería parecerse a él, cantar como él, ser como él, y puesto que el tipo también era muy buen cantante lo llamaron Carusito, y así se quedó… Él cantaba con el conjunto Gloria Matancera. Se presentaban en lo que se llamaba la academia de baile Habana Sport. La academia estaba situada entre las calles Galiano y San José. Por supuesto, el Habana Sport de «academia de baile» no tenía nada. ¡Ya tú sabes, chico, cómo era en ese entonces el fenómeno de la prostitución en Cuba! ¡Vaya! Carusito tenía una voz muy aguda, similar a la que tenía Caíto, el cantante y maraquero de la Sonora Matancera; además podría decirse que se buscaron el uno al otro, porque la Gloria Matancera trataba de imitar a la Sonora Matancera.

JGR: *Aunque cada uno tenía su propio público.*
OC: En efecto, y no olvides que la Sonora Matancera en determinado momento de su trayectoria artística se convirtió en un conjunto, con base en lo que en cierta época era un septeto, siguiendo el ejemplo de Arsenio Rodríguez, dado el auge del conjunto del Ciego Maravilloso. La Gloria Matancera tuvo una trayectoria muy parecida al recorrido artístico de la agrupación yumurina antes mencionada, desde que comenzó, su conformación fue en sus inicios un sexteto (después

septeto), y desde la década del cuarenta, su director Juan Manuel Díaz convirtió la agrupación en un conjunto con piano, tumbadora, bongó y dos trompetas, siguiendo el patrón trazado por Arsenio. Cabe agregar que similar paso dieron en su momento Alberto Ruiz con el Septeto Kubavana, el cual se transformó en el Conjunto Kubavana, y Roberto Espí con el Septeto Casino, que en esa misma década pasó a convertirse en el renombrado Conjunto Casino.

JGR: *Juan Manuel Díaz, además de ser el director del Conjunto Gloria Matancera, era también uno de los cantantes.*
OC: Sí, es cierto.

JGR: *El Conjunto Gloria Matancera tuvo una plantilla de cantantes excepcionales, entre ellos Pepe Merino, Nelo Sosa, Estanislao Sureda a quien apodaban Laíto, Roberto Sánchez y Carusito.*
OC: Sí, correcto. Pepe Merino imitaba el estilo de Daniel Santos, cuando Daniel estaba con los Jóvenes del Cayo y después, cuando formó parte de la Sonora Matancera. Todo aquello ocurrió en la década del cuarenta, algunos años antes de que yo comenzara mi labor como cantante de la orquesta de Neno González.

211

JGR: *Continuando con el Conjunto Gloria Matancera, ellos tuvieron también a Rafael Mañungo Ortiz que fue su cantante en los años cuarenta.*
OC: Sí, cómo no. Era cantante y guitarrista al mismo tiempo. Yo lo conocí, porque ellos tocaban a diario por las noches en la academia de baile Habana Sport.

JGR: *¿De qué forma surgieron las grabaciones con la firma Panart?*
OC: Con la compañía discográfica Panart, que fue la más importante de Cuba en ese momento, lo primero que grabamos fue «Cara sucia». Originalmente era un tango, pero no recuerdo quién fue el que hizo el arreglo para llevarlo al estilo de la música bailable cubana, en este caso bajo el formato de una orquesta de charanga. Nosotros lo grabamos al estilo del chachachá.
Quiero mencionar el caso de «La almendrita y el piñón».

JGR: *Se trata de un número muy popular en los años cincuenta, de la autoría de Eduardo Saborit y Agustín Campos.*

OC: Agustín Campos era una personalidad de la televisión. En sus intervenciones tenía una expresión que decía: «¿Quieres que te haga un cake? ¡Nooo!», entonces basado en eso Agustín Campos y Eduardo Saborit compusieron el número «La almendrita y el piñón». Cuando tú lo escuchas te das cuenta de que inicia diciendo: «¿Quieres que te haga un cake? ¡Nooo!». A continuación, el coro comienza a decir: «Con las claras batidas, las yemas batidas, le pongo tu nombre, ¿y alrededor qué?, una almendrita y un piñón».

JG: *¡Qué cosa extraordinaria, la forma espontánea como surge la música!*

OC: Ajá, y ahí precisamente están los nombres de los cantantes de nuestra orquesta, porque la letra de la canción dice: «Orlando Pinzón —que en este caso soy yo—, Carlitos Pinzón, Julito Pinzón y Humberto Pinzón» los cuatro cantantes de la agrupación en ese momento. Todos nuestros nombres fueron rimados con el apellido Pinzón. Saborit utilizó el apellido Pinzón en la composición, y él era Eduardo Pinzón.

212

JGR: *Es una forma sencilla y jocosa de darle continuidad a la letra del número sin que se pierdan ni el sentido ni el sabor.*

OC: Exactamente, de esa idea tan simple pero pegajosa salió la letra del número. Entre Eduardo Saborit y Agustín Campos redondearon la letra (y la música). Yo diría que más aportó Saborit, desde luego. Era músico y compositor y tenía una importante trayectoria en el ambiente farandulero de nuestro país.

JGR: *Es muy interesante saber que ustedes, los integrantes de la Orquesta de Neno González contaron con el apoyo de la compañía discográfica Panart, no obstante, las grandes rivalidades entre orquestas que había en esa época, muchas de ellas propiciadas por los propios sellos discográficos (y las compañías distribuidoras de discos), con tal de agenciarse la preferencia del público.*

OC: Sí, la compañía Panart nos apoyó de manera irrestricta, y a la postre no se equivocaron, tuvieron visión para los negocios discográficos y en su momento recibieron una enorme retribución por el capital invertido en producir las grabaciones de nuestra orquesta, tanto de los discos sencillos en formato de 45 rpm, como de los discos de larga duración, porque el público comprador acogió los discos con gran entusiasmo; y del sencillo de 78 rpm, donde estaba

«Llegó el dulcerito» por la cara A, fue que vendimos las cien mil copias, algo insólito en ese tiempo.

JGR: *La compañía Panart era de los hermanos Ramón y Galo Sabat.*
OC: Sí, sus estudios de grabación estaban situados en la calle San Miguel número 4-10 en La Habana.

JGR: *Un estudio muy prestigioso, el edificio aún existe. Ahora es propiedad de la compañía Egrem.*
OC: Estas grabaciones que están en el CD que tienes en tu mano son precisamente las que yo hice con la Orquesta de Neno González para el sello Panart.

JGR: *¿Cuántas grabaciones hiciste con la Orquesta de Neno González?*
OC: Con el sello Panart fueron alrededor de diez, desde comienzos de 1956 hasta el 19 de febrero de 1958, diría yo. En el estudio de Agüero grabamos otras tantas, pero ahora no recuerdo con exactitud cuántas fueron.

JGR: *¿Antes de las grabaciones realizadas en los estudios de la compañía Panart y de las grabaciones realizadas en los estudios de Agüero, el maestro Neno González había hecho otras grabaciones?*
OC: Sí, muchos años antes, desde luego que sí. Sin embargo, en ese momento yo aún no formaba parte de su orquesta. Creo que fue una serie importante de grabaciones porque en aquella época de los años treinta y cuarenta el maestro Neno tuvo las facilidades y el apoyo económico necesario para realizar tantas grabaciones como quiso, ya que fue considerado en su tiempo el director de una gran orquesta.

JGR: *¿Se puede decir que las grabaciones más exitosas de Neno son de esta época en la que tú formaste parte de su orquesta?*
OC: Yo diría que sí. Son sus mejores grabaciones, tanto por los arreglos musicales y la calidad del sonido (se emplearon las consolas más sofisticadas y los más destacados ingenieros de aquel tiempo, Agüero entre ellos), como por la selección de los temas. La mejor etapa de la Orquesta de Neno González fue la época en la cual yo estuve cantando en la agrupación. No tiene nada que ver el hecho de que yo haya sido el cantante principal, el solista más destacado, la primera voz; sin embargo, considero que esa fue la mejor etapa, en especial por los músicos tan talentosos que tenía la orquesta y

por la sabrosura del repertorio que interpretábamos, que gozó del favoritismo del público bailador y comprador de discos.

Sumemos, además, que los músicos y cantantes que entraron a formar parte de la Orquesta de Neno González después de que yo me fui, los que te dije hace un rato, fueron todos instrumentistas y cantantes de valía, reconocidos por sus capacidades en el medio musical habanero de esa época, entre ellos, Orlando Contreras, nada menos. Con Orlando Contreras, después de que nos hicimos amigos en la radio, siempre teníamos el trato de tocayos; cada que nos saludábamos él me decía a mí «Tocayo, ¿cómo te va?» y yo le respondía a él «¿Qué tal, tocayo?, ¿cómo estás?».

JGR: *Ya me has contado, Orlando, que ustedes con la Orquesta de Neno González trabajaron durante una etapa en la radio, ahora te pregunto: ¿incursionaron en la televisión de esa época?*
OC: Nosotros fuimos en una oportunidad con la Orquesta de Neno González a los estudios de CMQ Televisión que estaban situados en el edificio de Radio Centro. Eso fue un domingo, nos presentamos en uno de los programas musicales, no recuerdo ahora en cuál de los canales de televisión de la empresa CMQ. La presentación fue quizás en 1957; bueno tal vez existan copias por ahí de nuestra actuación. En algún momento aparecerán si es que existen. Ya que la Orquesta de Neno estaba muy pegada en ese momento, por nuestros *hits* de aquel entonces como «Cara sucia», «La mora» y «Llegó el dulcerito», hicimos un programa de televisión que se llamaba *Fiesta en el aire*. Te decía que aquello fue un domingo, pero la fecha exacta no te la puedo precisar porque, ¡vaya!, he exprimido bastante la memoria, pero no creo que llegue hasta allá.

JGR: *¿Orlando, cuando optaste por retirarte de la Orquesta de Neno González, decidiste también alejarte por completo de la carrera musical para dedicarte a otra cosa?*
OC: Sí, ya te dije que yo seguí trabajando en la compañía de seguros. Después estuve trajinando un tiempo en la actividad comercial, pero no relacionada directamente con la carrera de Contador Público… Así estuve hasta no hace mucho tiempo.

JGR: *¿No tuviste nada más que ver con la música ni con las orquestas?*
OC: No, no de manera directa. Sí, iba siempre a los clubes sociales y a las cervecerías, pero en plan de aficionado y bailador. Siempre

fui a los bailables populares cada vez que tenía la posibilidad, ya que la madre de mis hijos fue buena bailadora, al igual diría yo, que lo somos casi la mayoría de los cubanos, entonces íbamos con cierta frecuencia a bailar con la Orquesta de Benny Moré, con el Conjunto de Chappottín y sus Estrellas y con la Orquesta Aragón.

JGR: *No te desvinculaste de la música; la seguiste de cerca, pero ya solo en plan de bailador.*

OC: Sí, siempre lo he sido y bueno, a veces uno no ha tenido el tiempo para dedicarse totalmente a la música, pero con frecuencia he estado oyéndola, siguiéndola de acuerdo con las posibilidades que he tenido, y disfrutándola.

En Cuba continué trabajando en múltiples actividades profesionales hasta que vine para acá para Miami.

JGR: *¿En qué año te estableciste en Miami?*

OC: En el 2001, hace catorce años. Vine con mis hijos Orlando y Alejandro.

JGR: *¿Aquí estás disfrutando del retiro laboral?*

OC: Sí, aunque te digo una cosa con total franqueza, yo hubiera querido seguir trabajando, porque estar dedicado solo a permanecer en la casa no es saludable.

No es buen plan estar tan desocupado, pero bueno, tengo la actividad radial con Eloy Cepero... En la radio me divierto y me entretengo, la paso muy bien al saber que el contenido que transmitimos por las ondas les llega a muchas personas y contribuye a entretenerlos y a ampliar sus conocimientos... Por fortuna, con Eloy Cepero tengo el programa radial de los sábados y también en La Poderosa Radio estoy haciendo un programa los domingos con Manny Portuondo, que se dedica a difundir la historia de la música cubana en el sur de la Florida.

JGR: *¿Te gustó siempre la radio?*

OC: Sí, y aún me gusta mucho; hubiera querido meterme más en la radio porque la radio tiene algo que me encanta y que la televisión no tiene, que es la inmediatez y el arraigo popular, una tradición en el corazón del pueblo, una historia, un recorrido. Inclusive, yo la televisión la disfruto, de la misma manera en que todos disfrutamos la televisión, pero realmente me gusta más la radio.

JGR: *Estimado Orlando, dos o tres preguntas finales, porque no quiero abusar de tu cansancio. ¿Quién era tu artista favorito en Cuba, en la época de juventud cuando te desempeñabas como vocalista de la Orquesta de Neno González, en los tiempos aquellos en que estabas en La Habana disfrutando la actividad social y asistías a las fiestas y a los bailables de las cervecerías?*

OC: El Inquieto Anacobero, Daniel Santos.

Yo era fanático de Daniel Santos. Incluso en la escuela los muchachos, mis compañeros de clase, me llegaron a decir el Inquieto Anacobero, porque en los ratos libres y en los descansos de la actividad escolar me ponía a cantar a voz en cuello en los pasillos del Colegio La Salle, tratando de imitar la forma esa en la que Daniel Santos engolaba la voz para cantar algunos de sus más famosos boleros, entre ellos: «Despedida», «Margie» y «Virgen de media noche».Todo lo que El Jefe hacía me gustaba mucho, con frecuencia lo seguía en cada una de sus actuaciones con el conjunto los Jóvenes del Cayo en los radioteatros de La Habana, de igual modo lo seguí a menudo en los tiempos en que estaba con la Sonora Matancera y tenía pegado el éxito «Vive como yo», porque me gustaba mucho el *estribillo ese que decía: «Vive como yo vivo/ para gozar La Habana/ de barra en barra/ de trago en trago».*

JGR: *En el difícil arte del bolero, un campo en el cual, en La Habana, durante los años cincuenta abundaban los grandes intérpretes, ¿quién era tu bolerista favorito?*

OC: Cuando yo era niño a mí me gustaba mucho Bienvenido Granda.

JGR: *Reconocido bolerista que trabajó durante varios años con la Sonora Matancera, especialmente en la etapa cubana de la agrupación yumurina, aunque también interactuaron juntos en México en ciertas ocaciones.*

OC: Antes de que se me olvide lo que te quería decir, déjame contarte que yo también fui fanático de la música de Dámaso Pérez Prado, cuando comenzó con el mambo en 1949.

Sus inicios fueron en Cuba y luego partió a México. Fue en México donde reventó la cosa del mambo. Pérez Prado hizo una buena parte de su exitosa carrera en México, y también llegó a ser un absoluto triunfador a lo largo y ancho de los Estados Unidos, sobre todo a comienzos de los años cincuenta. Después fue admirado en Europa, en Asia, incluso en África y en Oceanía, pero desde luego también en toda América Latina.

JGR: *¿Bailaste los mambos de Pérez Prado siguiendo el swing mexicano?*
OC: Sí, ¡cómo no! Después, en mi adolescencia y juventud, tuve varias preferencias, porque ya tú mismo lo dices, Jairo, en La Habana durante aquellos tiempos coexistieron a la vez figuras de la talla de Benny Moré, Olga Guillot, Elena Burke, Bola de Nieve, Moraima Secada, José Antonio Méndez y Fernando Albuerne, pero el bolerista cubano que más seguí en los años cincuenta y sesenta fue Roberto Faz.

JGR: *Roberto Faz se convirtió en un mito, pues se trataba de un bolerista estupendo, y también hay que recordar que fue guarachero y rumbero, con el Conjunto Casino —del que fue la figura más sobresaliente— y con su propio conjunto, fundado a mediados de los cincuenta.*
OC: Sí. Y fíjate, Jairo, que Roberto Faz antes de destacarse con el Conjunto Casino tuvo una etapa importante de actuaciones radiales y de presentaciones en bailables populares con el Conjunto Kubavana que dirigía Alberto Ruiz... ¡Y no te olvides que Alberto Ruiz cantando era igual de talentoso que Roberto Faz!

JGR: *Por supuesto que sí...* «¡Corta el bonche!» ... «Corta el bonche mi negrita, no más rumba en el solar».
OC: El bolero de Roberto Faz que siempre me viene a la memoria, cada que me pongo a pensar en los tiempos de gloria que vivió la música cubana, durante la década del cincuenta, es uno de la autoría de Cristóbal Doval, que era el contrabajista del Conjunto Casino; ese bolero Roberto Faz lo cantaba con frecuencia en sus presentaciones. Su título es «Comprensión».

JGR: *¿Cómo dice la letra?, ¿puedes por favor cantarlo estimado Orlando?*
OC: Claro que sí:

Comprensión
Letra y música: Cristóbal Doval
Intérprete: Orlando Collazo

Un algo se interpone
Para poder amarnos

No sé, no lo comprendo
Pero es la realidad

Me quieres y te quiero
Me adoras y te adoro
Pero a pesar de todo
Me debes de olvidar

Mi vida es diferente
Nada puedo brindarte
Te quiero con el alma
Pero no debo amar

Si no nos comprendemos
Para qué sufrir quimeras
Que solo nos amargan
La dicha de vivir

Para qué seguir viviendo
Si no puedes resignarte
Para qué seguir queriendo
Si jamás yo cambiaré

Es mejor que yo me vaya
Y se sufra la partida
Aunque estemos separados
Pero con felicidad

JGR: *Gracias, maestro, nada mejor para terminar nuestra entrevista que ese tema hermoso de la tradición del bolero cubano. Ya no te quito más tiempo. ¡Qué grata esta conversación contigo!*
OC: Como dije al comienzo, yo me he quedado asombrado, porque tú eres, Jairo, un verdadero estudioso de la música cubana. Conocerte aquí, en la Pequeña Habana ha sido una sorpresa extraordinaria y agradable. ¡Gracias a ti, por tu tiempo y tu paciencia para escuchar mis recuerdos!

JGR: *Ha sido un placer para mí, maestro.*

Al finalizar, Orlando Collazo, José Satizabal y este servidor, nos dirigimos en el auto hacia el cercano Versailles Restaurant, situado en el 3555 SW de la Calle Ocho. El atardecer moría con languidez y el sol teñía de rojo intenso las nubes en el horizonte, cuando nos situamos de pie ante la barra del establecimiento para tomar el último café, sin imaginar siquiera que sería también la última vez que volveríamos a vernos.

Con el cantante Orlando Collazo en la Pequeña Habana, Miami, 2015.
Foto: José Satizábal, archivo de Jairo Grijalba Ruiz.

Afuera, en la calle, los autos seguían circulando impasibles, uno tras otro, ajenos a nuestra conversación, mientras José apretaba de nuevo el obturador de su Nikon, fijando para siempre, en una instantánea, la expresión reflexiva y nostálgica de aquel viejo artista, cuya mirada se perdía insondable en la distancia.

A la memoria de Orlando Collazo Bertemati, La Habana, junio 23 de 1935, Miami-septiembre 10 del 2016.

EL AMOR SE ACABA

La historia de Osvaldo Rodríguez

A Arturo Del Monte, en agradecimiento por su invaluable colaboración para efectuar el presente reportaje.

*«Si sentimos que falta el coraje
Y la fuerza que antes nos acompañaba*

*Si no vamos del brazo a la calle
Del talle a la alcoba, del beso a la vida*

*El amor se acaba
El amor se puede acabar
El amor se acaba».*

Osvaldo Rodríguez, «El amor se acaba»

Miami Gardens, Florida. Verano del 2015

Osvaldo Rodríguez Vázquez, cantautor y guitarrista cubano, reside actualmente en Miami.

Su extensa carrera artística se desarrolló desde mediados de la década del sesenta en Cuba, en especial en La Habana, ciudad en la que Rodríguez Vázquez se formó como músico, integrándose enseguida al movimiento de los grupos musicales, los cuartetos vocales-instrumentales y los combos con los que se identificó la juventud cubana del mencionado decenio.

Su condición de invidente y su origen rural y humilde no fueron obstáculos de los que no pudiera sobreponerse en la infancia, por el contrario, se convirtieron en estímulos durante sus inicios como artista, en los años previos al advenimiento del castrismo.

A los ocho años de edad comenzó su promisoria carrera de compositor, a la par que se introdujo en el estudio y conocimiento de la guitarra, instrumento que lo ha caracterizado a lo largo de la vida, en cuyo aprendizaje jugó un papel determinante la profesora Deborah

Cabrera, personaje fundamental en la etapa formativa de Rodríguez Vázquez en el Instituto de Enseñanza de Marianao, situado en el área metropolitana de la capital cubana. Fue Deborah Cabrera quien lo encaminó en el estudio formal del instrumento, abriéndole al futuro músico las infinitas posibilidades de la guitarra clásica.

Enseguida Edilberto Hernández, un barbero del vecindario donde Rodríguez Vázquez vivía con su madre y su abuelo materno, se encargó de familiarizarlo con los secretos de la guitarra popular y los toques callejeros, en especial el de la guaracha.

Aunque su carrera ha sido la del rockero de los años sesenta, setenta y ochenta no hay duda de que Osvaldo Rodríguez —como se le conoce en el mundo artístico— es uno de los grandes cultores y renovadores del bolero y de la canción de amor.

En 1966 fundó, en la Escuela para Ciegos Abel Santamaría, el Cuarteto Voces del Trópico, y posteriormente, en la Isla de la Juventud durante 1968, el grupo Los 5U4.

Después de un tiempo decidió convertirse en cantante solista y figuró en los teatros más importantes, cabarets, arenas y estadios de su país, dejando para la posteridad en territorio cubano cinco discos de larga duración, incontables discos sencillos, al igual que una significativa cantidad de canciones grabadas en cintas magneto-fónicas y videos que testimonian su paso por la radio y la televisión.

Compositor de más de mil temas, decenas de sus canciones fueron exitosas dentro del interminable repertorio de la historia de la música cubana, sin embargo, fue el bolero «El amor se acaba» —universalizado a finales de la década del setenta por la legendaria cantante Elena Burke—, la pieza musical de su autoría que puso el nombre de Osvaldo Rodríguez en el foco de atención de la crítica mundial y del público en general, quienes desde entonces no han escatimado elogios a lo largo de más de cuatro décadas, brindándole sin ambages multitudinario reconocimiento al cantautor matancero.

En el transcurso de su vida en Cuba, Osvaldo Rodríguez ob-tuvo importantes premios como tributo a su obra, entre ellos, tres discos de oro, el más alto honor otorgado por la Empresa para las Grabaciones Musicales y Publicaciones Egrem y la Distinción por la Cultura Nacional.

Desarrollado en el mundillo de la música durante la llamada «Revolución Cubana», Osvaldo Rodríguez un buen día dejó de creer en el establecimiento totalitario que rige los destinos del pueblo cubano residente dentro de la isla, y se distanció de las directrices del partido único, permaneciendo por un tiempo en España, país en donde no obstante sus esfuerzos por establecerse y su condición de invidente, no consiguió hacer pie.

Vivía uno de los peores momentos de su vida en Barcelona, indocumentado y sin empleo, cuando de forma circunstancial, recibió de un admirador cubano afincado en Miami un contrato de trabajo para presentarse en los hoteles de la cadena Holiday Inn situados en el sur de la Florida.

Dejando atrás España, optó por establecerse en los Estados Unidos, fijando su residencia en la «Capital del Sol».

A punto de dar inicio a sus presentaciones y comenzar de manera triunfal su andadura en tierras estadounidenses, una amenaza de bomba contra las instalaciones del Hotel Holiday Inn situado entre las calles 20 y 21 en el South West de Miami, impidió que Rodríguez debutara en el país de la democracia y la libertad.

Eran días en extremo difíciles para los músicos cubanos que habían manifestado hasta última hora su fe en la revolución castrista, y que, pese a ello, por fin tomaron la decisión de desertar y se armaron de valor para solicitar la visa de residentes en los Estados Unidos. Estamos hablando de mediados de la década del noventa, época en la cual la correlación de fuerzas entre los exiliados cubanos de línea dura y el sector menos politizado y radical del exilio se inclinaba en beneficio de los primeros.

Desde entonces, Osvaldo Rodríguez recomenzó en los Estados Unidos una carrera artística no desprovista de altibajos y sinsabores, signada por condiciones muy diferentes a las que encontró en la Cuba prerrevolucionaria.

Arturo Del Monte, amigo entrañable y hombre prominente de la diáspora cubana en el sur de la Florida, se enteró de mi presencia en la ciudad y me introdujo en el mundo increíble, por momentos absurdo y la mayoría de las veces contradictorio y surrealista del fabuloso cantautor cubano, con quien lo ha unido una amistad de varios años, encargándose de los preparativos para concertar una cita con el gran artista, uno de los más valiosos y menos reconocidos compositores cubanos de la actualidad.

Un radiante día, durante el verano del 2015, después de casi dos meses de esperar la oportunidad, el fotógrafo colombiano José Satizabal y quien esto escribe, visitamos al maestro Osvaldo Rodríguez en su casa del North West en Miami Gardens, en horas de la tarde. En el portal de una espaciosa residencia situada en medio de espléndidos jardines bien cuidados, sombreada por frondosos árboles que me remitieron al trópico donde a menudo resido, nos recibió el mítico cantautor acompañado por su esposa y su suegra. Vestía una camiseta polo de color negro y llevaba jeans y mocasines. En el momento en que fuimos presentados supe de la jovialidad de su sonrisa y percibí la franqueza de su mano recia que estreché con cordialidad, sintiendo por un instante la rudeza de los dedos callosos y endurecidos por el ajetreo que desde la infancia este hombre ha mantenido con la guitarra de cuerdas de acero.

Los oscuros espejuelos cubrían sus ojos, protegiéndolos del torrente de luz que arrojaba el sol rojizo e implacable del verano, y le conferían un aspecto de turista permanente naufragando sin remedio en la amplitud de un campo de golf, entre tantos otros que abundan en el sur de la Florida. El hecho de que se hubiera rasurado el bigote y llevara el cabello, de intensa tonalidad mostaza, recortado con cuidado, en nada lo asemejaba con aquel irreverente rockero que en los años pretéritos ocupaba las portadas de las revistas y los diarios cubanos, españoles y japoneses, con frondoso e hirsuto mostacho, pobladas patillas y ensortijada y arisca melena.

La conversación que entablamos se entremezclaba con la exquisitez del café cubano preparado por su esposa Lupe y con unas cuantas, de sus grabaciones discográficas, y nos condujo, sin rumbo predeterminado, por un tremedal de recuerdos, asomándonos a los abismos de la memoria, surcando sin rodeos las sorprendentes rutas que han constituido el mapa de su vida artística, a lo largo de cincuenta años de azarosa carrera arriba de los escenarios del mundo.

El texto que sigue a continuación transcribe en lo esencial el contenido de nuestra charla.

El reportaje

JGR: *Estamos en la casa del maestro Osvaldo Rodríguez, compositor, cantante y guitarrista cubano. Gracias, maestro, por recibirnos. Nos encontramos en compañía de José Satizabal, periodista y fotógrafo colombiano. Estaba hablándonos, maestro, de la anécdota con Elena Burke relacionada con su composición «El amor se acaba».*
OR: Bueno, generalmente el autor siempre piensa en un intérprete para que este cante una canción.

JGR: *Sí eso es verdad.*

OR: En todo caso, esto era algo que, en Cuba, vamos a decir, se recibía con halago cuando un intérprete te decía: «Bueno maestro yo quisiera cantar esta canción, quisiera que usted me dé permiso», y claro, uno se siente contento cuando la persona se lo dice. En ese orden de ideas, a mí me sorprendió lo que sucedió con Elena Burke, porque resulta que yo estaba en mi casa de La Habana escuchando un domingo cualquiera un programa de corte folklórico, dedicado a la música campesina, el cual emitían a las 7:00 de la noche. El programa se llamaba *Palmas y Cañas.* De repente me llama mi suegra... Ella estaba conmigo sintonizando aquel programa, ya que a mi suegra le gustaba mucho ese tipo de música de estirpe campesina. Mi suegra es la señora que usted conoció al llegar a mi casa en Miami. ¡Todavía vive, gracias a Dios! Así que ese día estaba yo cerca de ella y me quedé para escuchar el programa, el cual de vez en cuando yo también solía sintonizar.

JGR: *¿A través de cuál emisora lo transmitían?*
OR: Era en el canal 6 de la televisión...

225

JGR: *¡Ah! ¡Okey!*
OR: Yo me puse de pie en algún momento para hacer una gestión dentro de la casa; fui a uno de los cuartos, y de pronto mi suegra me dice: «Osvaldo, Osvaldo ven acá apúrate, apúrate», y entonces cuando yo llegué al lado de donde la madre de mi esposa se encontraba, oigo que Elena Burke estaba cantando «El amor se acaba».

JGR: *¡Caramba! Elena ya había incorporado aquel bolero a su extenso y exquisito repertorio.*
OR: Ella había tomado mi canción por su cuenta. A Elena le gustaba esa canción y bueno, pues decidió interpretarla en aquella ocasión especial.

JGR: *¿Maestro, usted recuerda en que época ocurrió este episodio tan particular?*
OR: Eso fue a finales de los setenta.

JGR: *¿Usted compuso «El amor se acaba» en ese tiempo?*
OR: Yo la compuse en diciembre de 1976, pero se dio a conocer en septiembre de 1977. El episodio que le cuento, cuando Elena Burke

interpretó mi canción en la televisión cubana debió ocurrir quizás como un par de años después o un año y medio después.

JGR: *¿Estaba Elena Burke cantando la canción en la televisión cubana con su guitarrista de aquella época Froilán Amézaga, o ya había sido reemplazado por Tomás Martínez Agete?*
OR: ¡Froilán Amézaga era tremendo guitarrista! Se lo digo yo que soy guitarrista... Elena estaba con Froilán en ese justo momento.

JGR: *Figúrese, maestro Osvaldo, que cuando Elena fue a Nueva York en diciembre de 1978, para la mítica presentación que realizó en el Lincoln Center (contratada por René López) no la acompañó Froilán. Ella lo sustituyó por Tomás Martínez Agete, un guitarrista estupendo, tan talentoso como Froilán Amézaga; ya que este último no se encontraba disponible en ese momento para la gira por los Estados Unidos. Elena dijo durante el recital que Froilán no había podido ir: «Pero el que traje es muy bueno», manifestó. Lo afirmó en serio, pero expresándolo de una manera jocosa, porque ella siempre hacía bromas..., su forma de hablar era picante, y cada dos por tres salía con una frase pícara, de doble sentido.*

226 *¿Maestro, cuál fue su reacción en el momento en el que ElenaBurke estaba interpretando su canción en la televisión cubana? ¿Cómo reaccionó ante tamaño acontecimiento?*
OR: Fue una sorpresa ligada con alegría, porque para mí se trató de un regalo de la vida, de un regalo del destino, que Elena en esa noche cantara mi canción; por eso es que, a veces, uno no comprende cómo hay autores que bueno —los hay yo no voy a mencionar nombres—, pero hay autores que se ponen furiosos en circunstancias como esa. También hay una cosa, y es que nosotros en Cuba desconocíamos en aquel entonces que el autor tenía que dar un permiso, lo que le llamaban una «licencia mecánica» para que se pudiera divulgar la obra, y nosotros no sabíamos eso, ignorábamos ese aspecto.

JGR: *Osvaldo, en ese momento en que Elena Burke canta su composición «El amor se acaba» en la televisión cubana, ¿usted ya la había registrado en la oficina de derechos de autor?*
OR: Sí, yo la registré en el Cenda.[39] Yo tenía la costumbre de registrar todas mis obras allá en el Cenda, en la Sociedad de Autores, como la conocíamos nosotros, donde se registraba la propiedad intelectual.

[39.] Centro Nacional de Derecho de Autor de Cuba, organismo estatal con sede en la ciudad de La Habana.

JGR: *Haciendo un paréntesis de carácter biográfico, antes de continuar con la historia de su aplaudida canción «El amor se acaba», díganos, por favor, maestro, usted cuándo nació y en qué lugar de Cuba.*
OR: Okey, yo nací el 9 de junio de 1949 en Los Arabos; Los Arabos es un pueblo que, vamos a decir, casi no aparece en el mapa porque es un pueblo que está por la Carretera Central, después del pueblo de Colón, que es el pueblo más grande de esa zona, yo diría que de los más importantes de esa región geográfica en la provincia de Matanzas. A 22 kilómetros de Colón está el pueblo de Los Arabos, yo nací en el campo, soy de origen humilde.

JGR: *Al igual que Arsenio Rodríguez, que nació en Matanzas..., en el campo.*
OR: ¡Ah, bueno, pues mire usted, qué coinciden- cia! ¡Y Rodríguez también de apellido!

JGR: *¿Tiene algún parentesco con Arsenio?*
OR: No que yo sepa.

JGR: *¿Sus padres cómo se llamaban?*
OR: Bueno, mi madre se llamaba Adelina Vázquez y mi padre se llamaba Israel Rodríguez, ya fallecidos los dos.

JGR: *¿Vivieron en Cuba toda su vida?*
OR: Sí, sí, ellos vivieron en Cuba.

JGR: *¿Su padre también era matancero?*
OR: Matancero también; yo viví más bien al lado de mi madre porque mi madre y mi padre se divorciaron, entones después estuve cinco años viviendo en el pueblo de Los Arabos, pero a mi abuelo materno le hablaron de que en La Habana había en aquel entonces una escuela de enseñanza especial para ciegos.
Tuve la fortuna de que mi abuelo materno recibió información sobre la existencia en la ciudad de La Habana de la escuela, la cual acabo de mencionar. Aquella institución educativa fue fundada por Don Manuel Varona Suárez. Era la única escuela especial para ciegos que existía en nuestro país y estudié allí a partir de 1954, cuando tenía cinco años, hasta 1966. En determinados momentos lo pasé muy mal porque yo procedía del campo, no tenía prácticamente ninguna noción real de lo que significaba vivir en la ciudad de La Habana.

227

JGR: *¿Usted nació invidente, estimado maestro Osvaldo?*

OR: Sí, sí, yo nací invidente…, entonces mi madre y mi abuelo hicieron la gestión para que yo fuera a la escuela en La Habana, y ahí fui con carácter de interno como le decían en Cuba; yo fui becado; estuve por espacio de doce años en esa escuela.

El día que se iniciaron las clases en aquella institución, mi madre me llevó de la mano hasta el salón, pero enseguida se retiró del plantel educativo sin que yo lo notara, puesto que ella sabía que cuando yo me diera cuenta de su ausencia me pondría a llorar. Fue sin lugar a dudas, el día más triste de mi vida, sin embargo, hasta ahora estoy agradecido con mi madre, con mi abuelo materno y con los maestros de la escuela, quienes desde entonces me señalaron el camino que debía comenzar a andar.

JGR: *¿En la escuela mencionada usted fue matriculado para cursar toda la primaria y la secundaria?*

OR: No, para hacer la primaria y parte de la secundaria.

JGR: *¿La escuela tenía algo que ver con la música?*

OR: Bueno, en realidad la escuela no tenía que ver con la música de forma directa porque en esa escuela se impartía la enseñanza elemental, la que se les da a todos los niños, pero también se daban clases de música. Una escuela que llenaba los espacios en la mañana y en la tarde. En la mañana se daban las materias básicas y en la tarde se daban materias como arte manual, música y corte y costura, esta última para las niñas. Las clases, vamos a decir, eran complementarias, y desde luego yo las tomé.

Escuchaba música desde pequeño. En la escuela teníamos una profesora que nos tocaba el piano; muchas veces nos tocaba obras de Ernesto Lecuona… ¡Qué recuerdos! ¿No?, y entonces bueno…, por ahí empezamos. Pero en la escuela determinaron —para aquellos que estuviésemos interesados— instituir la música como enseñanza, orientada a los niños que quisieran tomar clases, entonces yo tomé solfeo y teoría, en los primeros años, con el profesor Fausto de Armas, ya fallecido.

Es lo que le puedo decir, allí hice mi enseñanza primaria y parte de la secundaria. El resto de la enseñanza secundaria la fui a dar, después, en una escuela normal para personas videntes, ya en la calle. Porque en mi anterior escuela hubo una reestructuración con relación a la cantidad de alumnos que podían estar en aquel plantel.

228

Había un impedimento por mi edad. La escuela pasó a ser para niños de más temprana edad, más o menos de la misma edad que yo tenía cuando ingresé al inicio. En la escuela secundaria pasé mil trabajos, en especial al comienzo porque el sistema Braille era más lento que el sistema de la escritura normal con el lápiz y la libreta, por fortuna tuve buenos amigos que me ayudaron.

Lo cierto fue que, por circunstancias de la vida, no terminé mis estudios secundarios. Yo fui hasta el octavo grado completo y enseguida comencé a trabajar en la música, ya que era mi interés entrar a trabajar en la música.

JGR: *¿Es ese el momento en el que usted comienza su carrera como músico profesional?*

OR: Sí, en ese momento; bueno, mi interés marcado era desde siempre, desde pequeño, desde que yo tengo uso de razón…, al respecto el más reciente CD que produje le puede dar una muestra también de eso. Yo era músico desde niño. En mis tiempos libres, lo que me gustaba hacer era oír música, escuchar la radio. Ese era mi *hobby* y aparte bueno, cantar… Yo cantaba en la escuela todos los días en los horarios cercanos al almuerzo y a la cena, después de la cena, nos sentábamos los niños en el patio… Unos estaban jugando…, yo estaba cantando… Mucha gente me escuchaba, me escuchaban los alumnos de otros grados superiores en la escuela.

JGR: *¿Fue entonces de gran importancia el apoyo que recibió por los estamentos escolares, es decir, por los estudiantes, profesores y directivos?*
OR: Sí, los empleados de la escuela también me escuchaban seguido.

JGR: *¿En qué lugar de La Habana estaba la escuela?*
OR: Nuestra escuela estaba en la Calle 8, número 4105, entre 41 y 43, a una cuadra del Cine Lido.

JGR: *¿Esa dirección dónde está situada?*
OR: En Marianao.

JGR: *Marianao en determinado momento se extendió hacia las vecindades de la ciudad de La Habana, por su crecimiento, desarrollo y pujanza, pese a que en verdad en los comienzos era un municipio de la provincia de La Habana, situado a cierta distancia de la ciudad, en el área metropolitana de la capital del país.*

OR: Se pegó a La Habana, porque era un municipio un poquito alejado de la capital y se fue pegando por el desarrollo urbano.

JGR: *Porque Marianao tiene incluso algunas zonas rurarles, como decimos nosotros los colombianos, como la parte del antiguo Central Toledo.*
OR: En efecto, usted tiene buen conocimiento, porque la ciudad de La Habana como tal estaba alejada de Marianao, dicho municipio se encontraba más o menos a 13 kilómetros al suroeste de la capital del país.

JGR: *Incluso, Marianao tenía una zona de playas y un casino muy popular, el Summer Casino de Marianao. Fue el nombre de este casino el que utilizaron Guillermo Portela, Miguelito Valdés, Anselmo Sacasas y los demás integrantes de la Orquesta Casino de la Playa para darle nombre a esa reconocida agrupación a mediados de los años treinta.*
OR: Sí, en ese sector estaba también Almendares; posteriormente con el crecimiento de la ciudad de La Habana hacia el suroeste y con la gradual y progresiva extensión de Marianao hacia la capital, lo que hicieron fue dividir a Marianao y surgieron dos municipios más, derivados de Marianao: Municipio Playa y Municipio La Lisa.

230

JGR: *Desde entonces, el área geográfica de Marianao fue reducida de forma drástica, las autoridades de la isla lo recortaron, hasta dejarlo irreconocible.*
OR: Sí, de aquel recorte una parte se la dieron a Boyeros... Esa parte de atrás de lo que es la Universidad, era también de Marianao y se la asignaron a Boyeros.

JGR: *¿Usted vivía cerca de la escuela, maestro?*
OR: No, yo vivía en principio bastante lejos, yo vivía en La Habana Nueva, en el barrio San Leopoldo, en la calle San Nicolás, entre Ánimas y Virtudes. Viví desde el año 1957, en esa barriada.

JGR: El barrio fue mencionado por Arsenio Rodríguez en un guaguancó, en el que nombra diferentes barrios de ese sector popular de la capital cubana como Atarés, El Pilar, San Leopoldo y Pueblo Nuevo.
OR: ¡Sí, cómo no!, esos eran los barrios de aquella región que colindaba con lo que es la Habana Vieja. Esto estaba al oeste de la Habana Vieja y bueno, ese fue mi lugar de residencia por dieciséis años. Los fines de semana, cuando quedaba libre de la escuela, iba a mi casa a pasar el fin de semana, yo era semi-interno ya en aquel momento.

JGR: *¿Ya estaba en su adolescencia?*

OR: Sí, incluso yo fui de los muchachos que aprendió a moverse solo bastante temprano. Cuando tenía doce años ya andaba en la calle con mi bastón, porque mi madre tuvo una situación familiar que determinó que ella no siempre me pudiera recoger en la escuela, entonces ella dio una carta de salida para que yo pudiera ir y virar de la escuela. Para que pudiera desempeñarme solo; además, ella tenía confianza en mí porque yo conocía todos los caminos de aquellos lugares por donde era necesario movilizarme para mis actividades cotidianas. Siempre fui investigador de los recorridos de las rutas, como decimos nosotros, de la guagua.

La primera ruta en la que viajé solo fue la ruta de la guagua 88, desde Maternidad Obrera, con mi primer bastón de guayabo.

JGR: *Nosotros les decimos buses en Colombia.*

OR: Yo conocía todas las rutas y tenía el camino de Marianao hacia La Habana metropolitana como un mapa en mi cabeza. Sabía cuándo estaba próximo a llegar a mi casa por el sonido de la ruta, y bueno, así de esa forma fue que transcurrió parte de mi adolescencia.

231

JGR: *¿Para esa época usted pensaba que había progresado en el dominio de la guitarra y el piano?*

OR: Sí…, hablemos un poco de eso…, una de las cosas buenas que pasó en la escuela fue que se creó la plaza de profesor de guitarra, entonces se pidió a aquellas personas que quisieran dar clases que se inscribieran. Bueno, yo me apunté, por supuesto. Entonces di clases de guitarra con la profesora ya fallecida Deborah Cabrera, que fue mi primera maestra.[40] Tuve también otro maestro que me enseñó la maldad de la calle en la guitarra, quien también ya falleció, el señor Edilberto Hernández, que era el barbero de la barbería que estaba frente a mi casa. Él, además de ser barbero, tocaba la guitarra y me enseñó a hacer toques como el toque de la guaracha; el rayado ese de la guaracha me lo enseñó él. Porque la profesora daba clases, vamos a decir, de música clásica.

JGR: *¿Esto quiere decir que usted, simultáneamente con la guitarra popular del folklore cubano, tomó lecciones de guitarra clásica española?*

[40.] Dar clases en el habla popular del cubano es equivalente en Colombia y otros lugares de América latina a «asistir a clases».

OR: Sí. También la profesora Deborah Cabrera nos daba algo del folklore cubano, pero se insistía mucho en lo que eran los preludios, vamos a decir, la música clásica.

JGR: *Aquellas enseñanzas de la guitarra clásica le debieron haber servido a usted para sus armonizaciones.*
OR: Por supuesto, todo eso me sirvió.

JGR: *Para su progresión armónica posterior.*
OR: Por supuesto, aquella etapa de mi infancia y adolescencia fue fundamental en mi educación musical y en mi formación como artista y como ser humano.

JGR: *Por lo que veo usted tiene una sólida formación clásica.*
OR: Sí, lo que pasa es que yo presentía que no iba a ser un guitarrista clásico... Hoy en día me gusta más la música clásica de lo que me gustaba en esa época.

JGR: *Usted quería inclinarse más hacia la música popular. Me imagino que le tocó la época ya tardía del movimiento del filin y el comienzo de la nueva trova cubana, que estaba surgiendo.*
OR: La nueva trova cubana la viví completa porque surgió en los años cuando yo comencé en la música. Soy contemporáneo de Pablo Milanés, de Silvio Rodríguez, Amaury Pérez, Noel Nicola, Vicente Feliú, Eduardo Ramos y Augusto Blanca, aunque soy un poco más joven que Silvio y que Pablo, pero no mucho tampoco. Yo también me consideraba trovador, pero no estaba vinculado de forma directa al movimiento de la nueva trova cubana como tal.

JGR: *Hizo un camino paralelo al camino de los nuevos trovadores, pero divergente al mismo tiempo, valga la acotación.*
OR: Incluso, yo me moví en el mundo de los grupos musicales, por llamarle de alguna manera, de música pop de Cuba, pero hacía mi trabajo paralelo como trovador. Eso siempre lo tuve en cuenta, porque así me nacían a mí las canciones. Yo usaba la guitarra para armonizar y para escribir mis canciones.

JGR: *Usted ha compuesto decenas..., centenares de canciones, pero ¿cuál fue su primera composición seria, ya con la estructura de una canción?*

OR: Bueno yo empecé a hacer canciones en mi infancia…, en aquel momento las consideré serias y hoy las considero menos que nada…, casi nada, pero bueno, cuando yo empecé a componer no conocía nada de la guitarra o sea que componía de forma autodidacta.

JGR: *De modo intuitivo.*
OR: Sí, de manera intuitiva, y solo me basaba en la melodía que tenía en la cabeza en ese momento.

JGR: *¿Tocaba el piano en aquel tiempo?*
OR: No. La verdad es que no. Le voy a decir lo siguiente: yo le pasaba la mano al piano, pero nunca lo quise asumir para convertirlo en mi instrumento favorito, di, si acaso, un año de piano…, no llegó a ser ni siquiera un piano complementario… Vamos a decir que la guitarra fue mi instrumento. A mí la guitarra me cautivó, para mí la guitarra es el instrumento más cautivador que existe…, yo consideré siempre que era mi medio de expresión, más que el piano.

JGR: *Y le dedicó muchas más horas.*
OR: Le he dedicado mucho más tiempo, excepto en el más re- 233
ciente CD que produje hace pocos meses, que no le dediqué ningún tiempo a la guitarra; me salí un poco del patrón habitual de mi música…, de eso hablaremos después, pero por lo general la guitarra ha sido mi instrumento por excelencia.

JGR: *En esa época de infancia fue que compuso su primera canción.*
OR: Vamos a decir que mi primera canción… Yo compuse una canción cuando tenía ocho años, y esa canción era una ranchera mexicana, pero una ranchera en 2 por 4, no en 3 por 4, o sea, era una ranchera romántica más bien. La compuse jugando a que estaba oyendo la radio y cambiando de emisora.

JGR: *Con un tempo un poco más lento.*
OR: Más lento sí…, entonces cuando tuve la guitarra me fue fácil armonizar la canción porque tenía intuición también para armonizar. De mis años de infancia puedo recordar que cantaba en la escuela algunas canciones de Pedro Infante, de Jorge Negrete, de Amalia Mendoza y de Antonio Aguilar, entre ellas «México lindo y querido». Por aquel tiempo escuchaba con atención la música popular de la radio. Ese *hobby* me permitió tomar contacto con las canciones del

gigante de gigantes de la música cubana Benny Moré, a quien apodaban el Bárbaro del Ritmo. En tal sentido me dolía regresar de vez en cuando al campo, al pueblo de Los Arabos, porque no había radio. Nunca asumí la invidencia como un impedimento. Si lo hubiera hecho no habría llegado hasta donde he llegado. Cuando niño mi aspiración era oírme a través de la radio. Soñaba con que algún día yo pudiera escuchar mi voz en la radio.

JGR: *¿Cómo obtuvo su primera guitarra? ¿Quién se la compró?*
OR: Mi madre… En la escuela había guitarras, y claro, como había guitarras para practicar en la escuela, el problema era cuando tenía que ir para mi casa, que no podía practicar y le caía a mi madre con la cosa de que yo quería una guitarra, que yo quería una guitarra, y ella me compró una guitarra; yo le diría que una guitarra corriente, comprada en una casa que se llamaba la Casa Rubal, la cual estaba, si mal no recuerdo, por la calle Neptuno.

JGR: *En Centro Habana.*
OR: Sí, en el sector de San Rafael y Neptuno…, creo que era en San Rafael o San Miguel, no recuerdo muy bien ahora, pero era por los alrededores de una de esas tres calles, pudo haber sido Neptuno. Bueno, la historia es que cuando yo vi la primera guitarra, por cierto, esta es otra anécdota…, en la escuela estudiábamos siempre con las cuerdas de nailon. Esas cuerdas son las ideales para tocar la música clásica, sobre todo en aquellos tiempos, y además el nailon es mucho más suave.

JGR: *Para las yemas de los dedos.*
OR: Claro, y mi madre que desconocía todo eso, me compró una guitarra que tenía cuerdas de acero.

JGR: *Es oportuno precisar que las cuerdas de acero lastiman los dedos del guitarrista principiante, mientras este se habitúa a la dureza de su superficie, pero además al ser tañidas emiten un sonido muy diferente a las cuerdas de nailon.*
OR: Cuando yo sentí aquel sonido, aquel sonido me impactó: yo no he dejado nunca de tocar la guitarra de cuerdas de acero. Es más, tengo guitarras también de cuerdas de nailon para cosas específicas, pero yo me identifiqué con el sonido de las cuerdas de acero. Lo que me costó mayor trabajo fue adaptar mis dedos, porque perdía

pedazos de uña, se me hacían callos y heridas en los dedos al principio. Después los dedos se me pusieron de palo, como digo yo, porque ya no sufría, pero si sufrí mucho al comienzo; sin embargo, este era un sufrimiento que yo agradecía porque me gustaba el sonido del acero. Siempre me gustó.

Me gusta el sonido de las cuerdas de acero hasta para acompañarme; incluso en ese aspecto me diferencio completamente de los demás trovadores cubanos de aquella época.

JGR: *Los trovadores cubanos, en general, suelen usar la guitarra acústica con las cuerdas de nailon.*
OR: Sí, usan mucho la cuerda de nailon. Yo uso la guitarra acústica también, pero con el encordado de acero. Recuerdo con alegría que uno de los músicos más importantes del movimiento del filin, a quien le gustaba mucho tocar la guitarra con las cuerdas de acero, era el maestro José Antonio Méndez, que fue uno de mis mejores amigos en La Habana.

JGR: *The King. José Antonio Méndez fue uno de los más grandes personajes del movimiento del filin, compositor y cantante fenomenal... No sé si usted recuerda, maestro, la formidable semblanza que sobre él escribió la periodista Mayra A. Martínez en el libro titulado* Cubanos en la música.

235

OR: Claro que sí, la periodista de la sección de música de la revista *Revolución y Cultura*, por supuesto que la recuerdo.

JGR: *Volviendo al tema de las guitarras, he visto videos suyos, donde también está tocando la guitarra eléctrica: ¿En qué momento asume la guitarra eléctrica?, ¿tal vez en la época del grupo de Los 5U4?*
OR: Incluso hasta un poquito antes del grupo de Los 5U4, porque la guitarra eléctrica era como lo que identificaba a los grupos musicales; lo que en Cuba se llamaba combo, que venía de la palabra inglesa *combination*.

JGR: *¿Estamos hablando de los años sesenta, aún?*
OR: Sí, de finales de los años sesenta, yo diría que esto ocurrió hacia el año 1966, cuando comencé con el cuarteto vocal instrumental Voces del Trópico, teníamos dos guitarras acústicas (quizás sea este el nombre técnico para denominarlas) y cuatro voces.

Pero esto tiene que ver también con los años de mi infancia, le voy a explicar por qué: desde que era niño yo aspiraba a escuchar mi voz por intermedio de la radio. Soñaba con el día en el cual pudiera oír mi voz en una emisora de radio. Ese era mi mayor anhelo en cuanto tomé conciencia de mi vocación artística. En la medida en que el tiempo iba pasando, mis sueños se convirtieron en realidad. No obstante, lo paradójico del asunto fue que la primera vez que realicé una grabación me sorprendió escuchar mi propia voz. Parece que eso mismo les ha ocurrido a todos los cantantes…, yo me preguntaba: «¿Esa en verdad es mi voz?».

Además, esto tiene que ver con lo que luego me pasó cuando teníamos el cuarteto Voces del Trópico: la primera canción mía que cobró una presencia importante en la radio no la interpreté yo con mi propia voz, siendo que en aquel tiempo era el director del cuarteto…, esto ocurrió porque decidimos de mutuo acuerdo dejar recaer esa responsabilidad en las cantantes Bertica Ripes, fallecida hace unos años, y Amelia Delgado González.

El cuarteto Voces del Trópico en La Habana. La fotografía fue tomada el 8 de marzo de 1967. Fueron el antecedente directo del grupo Los 5U4. De izquierda a derecha: Osvaldo Rodríguez, director, voz y guitarra; Bertica Ripes, voz; Amelia Delgado, voz, y Leonardo El Gallego Fernández, voz y guitarra. Colección de Gladys Palmera.

JGR: *En ese momento estaban de moda los cuartetos y quintetos vocales instrumentales, por ejemplo, Los Zafiros se encontraban en su apogeo.*
OR: Todo aquello estaba como decimos nosotros, junto; se estaba oyendo.

JGR: *Los Zafiros en su momento fueron considerados el grupo vocal-instrumental más prestigioso de la década del sesenta en Cuba. Fue un grupo que surgió en el barrio de Cayo Hueso en 1961. Lo conformaban Eduardo Elio El Chino Hernández, Ignacio Nacho Elejalde, Leoncio Kike Murúa y Miguel Miguelito Cancio, quien hoy en día reside en Miami. Miguelito es el único que está aún con vida de los cuatro integrantes originales. En la plenitud de su momento de gloria los miembros del grupo no solo realizaron grabaciones inmortales, sino que también efectuaron giras por Europa y otros lugares del mundo. Durante las diferentes etapas de desarrollo de su quehacer como grupo tuvieron guitarristas eléctricos de valía, comenzando por Oscar Aguirre, en la etapa de formación del grupo, quien además fue su director musical, más tarde sustituido por otro guitarrista estupendo, me refiero al maestro Manuel Galbán.*

OR: Sí, Manuel Galbán (ya fallecido) fue considerado otro buen guitarrista, porque era un guitarrista que tenía las facultades de tocar digamos…, él se movía mucho en los bordones, o sea, en las cuerdas graves y hacía un sonido completo ya que usted escuchaba al mismo tiempo el bajo y el acompañamiento. Sobre Oscar Aguirre, quisiera agregar que fue un compositor, cantante y guitarrista exitoso, quien alcanzó el reconocimiento en Cuba antes de establecerse en los Estados Unidos, país en el que se cambió el nombre artístico y se puso Oscar de Fontana.

237

JGR: *Cuando Galbán tocaba la guitarra, el público podía apreciar la riqueza de sus armonizaciones, porque creaba una atmósfera de ensueño, aquel ambiente evocador y nostálgico que lo caracterizaba, en especial en los boleros. Aunque fue al mismo tiempo dueño de un estilo rítmico excepcional, sobre todo cuando atacaba los calipsos y las guarachas, o en los momentos en los que los cuatro cantantes decidían darse un paseo por el territorio sensual de la bossa nova, que llegó a estar de moda no solo en Cuba, sino también en el mundo entero. Acuérdese además, maestro Osvaldo, que los cuatro integrantes de aquel grupo, que a mi juicio no tuvo parangón en la historia de la música cubana, lo mismo le metían mano a un guaguancó que a un chachachá, ya que Los Zafiros además de que fueron excepcionales exponentes en el ambiente de los boleros y las baladas, tenían canciones estilo filin y un vasto repertorio de temas ritmáticos que constituían*

un desafío para sus habituales acompañantes, entre quienes destaca-
ban El Chori, Tata Güines, Cachaito y el baterista Bernardo García.

OR: Sí, Los Zafiros durante toda la década del sesenta se convirtieron en el paradigma del movimiento de los combos y de los grupos
vocales instrumentales… Yo, por eso, discuto con argumentos de
peso aquella afirmación temeraria que dice que la música cubana
de la década del sesenta sufrió un proceso de estancamiento, aseveración que a mi juicio carece de fundamento ya que en verdad
la música bailable de los sesenta en Cuba, y en general nuestra
música popular, evolucionó hacia diversas direcciones, las cuales,
sin embargo, en mi concepto deberían ser estudiadas más a fondo
y mejor comprendidas. Esto me lleva, Jairo, a valorar el interés de
personas que al igual que usted, se han dedicado a profundizar
en el estudio del desarrollo de nuestra música popular, yendo un
poco más allá del terreno de lo superficial, que, por lo general, es
similar a un espejismo… Se me antoja pensar que, por tratarse de
un espejismo, el espejismo de la superficialidad, no les ha permitido,
a los más conspicuos voceros de un sector muy respetable de la
238 crítica, ver las cosas más a fondo, tal y como en verdad sucedieron,
dada la complejidad y riqueza de la escena musical habanera de
aquella década, un tanto desconocida para una parte del público,
a consecuencia del bloqueo a Cuba.

JGR: *Maestro Osvaldo, retornemos al momento previo a la con-*
formación del grupo Los 5U4, y a la forma en que, durante aquel
tiempo, usted asume la guitarra eléctrica.
OR: Muy bien, yo le decía que cuando estábamos todavía con
el cuarteto de Voces del Trópico, vamos a decir que necesi-
tábamos el sonido de la guitarra eléctrica, porque era lo que
más se escuchaba en aquellos momentos.

JGR: *¿Maestro, al mismo tiempo que usted se desarrolla en los roles*
de guitarrista y compositor, también incursiona en plan de cantante?
OR: Canté siempre desde niño, pero dejé un poco de asumir el canto
cuando el cambio de voz. Cuando pasé de la niñez a la adolescencia,
que la voz se me empezó a engrosar, no me sentía bien. Pensaba
que mi voz era fea, y bueno, cuando empezamos a conformar el
cuarteto vocal no era mi responsabilidad ser solista en ese cuarteto,
yo más bien trabajaba en las voces, hacía la cuarta voz.

Vamos a decir, ni barítono ni bajo. No era bajo porque yo no había acabado de cambiar la voz y cuando cantaba se me oía como el zumbido de un pequeño abejón. Lo cierto fue que, después de algún tiempo de estar trabajando con el cuarteto Voces del Trópico, yo hacía la cuarta voz, aunque en cierta ocasión, actuando de relleno dentro de nuestro extenso repertorio, canté un par de canciones siendo el solista del grupo.

JGR: *¿Esta situación lo estimuló para que en el inmediato futuro tomara la decisión de convertirse en cantante solista, a partir del momento de la fundación del grupo Los 5U4?*

OR: Sí, me decidí a actuar en calidad de solista, pero todavía era integrante del cuarteto Voces del Trópico, cuando la canción en sí requería que fuera cantada por un solista llevando la voz prima para darle un acento nuevo a las letras y eso, lo cual hice de forma muy excepcional.

Pero cuando fundamos el grupo Los 5U4, en 1968, comencé a hacer la voz que le daba timbre al grupo, aunque también compartíamos esa responsabilidad con la cantante Bertica Ripes. Ella, en la primera voz femenina, y yo, en la voz masculina.

239

JGR: *Recuerdo que Bertica Ripes cantaba y tocaba también la guitarra en el grupo Los 5U4.*

OR: Sí, Bertica era una artista versátil y creativa que cantaba muy bien, tenía una voz estupenda y tocaba la guitarra en el grupo.

JGR: *Ahora que lo pienso, estaba recordando haber visto a finales de los años setenta y comienzos de los años ochenta videos que recogían las presentaciones del grupo Los 5U4 en diversos conciertos realizados en Cuba.*

OR: Alguno de esos videos corresponde a una presentación que hicimos en el multitudinario Festival de Varadero de 1981. El asunto es que ya para esa época yo tenía un trabajo paralelo en calidad de solista, y en ese orden de ideas me presenté en el Festival Yamaha de Japón, y claro, yo pertenecía al grupo también, puesto que era el director de Los 5U4.

Antes de irme para Japón dejé montada la canción para presentarnos en el Festival de Varadero con Los 5U4.

Esa misma canción la canté en Japón como solista en el Festival Yamaha, acompañado por una magnífica orquesta conformada por estupendos músicos nipones, pero debo aclarar que lo hice en mi calidad de cantante solista; por eso le decía que, a la par con mi papel de director de Los 5U4, trabajé también como cantante solista. En Cuba, durante el desarrollo de mi carrera artística, Los 5U4 se constituyeron en mi grupo básico, en mi grupo principal. Entonces ellos me acompañaron. Con ellos hicimos la versión de la canción «Digamos qué más da», la cual es una de las canciones del repertorio del grupo que figura en los videos del Festival Varadero 1981.

JGR: *Osvaldo, me encantaría que usted me cuente un poco más en detalle la historia del grupo Los 5U4.*

OR: Los 5U4 se formaron porque le cambiamos el nombre al cuarteto Voces del Trópico, con quienes veníamos trabajando desde 1966. En octubre de 1968, ya con el nombre de Los 5U4, hicimos nuestro debut en el Teatro Victoria que estaba situado en la Isla de la Juventud (antigua Isla de Pinos). En aquel momento el anuncio del recital mencionó que este iba a estar compuesto por dos partes. En la primera parte estaba prevista la actuación del ya conocido cuarteto Voces del Trópico y en la segunda parte, el cartel mencionaba la presencia del grupo Los 5U4. El público asistente se quedó sorprendido, ya que, en efecto, en la primera parte vieron en escena al cuarteto Voces del Trópico con sus canciones representativas, pero lo que enseguida sucedió fue que en la segunda parte del espectáculo, aparecimos los integrantes del grupo Los 5U4 cantando una serie de canciones por completo nuevas, asentadas con mucha firmeza en el ambiente del rock cubano de esa época. Éramos los mismos músicos del cuarteto Voces del Trópico, pero ya desde ese momento de manera oficial cambiábamos el nombre y pasábamos a denominarnos Los 5U4. Las nuevas canciones del repertorio rockero de Los 5U4 luego se harían muy populares en Cuba. Además de un servidor de ustedes, quien era a partir de ese momento el cantante, compositor, director, orquestador y productor del grupo, Los 5U4 eran: Bertica Ripes,[41] quien hacía una de las voces solistas y tocaba la guitarra; José Leonardo Fernández Pérez, apodado el Gallego. Este músico, que al igual que Bertica había nacido en la ciudad de La Habana, era el bajista y vocalista del coro. Algo muy particular del Gallego fue que, a pesar de ser ciego, tenía una habilidad endemoniada para reparar toda suerte de equipos electrónicos que

---

[41.] Bertha María Rippe Millian, nacida en La Habana el 14 de noviembre de 1947 y fallecida en esa misma ciudad el 21 de septiembre de 1989.

tuvieran que ver con nuestro quehacer musical: amplificadores, bajos, teclados y guitarras eléctricas.

Tuvimos también una vocalista y percusionista llamada Amelia Delgado González. Amelia asimismo, era habanera de nacimiento, y pese a que permaneció durante muy poco tiempo en el grupo, siempre la hemos recordado como una de las fundadoras, destacando, por supuesto, el importante papel que ella desempeñó cuando fue nuestra cantante. El baterista en aquel momento era Jorge Antonio Aguilera Tejeda, natural de la ciudad de Holguín, situada en la provincia de Oriente. Tres meses después del debut de Los 5U4, Amelia optó por retirarse y la sustituimos con José Antonio Mon, magnífico guitarrista quien también nos apoyaba en los coros. José Antonio es el hermano de Lupe Mon, mi esposa. José Antonio estuvo con el grupo solo por seis meses.

Varios años después, en 1974, incorporamos a Juan Illas, que había sido un valioso colaborador nuestro desde tiempos anteriores. En 1980 se nos sumó el guitarrista Jorge Rodríguez Gutiérrez, al año siguiente yo invité a Manuel Ornella para que nos acompañara asumiendo el papel de pianista. Manuel, además del piano, tocaba todos los teclados y era compositor. Andando el año 1981 obtuvimos nuestro primer ingeniero de sonido propio, Ángel Miguel Batule, lo cual potenció aún más el trabajo del grupo, no solo dentro de los estudios de grabación en La Habana, sino también para nuestras presentaciones ante el público cubano.

Es importante precisar que Juan Illas desde 1970, nos apoyaba grabando la percusión cubana en nuestros discos. Por aquellos años tuvimos la valiosa colaboración de Pablo Menéndez, cuyo nombre artístico es Paul Menéndez. Hijo de la destacada cantante estadounidense de folk, blues y jazz Barbara Dane. Paul era guitarrista eléctrico y tocó la guitarra prima en varias grabaciones nuestras, entre ellas: «En casa del pobre», «Estoy fuera de curso» y «¿Por qué no me vas a querer?». Paul Menéndez incursionó con posterioridad como guitarrista eléctrico en el legendario Grupo de Experimentación Sonora del Icaic, y andando el tiempo, fundó su propia banda rockera, el grupo Mezcla.

La lista de colaboradores de Los 5U4 llegó a ser extensa y corro el riesgo de que algún nombre se me quede por fuera, pero es oportuno mencionar que Alfredo Arias, quien tocaba los teclados en el grupo Los Dada, grabó con nosotros unas cuantas veces. Por su parte, Manuel Docurro era pianista y trompetista.

Él aparece en dos de nuestros temas emblemáticos «El grabador» y «Mañana es mi día decisivo».

Jorge Aragón, otro músico destacado en esa época, fue el pianista en la grabación de «Canción a mi compañera» y figuró en la producción de nuestro álbum titulado *Sin jamás*. Cuando estábamos dentro del estudio, en la grabación de «Canción a mi compañera», vino Fernando Acosta, el hijo del admirado musicólogo, escritor y músico Leonardo Acosta, quien había sido integrante de la Banda Gigante de Benny Moré. Vale la pena recordar que Leonardo Acosta inmortalizó «al inmortal» Benny (valga la redundancia) en su libro *Elige tú que canto yo*, un retrato humano del artista lajero y universal, que Acosta escribió a partir de los recuerdos de su paso por La Tribu, que era la manera que tenía el Bárbaro del Ritmo para referirse a su orquesta. Pues bien, Fernando Acosta, el hijo de Leonardo, como ya dije, grabó con nosotros las partes para saxofones de «Canción a mi compañera»; él fue el solista en el saxofón.

No puedo dejar por fuera del recuento a Olivia Durán, estupenda flautista, Olivia grabó con Los 5U4 algunos pasajes de flauta en varias canciones. Por otra parte, Olivia nos ayudaba organizando los ensamblajes orquestales, en aquellos momentos en los cuales, para alguna grabación o presentación, además de la instrumentación del grupo, requeríamos de una orquesta o de un ensamble orquestal acompañante.

En determinado momento de la trayectoria de nuestro grupo, se sumó a nosotros Raúl Pastora. Raulito, como todos lo llamábamos, fue asimismo integrante del grupo Los Dada y en numerosas ocasiones, nos prestaba todos los instrumentos y equipos de amplificación de alta calidad que nosotros requeríamos para poder grabar el sonido original del rock.

Permítame decirle, Jairo, que a lo largo de la vida artística del grupo Los 5U4, uno de los principales retos que tuvimos que afrontar en La Habana fue obtener de manera oportuna todas las facilidades para grabar nuestras composiciones. Me explico: cuando ya teníamos una canción en la calle y esta se estaba haciendo popular, queríamos con todas las fuerzas de nuestro corazón, grabarla, pero nos topábamos con toda suerte de limitaciones, por ejemplo, la Egrem (única empresa grabadora que había en Cuba en ese momento) no nos prestaba atención…, argumentaban que no había disponible un estudio de grabación. Más adelante quisiera referirme a este tema polémico con el que tuvimos que lidiar en mi país por varios años, pero no se me puede pasar por alto recordar, pese a todo, que la colaboración de Pepín Carbonell, el ingeniero de grabación de la Egrem (por desgracia ya fallecido) fue grandiosa. Él jugó el papel de ingeniero de grabación de Los 5U4, por lo menos en el noventa por ciento de los trabajos que hicimos en Cuba, tanto en el Estudio 2 de Radio Centro (antes llamado CMQ), como en el Estudio 1 de Radio Progreso.

JGR: *¿Usted era el productor de sus propios discos con Los 5U4?*
OR: Con Los 5U4 en realidad el trabajo lo producíamos nosotros, entre el bajista y yo. El bajista Leonardo Fernández, de quien ya le hablé.

JGR *¿Qué recuerdos tiene usted, maestro, de la experiencia produciendo sus propios discos con el grupo Los 5U4?*
OR: En nuestro tiempo, la Egrem era la única empresa de grabaciones que había en Cuba. Esto es conocido de todos. En la práctica los discos los producíamos Leonardo Fernández y yo, pero los directivos de la empresa grabadora de discos Egrem (no olvide usted, Jairo, que la Egrem es una empresa de carácter estatal) necesitaban darle «contenido de trabajo» a los «productores» que tenían en la plantilla de la compañía (quienes ostentaban el carácter de empleados), de tal suerte que ellos (los «productores» de la Egrem) «nos producían» el trabajo, entre comillas. Nos acompañaban en el estudio de grabación en todo lo que era la producción de cada disco, pero ya nosotros, los integrantes del grupo Los 5U4, traíamos toda la idea hecha con anticipación hasta en el más mínimo detalle de cada canción, incluyendo el contenido de la portada y de la contraportada del elepé; la información de las etiquetas de cada uno de nuestros discos de vinilo y las anotaciones de los créditos, con los títulos de las canciones; el nombre del compositor registrado en la oficina de derechos de autor; la fotografía de la portada, etcétera; y estos «productores», lo que hacían era respetar toda la idea que nosotros, como grupo Los 5U4, habíamos concebido con antelación, a partir de numerosas sesiones de creación colectiva y de ensayo, refrendadas y validadas ante el público cubano, durante las decenas de presentaciones que hacíamos en esa época, en las cuales visitamos todas las tarimas y escenarios de La Habana y otros lugares de nuestro país.
Todas las ideas musicales que traíamos nosotros a través del grupo Los 5U4 fueron respetadas por los directivos de la Egrem, de tal manera que Josefa Cabiedes «nos produjo» uno de los discos en

formato de elepé. Otro de los discos «lo produjo» Vicente Rojas, por citar solo estos dos nombres que me vienen ahora a la memoria.

JGR: *¿El grupo en sus orígenes, se llamaba Osvaldo Rodríguez y Los 5U4?*
OR: Primero, comenzamos con el nombre de Los 5U4. Osvaldo Rodríguez y Los 5U4 vino después. Ya en el último elepé que hicimos, titulado *Motivaciones*, decidimos llamarnos Osvaldo Rodríguez y Los 5U4.
El cambio del nombre, debo precisar, fue para la publicación del último disco que hice con Los 5U4. Es importante recordar que ellos de modo independiente, ya sin mí, como grupo Los 5U4, después hicieron otro disco más.
El último disco que yo hice con ellos fue titulado *Osvaldo Rodríguez y Los 5U4*, porque yo mostraba mi trabajo de solista (de forma individual) con el acompañamiento del grupo Los 5U4.
Por otra parte, es pertinente aclarar que en aquella época yo había llevado dos músicos nuevos para que formaran parte del grupo. Estos dos músicos nuevos también componían canciones, entonces me desprendí de forma voluntaria de Los 5U4, porque quería desarrollar al máximo mi propio trabajo individual.

JGR: *¿Tenía aspiraciones de hacer discos solo a nombre suyo?*
OR: Aspiraciones de hacer cosas individuales, por tal razón hicimos un trabajo conjunto en el disco, pero diferenciado, precisando que se trataba de la música de Osvaldo Rodríguez (su repertorio), acompañado por Los 5U4.

JGR: *¿Nunca se presentó un choque o un disgusto entre usted y alguno de los integrantes del grupo?*
OR: No.

JGR: *¿Siempre mantuvieron una buena relación hasta que usted se desvinculó de Los 5U4?*
OR: Sí, hasta que me aparté del grupo. Yo decidí desde finales del año 1982, separarme del grupo, ya cuando habíamos hecho el último disco titulado *Motivaciones*.

JGR: *Ya llevaban catorce años trabajando juntos.*
OR: Sí, yo decidí separarme porque tenía mucha carga de trabajo.

JGR: *¿Usted trabajaba como productor de otros artistas?*
OR: Hacía trabajos paralelos a mi labor con Los 5U4 y prácticamente no vivía; tenía muchos compromisos y estaba demasiado tiempo ocupado. También les producía sus discos a otros cantantes, pero bueno, nada relevante.

JGR: *Usted ha trabajado en diversos géneros musicales. Su obra de compositor e intérprete se puede desagregar en diversos géneros entre los que se incluyen el rock, el pop, la trova, el bolero y la canción.*
OR: Hay un poco de todo.

JGR: *El suyo ha sido considerado por la crítica un trabajo de vanguardia.*
OR: Le decía que otra de las razones que me llevó a separarme de Los 5U4 fue que…, esta razón no se manejó mucho pero fue una razón vital…, yo me sentía muy cansado, y en una ocasión, durante una presentación que tuvimos que hacer en la construcción de lo que era la termoeléctrica de Cienfuegos…, nosotros íbamos a cantar para los trabajadores de la termoeléctrica… Tocábamos allá y nos presentábamos de igual modo, en los centrales azucareros aledaños que estaban bastante cercanos y pertenecían al área geográfica de Cienfuegos.   245

JGR: *Usted tenía un trajín de compromisos demasiado agotador.*
OR: Muy fuerte, y parece que el polvo de los caminos y de la termoeléctrica en construcción me afectó mucho, así que un buen día estábamos trabajando…, por el día ensayábamos el repertorio del disco que veníamos grabando en La Habana, para cuando regresáramos a la capital del país… Entonces, esos ensayos eran sin micrófono… y muchas veces, por la misma distribución del grupo, yo quedaba en un área y los otros músicos se situaban en lugares más lejanos, razón por la cual tenía que hablar fuerte para poder proyectar la voz y dirigirme a los que estaban un poco más lejos de mí.

JGR: *¿Esa situación le afectó la laringe?*
OR: Eso me afectó la garganta mucho y, bueno…, terminé con un hematoma en la cuerda vocal izquierda. Esto fue en el año 1982, a comienzos de 1982.

JGR: *En esa época usted llevaba el cabello largo, las patillas crecidas y bigote, tal y como lo recuerdo en los videos de aquel tiempo.*
OR: Sí, sí, claro, usted conoce bien mi trabajo.

JGR: *Las labores como investigador, me han llevado de un lado a otro de Cuba.*

OR: Es sorprendente para mí. Yo le agradezco su dedicación al estudio de la música cubana, porque de verdad es interesante encontrarse con una persona que tenga tantos conocimientos, de manera que se hace muy fácil hablarle de cosas que ya conoce.

Este acontecimiento circunstancial ocurrido en Cienfuegos me ayudó a decidir de forma concluyente, que el camino más sensato en ese momento de mi carrera artística era desvincularme de Los 5U4, y así lo hice.

Nos reunimos todos los integrantes del grupo y les comuniqué de inmediato la decisión. Un buen día me despedí de ellos. No obstante que me retiré voluntariamente de la agrupación, Los 5U4 continuaron su camino sin mí durante algunos años más.

JGR: *En la época en la cual usted se desligó de Los 5U4, ¿cuáles eran los artistas cubanos que estaban trabajando dentro de una tendencia musical similar a la tendencia que usted estaba impulsando en su país?*

OR: Bueno, si hablamos del año 1982, había en Cuba algunos grupos muy populares que contaban con una enorme corriente de seguidores, y que venían trabajando de tiempo atrás, tales como Los Barba y Los Magnéticos.

En cuanto a los cantantes solistas, nosotros interactuábamos con figuras de la talla de Mirta Medina, Miriam Ramos, María Elena Pena, Sara González, Jacqueline Castellanos, Annia Linares y Omara Portuondo que desde siempre había sido una cantante de primer nivel.

JGR: *Omara Portuondo se movía con propiedad en el ambiente de la nueva trova y además incursionaba habitualmente en el estilo filin, del cual fue una de las principales protagonistas, y por supuesto en el bolero y en el son.*

OR: Había en ese momento una serie de cantantes nuevos que surgieron de un programa que se llamaba *Todo el mundo canta*.

JGR: *Hablemos ahora, maestro Osvaldo Rodríguez, de grupos cuya trayectoria y brillantez dejaron una huella imborrable en la historia de la música cubana, por ejemplo, el Cuarteto de Meme Solís, quien está residiendo en la ciudad de Nueva York hoy en día.*

OR: Sí, ¡cómo no!

JGR: *Durante una de las mejores épocas de aquel cuarteto, estaba Farah María como una de las cantantes al igual que Miguel Ángel Piña.*
OR: Sí, algún tiempo después Farah María conformó un trío con Miguel Ángel Piña y Héctor Téllez, ya sin la participación del reconocido pianista y compositor Meme Solís.

JGR: *Miguel Ángel Piña fue otro de los grandes cantantes de esa época, aclamado por el pueblo cubano.*
OR: En el caso de Héctor Téllez, permítame decirle que fue un cantante sumamente versátil. Él tenía una voz de falsete muy buena y se acomodaba de modo natural al formato de los cuartetos vocales, ambiente en el que llegó a dominar una gran parte del amplio repertorio de la canción romántica cubana y del filin.

JGR: *Cantando dentro del estilo de los grupos vocales, Héctor Téllez era extraordinario.*
OR: Sí, ¡cómo no!

JGR: *Piano y cuatro voces.*
OR: Podría decirle además, que hacia el año 1982 se habían consolidado en el ambiente de la farándula habanera algunos grupos de la nueva trova entre ellos el Grupo Moncada y el Grupo Mangüaré, además de Pedro Luis Ferrer y Carlos Varela…, también, fue un momento de notable creatividad por parte del Grupo de Experimentación Sonora, el cual ya venía desde varios años atrás trabajando, y quienes más se hacían notar en el marco de ese grupo fueron el guitarrista Leo Brouwer y el pianista Emiliano Salvador… Pablo Menéndez estaba en todo su apogeo.

JGR: *Los cuales son en realidad, de una oleada posterior al surgimiento de Pablo Milanés y Silvio Rodríguez.*
OR: Sí, claro, y por supuesto Pablo y Silvio se escuchaban también, al igual que Amaury Pérez y el desaparecido Noel Nicola.

JGR: *En la época que venimos mencionando, maestro Osvaldo, su música pegó mucho en Cuba; cuando uno revisa la información de la prensa y las revistas especializadas de aquel tiempo, se observa que su propuesta musical tuvo enorme arraigo en el gusto popular.*

OR: Yo diría que fue mi mejor momento en realidad, desde 1979 hasta 1982, fueron años muy buenos para mí. Después tuve otros momentos donde hubo destellos con otras canciones.

JGR: *A la par que desarrollaba sus propias grabaciones y su trabajo como artista, habituado a incursionar en el extranjero, encargándose de representar a Cuba en festivales de importancia, también sus composiciones fueron incorporadas en el repertorio de otros grandes intérpretes de su país. ¿Cómo vivió, usted, ese proceso?, el cual comenzó en la década del setenta.*

OR: Sí, por ejemplo, un cantante que interpretó algunas de mis canciones fue Pablo Santamaría, quien tenía una voz muy fuerte, enérgica. Él tenía una de las grandes voces de Cuba…, y a continuación Adán Rey, a quien le llevé parte de la carrera, cantó canciones mías. Del mismo modo hice trabajos de colaboración con Farah María, cantando nosotros dos, esto último fue ya avanzando los años ochenta.

JGR: *La canción «El amor se acaba», en especial, la versión de Elena Burke, dio a conocer su música en los Estados Unidos, en América Latina y en España.*

OR: Yo creo que esa canción en particular fue una canción muy grande.

JGR: *¿Usted la grabó con Los 5U4?*

OR: Está dentro de los boleros de mi autoría que mayor reconocimiento han alcanzado. Yo la grabé con Los 5U4 y la dimos a conocer en un disco hecho en Cuba.

JGR: *¿En cuál de sus discos está incluida?*

OR: En un disco del año 1979 que se llama *Los 5U4*, cuya carátula tiene la imagen de una mano. En ese disco también incluimos algunas canciones de contenido político ya que estaba la canción «20 aniversario».

JGR: *¿Elena Burke grabó su composición «El amor se acaba» primero que usted?*

OR: No…, la grabación de Elena Burke fue después de la grabación que hice con Los 5U4.

JGR: *Elena Burke cantó «El amor se acaba» en Nueva York, en el Lincoln Center, en diciembre de 1978, pero no lo había grabado aún, hasta ese momento. Sin embargo, aquel día René López y los productores del concierto decidieron efectuar una grabación del recital. La versión es estupenda, maravillosa, los aplausos del público (que se escuchan al final) fueron apoteósicos. ¿Después del mencionado concierto Elena grabó «El amor se acaba» en Cuba?*

OR: Ella la grabó en Cuba después de todo aquello, y recuerdo que, casualmente, cuando la fue a grabar en Cuba, Rey Montesinos, que era el guitarrista, se hizo cargo de escribir el arreglo, pero él me buscó en mi casa para preguntarme cuál era mi concepto sobre la armonía.

JGR: *¿Montesinos partió de su concepto de armonización para escribir su propio arreglo?*
OR: Sí, para escribir la armonía de la canción y todo eso…, porque nosotros somos muy buenos amigos, aunque hace tiempo que ya no lo veo.

JGR: *¿Él está en Cuba todavía?*
OR: Sí, vive en Cuba y siempre hemos tenido buena relación.

JGR: *¿La grabación realizada por Elena Burke en Cuba, quizás fue en 1980?*
OR: Quizás, a lo mejor fue hasta un poquito antes, déjeme explicarle, porque fíjese, ahora me viene a la mente que, en el año 1979, en el marco de un programa que se hacía anual, que era un concurso de música que se llamaba el concurso Adolfo Guzmán…

JGR: *El maestro Guzmán fue un gran director y compositor.*
OR: Sí, ¡cómo no! Uno de los grandes directores. En 1979 fue la segunda edición del concurso. Se hizo una gala…, con mi música, en el marco del evento.
Elena Burke cantó «El amor se acaba», Fernando Álvarez, cantó «En hora buena», creo que Sergio Faría cantó otra canción…, a ver…, hubo alguien más que cantó otra canción de mi autoría, pero no me acuerdo quién. El caso fue que Farah María cantó «Las seis cuerdas de mi guitarra» conmigo.

JGR: *¿A dúo?*
OR: No exactamente, la cantó ella, pero nosotros estuvimos acompañándola con el grupo Los 5U4 y la orquesta del concurso. Lo cierto fue que en ese año diversos intérpretes cantaron canciones mías dentro del marco de esa gala.

JGR: *¿En qué teatro fue la gala, maestro?*
OR: La gala fue escenificada en el Teatro Karl Marx, en La Habana.

JGR: *¿Qué tipo de acompañamiento fue empleado en esa gala?*
OR: Acompañamiento orquestal. Bueno, yo ahora me pongo a pensar que Rey Montesinos precisamente, en ocasión de asumir los preparativos de la música de ese evento fue a mi casa para pedirme que hiciéramos una versión de «El amor se acaba». Era una versión más parecida a la que yo hacía. Era un poco más pop como diríamos nosotros.

JGR: *Estaba pensando en la versión de su canción, dentro del repertorio del recital que dio Elena Burke en Nueva York a finales de 1978, y lo que recuerdo ahora es que La Señora Sentimiento la interpretó de forma magistral dentro de la atmósfera del estilo filin, acompañada por un solo guitarrista.*
OR: Y es posible que fue en el momento ese, en el que ella me dio la sorpresa, cuando cantó la canción en la televisión cubana. Por aquel entonces yo ya la había grabado, porque de lo contrario Elena no la hubiera conocido… Yo la grabé en septiembre de 1977.

JGR: *¿Cómo fue la inspiración de esa canción?, ¿usted se acuerda?*
OR: A ver…, en verdad la canción la compuse porque me puse a escuchar música y a analizar lo que estaba pasando en la música; pensaba en las canciones afirmativas, o sea positivas frente al amor.

JGR: *No las de desamor, sino más bien las de amor.*
OR: Aunque también escuchaba canciones de desamor…

JGR: *Porque, decía el poeta chileno Pablo Neruda en uno de sus versos del libro* Veinte poemas de amor y una canción desesperada, *del amor al desamor no hay sino un solo paso: «¡Es tan corto el amor y tan largo el olvido!»; es algo paradójico el amor.*
OR: ¡Oh, claro! Sí, fíjese usted… entonces yo dije: «Qué bueno sería hacer una canción preventiva».

JGR: *Que llamara a la reflexión.*
OR: A la reflexión sobre el amor. Era el tipo de reflexión de esta canción. Esta canción no va ni a favor ni va en contra del amor, ni en contra de la relación de la pareja, no en este caso. Es como un llamado de alerta…

JGR: *¿Estaba enamorado cuando escribió la canción «El amor se acaba»?*

OR: Estaba casado con Lupe mi mujer…, con mi esposa, con ella misma. Yo llevo cuarentaiún años casado.

JGR: *¡Caramba, contrajo usted matrimonio siendo aún muy joven!*
OR: Sí, me casé en 1974.

JGR: *¿Usted toma la guitarra y se sienta a escribir la canción?, ¿o escribe primero la letra y luego compone la música?*
OR: Yo hice de la guitarra el vehículo para escribir la canción, a veces, no siempre. No olvide usted que en ciertas ocasiones la inspiración llega en momentos inadecuados.
Yo estaba una vez, que recuerde, ¿no?, en Cuba… Muchas de mis canciones empezaron a surgir en una cola del pan o en una cola de algo. Un día…, algunas de ellas… Un día recuerdo que estaba yo en España y fui a hacer una gestión al Gobierno Civil de Barcelona, porque me habían aconsejado que me tratara de oficializar ahí para no andar ilegalmente…

JGR: *¿Usted pretendía establecerse en España?*
OR: No, por casualidad, estaba de paso y entonces fui a buscar la manera de legalizarme con la policía ahí en Barcelona y demás…, pero en eso se hacen unas colas enormes de gente…, se forma una fila enorme.

JGR: *Así es en todos los países del mundo.*
OR: Esperé dos horas y media, mientras esperaba se me ocurrió hacer una canción.

JGR: *¿Tenía la guitarra a mano?*
OR: No.

JGR: *¿La escribió con lápiz y papel o utilizó otro recurso?*
OR: Bueno, yo no tomé papel y lápiz, yo traté de grabármela en mi mente. Después me pasó lo que muchas veces me pasa: cuando fui a retomar esa canción…, creo que fue «El guajiro cepillao», me pongo a buscar…, en aquel momento yo no tenía ni papel ni lápiz, estábamos en la cola…, y no me salía. Tuve que esperar al día siguiente. Al día siguiente, regresó la inspiración y me salió lo mismo, lo mismo que yo había hecho.

JGR: *Se acordó de todo.*

OR: Claro. Yo lo que siempre trato es de buscar la manera de que el parto no me coja en la calle...

JGR: *Desde luego, para poder tener la guitarra a mano, o el computador ahora que estamos en la era de los computadores y los teléfonos móviles.*
OR: Ahora nos ayuda el computador, hay muchos elementos auxiliares.

JGR: *Algunos compositores suelen utilizar la grabadora.*
OR: Sí, yo usé muchas veces la grabadora como sistema, en Cuba, para, en última instancia, grabar las letras de mis canciones. En la actualidad sigo un poco ese método, yo me sirvo de los adelantos técnicos, pero me gusta mucho que aflore la letra de la canción de forma espontánea.

JGR: *¿En esos momentos creativos se vale de la guitarra?*
OR: Sí, porque lo que hago es caerle atrás a la canción e irla redondeando... La canción comienza hoy, pero la puedo terminar mañana, porque busco una palabra más adecuada, que la que se me ocurrió en el momento inicial.

JGR: *Perdón, que de pronto abuse de su generosidad, maestro, ¿usted podría tomar la guitarra y cantar «El amor se acaba»?*
OR: Sí, ¡cómo no! Claro.

JGR: *Sería muy grato poderlo escuchar interpretar esa canción tan extraordinaria y hermosa aquí, en la intimidad de su estudio.*
OR: Se la voy a interpretar tal y como yo la compuse, porque valga decir que esta canción ha variado mucho desde que yo la compuse hace treinta y ocho años...
Esta es la guitarra con la que yo compongo, que es la más mala de todas.

JGR: *No obstante, el hecho de que usted vaya a tocar esta guitarra en particular, en su estudio, mientras interpreta una composición universalmente conocida y aplaudida por el público de los cinco continentes, que tanto impacto ha causado en el corazón de sus seguidores durante varias décadas, y que, además, ocupa un lugar especial en la historia del bolero, tiene un valor excepcional para mí.*

El amor se acaba
Letra y música: Osvaldo Rodríguez
Intérprete: Osvaldo Rodríguez

El amor se puede acabar
Si no hablamos de cosas pequeñas
De cosas absurdas
De cosas tremendas

Si no estamos riendo, llorando
Sufriendo, luchando, riñendo, jugando
Si no somos uno para el otro
Amantes, esposos, amigos eternos

Si pensamos que lo cotidiano
Bien tiende a aburrirnos
Bien tiende a vencernos

Si creemos que somos espejo y reflejo
Del miedo de no comprendemos
Si sabemos que ya ha transcurrido
El tiempo asignado para conocernos

Si sentimos que falta el coraje
Y la fuerza que antes nos acompañaba
Si no vamos del brazo a la calle
Del talle a la alcoba, del beso a la vida
El amor se acaba
El amor se puede acabar
El amor se acaba

253

JGR: *¡Qué maravilla, maestro! Su canción es genial, fue escrita de modo magistral. El Dr. Cristóbal Díaz Ayala, una autoridad en la materia, escribió en uno de sus libros que «El amor se acaba» es una de las cien canciones cubanas del milenio, y coincidiendo con el venerable maestro Díaz Ayala, se me antoja pensar que es uno de los cien boleros más hermosos de la historia.*
OR: Sí, es un bolero, aunque lo acabo de interpretar con un estilo más filin, ya que cuando yo lo grabé mi versión era más pop. En

verdad cuando yo lo grabé originalmente, mi interpretación y mi sentimiento tendían hacia el *beat* del bolero pop, pero es un bolero.

JGR: *Cuando usted grabó la obra original «El amor se acaba» en Cuba con Los 5U4, el tempo de aquella grabación era un poco más rápido y la orquestación tenía casi en su totalidad instrumentación electrónica.*
OR: Es más eléctrico, pero no es tan rápido.

JGR: *¿Está en 2/4?*
OR: Esta como a setenta y algo o tal vez a ochenta marcas del metrónomo en la velocidad.

JGR: *¿Qué recuerda usted del momento en el que esta canción fue publicada en Cuba, cuando salió a la luz pública? ¿Cómo fue el recorrido para que su canción comenzara a sonar en la radio? ¿Cuál fue su reacción?*
OR: Fue muy grande la reacción del público..., fue muy grande..., ya que cinco años atrás había yo tenido un éxito enorme con una canción que se llamaba «Se me perdió el bastón», que es de la época buena del grupo.
JGR: *«Se me perdió el bastón» es un tema más movido, más rockero.*
OR: Sí, más rockero...

JGR: *¿Cómo dice la letra?*
OR: Esa canción dice:

Se me perdió el bastón
Letra y música: Osvaldo Rodríguez
Intérprete: Osvaldo Rodríguez

Se me perdió el bastón
Se me perdió el bastón
Se me perdió el bastón
Se me perdió

No sé si fue en la barbería
Donde se me quedó
O por andar preocupado
Lo tiré en el Malecón

Se me perdió el bastón
Se me perdió el bastón
Se me perdió el bastón
Se me perdió

Esa canción tenía una parte…, que yo digo…, que es semejante a un réquiem; es una parte en la que cambio el ritmo lamentando la pérdida del compañero inseparable, que siempre me acompañaba hasta donde quiera que fuese; no te importaba la lluvia, no te importaba el fango, ni el concreto de la calle, y además dicho con una voz fuerte y alta, alta en tonalidad. Después de aquello, después del «Bastón», aunque hubo varios intentos, realmente no hubo una canción mía que tuviera tanto impacto como el que tuvo «El amor se acaba», porque «El amor se acaba» fue el primero de una serie de boleros electrónicos que yo di a conocer. Yo, a ese tipo de boleros les llamé «boleros duros» porque todos fueron interpretados con guitarra eléctrica, bajista eléctrico, el sonido pop, las tríadas del rock como las que hacía Queen, que en ese tiempo era lo que se escuchaba; todo eso ligado.

255

JGR: *Un trabajo más rockero…*
OR: Sí, un trabajo más rockero, pero dentro del bolero. Y eso fue un mérito, fue un gran mérito…

JGR: *Fue innovador en ambos campos; tanto por el lado del rock como por el lado del bolero.*
OR: Por supuesto, eso fue así. Entonces «El amor se acaba» fue el primero de una serie de boleros que también alcanzaron la popularidad, podríamos citar entre ellos «De lo simple a lo profundo», «Enhorabuena» y otros que fueron los boleros más conocidos.

JGR: *Siempre me he preguntado, maestro Osvaldo Rodríguez, por qué el nombre de Los 5U4. ¿De dónde surge ese nombre, el nombre de un grupo muy conocido en Cuba?*
OR: En los años sesenta se usaban en Cuba los amplificadores para guitarra de válvulas o tubos como le dicen también ¿no?

JGR: *¿Para la guitarra eléctrica únicamente?*
OR: Para la guitarra eléctrica y para el bajo, además…

JGR: *¿Los utilizaban también para amplificar los teclados?*

OR: Sí, para todo eso, por aquel entonces no eran transistorizados y tenían bombillos, conocidos como válvulas o tubos.

Esos tubos cumplían varias funciones. Uno de ellos era el rectificador, el tubo rectificador, y ese era el 5U4.

El 5U4 en aquella época lo usábamos de manera habitual... «Era lo que había y había lo que era».

JGR: *En los equipos de amplificación de aquellos tiempos el tubo rectificador era el que se encargaba de que el sonido no generara distorsión.*

OR: Sí.

JGR: *Mantenía claro y nítido el sonido.*

OR: Además, el tubo rectificador, como el amplificador, tenía otros bombillos, entre ellos, el 12AX7, los cuales eran bombillos de válvulas de otro tipo..., para que no se recalentara el equipo, por ejemplo... Entonces este bombillo, válvula o tubo, nos daba trabajo, nos daba mucha guerra, y yo dije bueno..., cuando estábamos en la transición de Voces del Trópico, porque Voces del Trópico fue el cuarteto que se convirtió en Los 5U4 con los mismos integrantes...

JGR: *¿Cambia de nombre y cambia de género también?*

OR: Cambió un poco de género; comenzamos a hacer canciones propias, y fue algo que muchas personas nos aconsejaron que no hiciéramos, porque teníamos un pequeño nombre con Voces del Trópico. Era como empezar de cero otra vez. Pero así lo hicimos y creo que fue lo mejor que pudimos hacer, porque, vamos a decir que casi nadie se acuerda de Voces del Trópico y muchos todavía recuerdan a Los 5U4; eso fue lo mejor.

JGR: *Entonces me decía usted, maestro Osvaldo, que este bombillo el 5U4, el bombillo que les daba lidia, que les generaba problemas, lo tomaron ustedes para ponerle un nombre nuevo al cuarteto Voces del Trópico. ¿Fue por esa razón que surgió el nuevo nombre del grupo?*

OR: Empezamos a seleccionar algunos nombres. Yo decidí..., yo mismo le puse el nombre. Decidí que fuera ese nombre, porque también había otra coincidencia, aparte del bombillo, el bombillo era la principal motivación, la válvula o el tubo ese, pero, de cinco músicos que conformábamos el grupo, cuatro cantábamos y uno no cantaba. El que no cantaba era el baterista.

Jorge, el baterista, tampoco era un elemento cualquiera en el grupo. Jorge era el único músico vidente del grupo. Porque los otros cuatro músicos éramos invidentes, los que iniciamos el grupo originalmente, incluso la chica, Bertica Ripes, también era invidente. El hecho de que fuéramos invidentes era una tercera coincidencia. En otras palabras, 5U4, el bombillo rectificador para los equipos de amplificación de las guitarras; el bajo y los teclados, cuatro de los integrantes del grupo cantábamos y uno no cantaba. Éramos 5 y uno era vidente mientras que los otros 4 éramos ciegos, todo eso se agrupaba. Aunque no era la razón principal, las circunstancias coincidían. Después con el paso del tiempo el nombre se fue consolidando, pese a que en algunos momentos salíamos a escena con solo cuatro integrantes, y en ciertas ocasiones sumamos un sexto músico, dadas las necesidades del repertorio que interpretábamos en ese entonces.

JGR: *El nombre ya estaba consolidado.*
OR: Sí, el nombre se consolidó, pegó, como decimos los cubanos. Ese bombillo fue el comienzo de la etapa de renovación del bolero de aquella época, y ese bolero…, «El amor se acaba», revolucionó por completo el bolero cubano. Causó revuelo en La Habana. Sobrevino una avalancha de conceptos emitidos por la crítica musical establecida en Cuba, que vamos a decir, estuvieron a favor de nosotros. De igual forma la gente, el público comenzó con frecuencia a opinar y a escribir sobre el hecho novedoso que estaban escuchando, ya que el bolero «El amor se acaba» y los que le siguieron, el tipo de boleros que yo había hecho con el grupo, generaron revuelo; fueron muy bien recibidos por los amantes de la canción romántica cubana, de larga tradición, al mismo tiempo que recibieron la acogida de los simpatizantes del rock y del pop, quienes sintieron el impacto positivo de lo que estábamos haciendo, y llenaban los sitios en los que nos presentábamos con el grupo Los 5U4.
Fue una cosa, vamos a decir, una revolución dentro de lo que era el carácter rítmico del género bolerístico en sí, pero bolero al fin, pues aceptaba la versión estilo filin de Elena Burke, porque así más o menos fue como yo lo compuse. Lo que pasa es que le di un poco de vida con el arreglo, pero yo lo compuse también con la guitarra; la base era esa.

JGR: *Lo particular y llamativo, lo encantador (tratándose de Elena Burke), una artista total, una artista fenomenal, como pocas, es que* *antes y después de que ella se interesara en su bolero «El amor se acaba», incursionó en los diversos estilos de la música pop cubana de aquellos tiempos, incluso dándole cabida en su repertorio a todas las tendencias rockeras que ella encontró a su paso; lo anterior puede apreciarse en las versiones magistrales de aquellos cuatro temas compuestos por Juan Formell: «Y hoy te quiero más», «Lo material», «Y ya lo sé» y «De mis recuerdos» grabados en 1968.*

OR: Sí, antes también... Ella hizo canciones de Juan Formell en el año 1968, y además se involucró en el trabajo con varios músicos jóvenes de finales de los sesenta, en los años en que comenzamos nosotros nuestra carrera artística, no obstante que Elena venía desde la década del cincuenta y era una de las originales voces del Movimiento del Filin.

JGR: *Elena incorporó con naturalidad en su trabajo cotidiano, las composiciones del maestro Formell, y en cuanto se enteró que al público joven le gustaba lo que estaba haciendo, decidió grabarlas rodeándose de aquella atmósfera rockera que le daban el sonido electrónico de la guitarra y los teclados.*

OR: Elena cantaba de todo. Lo hacía bien también en el ambiente rockero. Era buena en cualquier cosa que hiciera, porque fue ante todo una artista completa, única, irrepetible, una intérprete fuera de serie, como no hay dos en la historia de la música cubana.

JGR: *Maestro Osvaldo, ¿cómo fue su relación profesional con Elena Burke, La Señora Sentimiento?*
OR: Bueno, nosotros no nos tratábamos de «fuera a fuera». Nos conocíamos bastante, pero no éramos..., no era de vernos todos los días, hicimos una amistad bastante buena, ya que muchas veces trabajamos juntos.

JGR: *Tuvieron la oportunidad de presentarse juntos en Cuba en repetidas ocasiones. ¿Fuera de Cuba actuaron juntos alguna vez?*
OR: No, fuera de Cuba nunca nos presentamos juntos. Lo que pasó fue que en Cuba los artistas estaban agrupados en diferentes empresas.

JGR: *Cada una de aquellas empresas se encargaba de llevar la carrera profesional de determinado grupo de artistas, por decirlo de algún modo.*
OR: Sí, es cierto, pero sucedió que yo estaba en una empresa y Elena Burke estaba en otra empresa.

JGR: *Por esa razón no siempre coincidían.*

OR: Omara Portuondo estaba en la misma empresa donde se encontraba ElenaBurke. No coincidíamos siempre; solo cuando había algún evento importante y a veces nos encontrábamos en la calle o interactuábamos en programas de televisión… Con frecuencia nos saludábamos con cariño…, tuvimos un trato afectivo. Pero el episodio de la canción «El amor se acaba», y la relación que se suscitó a partir de ese episodio, para mí fueron dos cosas muy grandes.

JGR: *Elena lo reconocía, porque la canción «El amor se acaba» formó parte de su repertorio más querido. De su repertorio intimista… Siempre adonde iba, ya estuviera en México, en los Estados Unidos, en España, en Colombia, en América Latina, en general a donde fuera, la cantaba… Vendió miles de copias de la grabación de esa canción.*

OR: Sí, así es.

JGR: *«El amor se acaba» ha sido y seguirá siendo una canción muy popular, maestro. Ya hemos hablado de su etapa cubana, ahora está usted en la etapa estadounidense, ¿cuándo decidió venir a los Estados Unidos?*

OR: Okey. Yo vine en el año 1996, llegué aquí, a Miami.

JGR: *¿Usted llegó directamente desde Cuba o vino desde España?*

OR: Desde España; estuve un tiempo en España porque fui a representar a Cuba en el Festival de la OTI, en el cual Cuba estaba inscrito, entonces llevé a España una canción de mi autoría que se titula «Amor y cadenas». Esa canción fue ganadora en el certamen nacional de Cuba y quedó seleccionada para que fuera la canción que representara a nuestro país en el festival. Debemos recordar que la OTI era la Organización de Televisión Iberoamericana. Y ese año el festival se celebró en Valencia. Cuando terminó el festival, entonces, me quedé en la península Ibérica.

JGR: *¿Decide usted, maestro Osvaldo, que no quiere seguir viviendo más en Cuba y se plantea una etapa nueva de su vida, una etapa diferente?*

OR: Sí, aquí hubo varias cosas: primero que todo, yo llegué a la final del festival, pero la canción no obtuvo ningún premio, entonces en aquel momento sentía que debía tomar una ruta nueva, no sé, pensé hacer algo diferente con mi vida, mi música y mis canciones. Me sentía fresco para seguir componiendo, para seguir cantando, por tal razón, tomé el camino de desvincularme del sistema de Cuba. En aquellos momentos… no era tal cual es ahora, porque gracias a Dios, ahora es diferente…, han pasado buenas cosas, como lo que está sucediendo con Gente de Zona, que viven en Cuba, pero tienen cierta libertad y se mueven aquí, en los Estados Unidos, pero al mismo tiempo se mueven allá, en Cuba, y forman parte de los artistas cubanos que se han abierto un poco por fin, para salir del país y dejar gradualmente atrás la restricción a la libertad de movimiento… Pero en aquella época, en la cual yo tomé la decisión de irme de Cuba había que definirse, y las cosas eran diferentes.

JGR: *Estaban más cerradas las posibilidades.*
OR: Sí, mucho más cerradas.

JGR: *¿Usted decidió quedarse con su esposa Lupe un tiempo en España, antes de venir a Miami?*
OR: Sí, pero la situación se complicó, porque en aquellos momentos nosotros requeríamos para seguir viviendo en España, tener un permiso expedido por el gobierno cubano.

JGR: *¿Usted lo tenía?*
OR: Sí, yo lo tenía, pero después lo dejé de tener porque en el momento en el que se presentó la situación y vino la toma de decisiones, ya hacía algún tiempo que el Festival de la OTI había pasado.

JGR: *¿Lo que quiere decir que el permiso había caducado?*
OR: Sí, el permiso había caducado. Entonces yo en aquel momento, determiné quedarme en España, y mi intención no era claramente la de venir a los Estados Unidos, aunque quería tener la posibilidad de poder visitar este país… Me interesaba mucho el público latino de acá también, como perspectiva para mi trabajo, pero todo eso era bastante difícil porque teníamos problemas con las autoridades de inmigración, como ya le dije, y traté de oficializarme allá en España, en Barcelona.
Lo cierto es que traté de quedarme allá y solicité mi asilo. No me lo dieron, pero tampoco me lo negaron.

JGR: *Lo dejaron estar.*
OR: Sí, era una contradicción, porque no se me otorgaba el asilo puesto que las autoridades españolas consideraban que yo no tenía motivos para asilarme, pero a la vez tampoco me botaban… También por mi condición física.

En España no me definían rápido mi situación, a tal punto que un buen amigo me hizo la gestión para obtener un contrato y poder venir a Miami a efectuar una serie de presentaciones, entonces, en esa coyuntura fue que vine para acá.

JGR: *¿Lo contrataron para presentarse en algún escenario específico de Miami?*
OR: Me contrataron para venir a Miami a trabajar como artista de la cadena de hoteles Holiday Inn.
El propósito era que yo comenzara a hacer aquí, una serie de presentaciones en los hoteles de esa cadena, que están en el área de Miami y del sur de la Florida. Yo llegué a la ciudad de Miami y fui directo del aeropuerto al hotel Holiday Inn que está entre la 20 y la 21 en el South West.

JGR: *¿La idea era que usted cantara solo con su guitarra o tenía un grupo musical que lo acompañaba?*
OR: No… Es que nunca llegué a tocar. Debía haber tocado con la guitarra. La propuesta inicial era trabajar en las noches en el restaurante del hotel, pero nunca pude trabajar porque…, me fue difícil aquí…, yo no fui bienvenido.

JGR: *¿Algunas personas pusieron de presente el tema político, por su simpatía con el régimen castrista?*
OR: Por el tema político.

JGR: *Hubo intolerancia en ese momento.*
OR: Todavía la hay, pero mucho menos. Hoy en día ha cambiado bastante la división de fuerzas; ahora es diferente a como estaba en aquel entonces.

JGR: *¿Usted se sintió intimidado?*
OR: A mí directamente, no me intimidaron, pero sí intimidaron a la cadena de hoteles, enviaron una amenaza de posible bomba. Con posterioridad, por esos días, un poco después de la amenaza de bomba, se me presentó la oportunidad de trabajar en el Club Maxim's, y pude haber trabajado en el Club Maxim's, pero entre los amigos míos que tuvieron que ver con el asunto de la cadena de hoteles Holiday Inn, había uno de ellos que tenía un restaurante y quería que yo hiciera una presentación con ellos allí. No obstante,

en aquel estado de cosas fue imposible, porque las autoridades de Miami no expidieron el permiso de parqueo para que los clientes parquearan sus coches en el estacionamiento que estaba situado junto a aquel restaurante, de tal suerte que no hubo manera de hacer mi presentación. Fue una situación bastante difícil.

JGR: *La polémica por la relación, que a veces parece indivisible, entre música y política tiene diversas aristas, en especial en el caso cubano.*
OR: Le diría un poquito más, porque yo siempre lo he dicho —y quizás ha sido lo que les dolió un poco a algunas personas acá, en un principio— y lo entiendo, pero soy sincero, ante todo. Yo sí creía en el sistema político que estaba establecido en Cuba. Quizás la reflexión que hice es que no debí haber creído tanto.

JGR: *¿En determinado momento, usted se dio cuenta que el régimen castrista no iba para ningún lado?*
OR: Sí, desde luego que sí. Además, la actividad política partidista me ocupaba mucho tiempo; yo dejé de crear muchas cosas. Dejé de hacer diversas labores, propias de mi carrera artística, ocupado en asuntos que no tenían nada qué ver con la música, digamos…, en reuniones del partido. Yo fui militante del partido en Cuba. Hice mi vida partidista en Cuba, eso no lo he negado nunca.

JGR: *¿Usted ha reconocido públicamente que tuvo cercanía con el régimen desde su posición de militante?*
OR: No como artista. Fui militante como ciudadano, es decir, como un cubano más. Yo no me avergüenzo de eso, lo que pasa es que en el plano artístico sí me afectó, porque perdí muchas posibilidades de trabajar, en los Estados Unidos.

JGR: *¿En la primera época de su permanencia en este gran país?*
OR: Aun después, también; aquí me ha costado trabajo hacer pie, desarrollar mi carrera a plenitud. Pero bueno…, lo que pasa es que además, yo sí he hecho canciones que están relacionadas con mi entorno. Hice un disco hace ocho años donde saqué canciones alegóricas a Miami, viendo a Miami como lo que es…, algo más que la capital cultural, es esa especie de ensalada, ya que hay todo tipo de personas, digamos.

JGR: *Hay rusos, ¿quién lo creyera?, después de que los Estados Unidos y la antigua Unión Soviética fueron dos potencias enemigas, ahora usted recorre todo el litoral de Miami y encuentra con frecuencia ciudadanos rusos y ucranianos en todas partes.*
OR: Sí, los que quiera, los hay. Algo positivo que está pasando ahora en el marco del acercamiento diplomático entre los gobiernos de Cuba y los Estados Unidos es que el grupo Buena Vista Social Club va a tocar en la Casa Blanca pasado mañana.

JGR: *Sí, fíjese usted, maestro Osvaldo, que ahora están funcionando con cierta normalidad las embajadas y los consulados en ambos países.*
OR: Eso es bueno; yo considero que todo lo que sea bueno para el pueblo de Cuba es bienvenido.

JGR: *Se está construyendo poco a poco un clima de acercamiento entre los dos estados.*
OR: Es necesario.

JGR: *Después de cincuenta y seis años de estar distanciados.*
OR: Porque eso afectó, no se olvide y esto sí es real, a la industria artística, la afectó bastante, de muchas maneras, debido a que se restringió casi totalmente el intercambio entre los artistas de los Estados Unidos y los artistas de Cuba, que fue tan frecuente antes de 1959.

JGR: *Muchísimo.*
OR: Al punto que aquí todavía se encuentra uno con personas que te dicen que después del año 1959 el son se fue de Cuba.

JGR: *Aunque no es cierto.*
OR: Para nada; el son está en la sangre de cada cubano. ¡Cómo van a decir semejante cosa!

JGR: *De cada cubano que se encuentre tanto dentro como fuera del territorio nacional de Cuba.*
OR: Totalmente de acuerdo con usted.

JGR: *Es entendible que dos estados que tuvieron un distanciamiento de más de cinco décadas se acerquen a dialogar.*
OR: Yo, como cubano, vivo aquí, en los Estados Unidos, pero nunca he dejado de considerarme cubano por el hecho de estar fuera de

263

Cuba, pese a todo, quiero lo mejor para ese pueblo. Además de lo dicho, tengo familia que vive allí.

Yo he tomado conciencia de esto que venimos comentando. Por fin he llegado a entender que eso es una lección que me costó un poco de trabajo, pero he llegado a entender que vivo aquí, y al vivir aquí tengo que hacer lo que mejor sé hacer, y lo que mejor sé hacer es producir discos, cantar, grabar canciones. Ahora he hecho un disco nuevo que considero es la cumbre de mi trabajo, porque lo primero que tomo como punto de referencia es el hecho de que soy músico de nacimiento. Cuando era pequeño yo cantaba las canciones que se oían en la radio. En esa época todavía yo no componía canciones. Cantaba las canciones que se oían en la radio. Una de las canciones que escuchaba era «Santa Isabel de las Lajas».

JGR: *Del Benny.*

OR: Sí, a mí me gustaba mucho el Benny y yo soñaba algún día con oírme en la radio. Eso se cumplió en Cuba, pero la otra cosa que me pasó alguna vez por la mente, y durante una época la deseché como parte de mis sueños, fue poder hacer una versión de «Santa Isabel de las Lajas», más o menos homenajeando al Benny y cantándolo a la manera del Benny, con el arreglo del Benny, pero usando como instrumentos lo más rústico que yo tengo que son mi voz y mi cuerpo. Palmeando y utilizando mi pecho, haciendo sonidos guturales.

JGR: *¿Es decir, creando una especie de sonido pre-instrumental, como si regresara a la época prehistórica de la música?*

OR: Sí, sí, ¡cómo no! Yo lo que usé fue mi cuerpo. No he usado por ejemplo ni el borde de un vaso.

JGR: *Ni tambores, nada…*

OR: Ni tambores, ni el borde de un vaso para mojarme el dedo con agua y que el vaso vibre, ni nada de eso. Yo eso lo hago como músico, pero no lo hice en la grabación. En la grabación yo lo que usé fue mi voz, mi registro vocal.

JGR. *¿Ya terminó de grabar el disco?*

OR: Sí, ¡cómo no!

JGR: *¿Lo hizo en este estudio en el que nos encontramos ahora?*

OR: Lo hicimos aquí, en este estudio en el que estamos conversando usted y yo ahora. El ingeniero que efectuó la grabación, Jorge De Feria, es amigo mío y es además un músico que primero fue admirador de mi trabajo en Cuba y después en los Estados Unidos, hace más de quince años que trabajamos juntos.

JGR: *¿El ingeniero de grabación Jorge De Feria vino para Miami desde Cuba o nació en los Estados Unidos?*
OR: No, él vino para acá desde Cuba, él es cubano. Le voy a dar por lo menos un ejemplar del disco para que usted lo lleve a Colombia.

JGR: *¡Qué maravilla! Muchas gracias, maestro Osvaldo, es usted muy gentil. Pasando a otro tema, le quiero preguntar algo que suelo preguntarles a todos mis entrevistados: ¿Tiene hijos de su matrimonio actual?*
OR: Tengo un solo hijo. Tuvimos una niña también, pero falleció un año y tres meses después de haber nacido.

JGR: *¿En Cuba?*
OR: Sí. Por un accidente que tuvo mi esposa. Un accidente en la cocina con una cortina, por esa razón tenemos un solo hijo, pero mi hijo sí que no tiene nada que ver con la música. Él es nada más que oyente de la música.

JGR: *¿Vive aquí, con usted?*
OR: No vive en esta casa, desde luego, pero sí vive en Miami.

JGR: *¿Cuál es el nombre de su hijo?*
OR: Osvaldo Rodríguez. Igual que yo, lo que pasa es que mi hijo no es músico. Regresando a la música, Jairo, permítame por favor, le cuento un poquito más acerca del disco.

JGR: *Desde luego que sí, estimado maestro.*
OR: Decirle que en este disco lo que está presente de modo más evidente son las raíces e influencias que yo he recibido a lo largo de mi historia musical, las cuales van desde Benny Moré hasta, y no tiene que ser un límite ni un nacimiento, sino que pueden abarcar desde Benny Moré hasta Stevie Wonder...

JGR: *En el caso de Benny serían sus raíces, y en cuanto a Stevie Wonder sus influencias.*

OR: Sí, exactamente.

JGR: *Dos culturas musicales de tradiciones diferentes muy bien reflejadas en su obra.*
OR: Muy bien reflejadas, y que además ya estaban presentes en mi obra de forma latente, de tal suerte que ahora las eché a andar. En este nuevo disco con este tipo de trabajo, donde yo hago el bajo con mi voz, hago la guitarra, hago las tumbadoras, el cencerro, hago todos los sonidos guturales que usted pueda imaginar.

JGR: ¿Solo en el tema «Santa Isabel de las Lajas» o en todos los *tracks* del disco?
OR: En todo el disco.

JGR: *¿El disco es acústico?*
OR: El disco es en su totalidad acústico.

JGR: *Es ahí, donde me decía usted, maestro Osvaldo, que renuncia por un momento a la guitarra.*
OR: Aquí, en este disco, renuncié a la guitarra y a las cuerdas de acero para que fuera más auténtico esto.

JGR: *¿Qué números tiene el disco, maestro?*
OR: De Benny Moré tiene «Santa Isabel de la Lajas», que abre el CD; después vienen ocho canciones de mi autoría. Vamos a decir: el jamón, el queso y las aceitunas del sándwich... El pan de arriba es la canción del Benny y el pan de debajo es la canción de Stevie Wonder «Sir. Duke».

JGR: *¿La canta en inglés?*
OR: Sí, la canté en inglés. Entre las otras canciones de mi autoría está «Se me perdió el bastón» que, como le dije antes, nunca fue grabada en disco cuando estaba yo en Cuba y trabajaba para la Egrem.

JGR: *Aunque usted nunca la grabó, maestro Osvaldo, en Cuba (para discos de carácter comercial), esa canción fue muy popular en su país.*
OR: En el momento en que fue popular en mi país, no hice la grabación, tiempo después la grabé en el ICRT. En Cuba, cuando había escasez de estudios, se grababa en donde se podía, entonces hicimos la grabación en el ICRT.

JGR: *Ese estudio quedaba en el edificio de la antigua CMQ, en 23 y L, en el Vedado.*
OR: En efecto. Había un estudio llamado estudio 2; en ese estudio grabé muchas de las canciones con Los 5U4. Se grabaron allí y entonces bueno... Yo estaba diciéndole que entre ellas grabé «Se me perdió el bastón».

JGR: *Pero no salió en disco.*
OR: No salió en disco porque... Esto fue lo que pasó: la Egrem se demoró mucho en grabarme, o sea cuando yo era conocido con Los 5U4 y demás.

JGR: *¿No actuaron con la celeridad que usted requería?*
OR: No. En verdad no me tomaron en cuenta, y cuando lo hicieron fue ya al año siguiente. Primero grabé un disco, eso fue en el año 1971 o tal vez en 1972... Grabé un disco con canciones de los años setenta.

JGR: *¿Las mencionadas grabaciones que realizó bajo la producción de la empresa discográfica estatal Egrem fueron efectuadas con el acompañamiento de Los 5U4?*
OR: Sí, con Los 5U4, después pasaron dos o tres años, sin embargo, debido que no fue posible grabar «Se me perdió el bastón» con la Egrem, decidí grabar por primera vez mi composición en el estudio de Radio Centro, en la antigua CMQ. La mencionada canción fue el éxito más grande que tuve en Cuba en aquella época, pero los ejecutivos de la Egrem no me llamaban... Cuando me llamaron yo dije: «No, señores... Yo ahora no voy a grabar con ustedes», porque ya había transcurrido más de un año desde el día en el cual estrenamos la canción. Para entonces mi composición llevaba más de un año de popularidad y había sido acogida con entusiasmo por nuestros *fans*. Fue un harakiri que yo me hice...

JGR: *Una decisión mal tomada.*
OR: Sí, una decisión mal tomada, pero decisión al fin y al cabo... Lo bueno que tiene es que yo puedo comerciar con esta canción, porque lo que pasó con la Egrem se lo voy a explicar de la siguiente manera: usted hace unos minutos me hablaba de la venta de los discos en Cuba y de que Elena Burke cantó «El amor se acaba» y todas las copias que se vendieron de mi canción, y yo no tengo ni un centavo de eso.

JGR: *Sí, porque usted no tuvo control sobre los contratos que regían los procesos de producción, distribución y ventas de los discos que contenían su famosa composición, pero, asimismo, no tuvo control sobre los contratos de las empresas que producían los espectáculos alrededor del mundo en los cuales Elena Burke interpretaba «El amor se acaba». Me refiero a que la parte que a usted le correspondía, por derechos, del dinero generado por todas aquellas actividades no llegó a sus bolsillos.*

OR: Porque el problema era que en Cuba te obligaban a firmar el contrato de la Egrem, y el contrato de la Egrem era extenso, lo suficiente largo para que tú, en vez de aburrirte leyendo dijeras: «Bien, vamos a firmar, porque si esta es la única manera que tenemos para garantizar que el disco salga, no tenemos otro remedio que firmar».

JGR: *¿Firmaba y todos los derechos de autor quedaban a favor de la empresa Egrem? Es decir, los derechos editoriales y los derechos fonográficos.*

OR: Yo firmaba y de inmediato la Egrem asumía que los derechos editoriales y los derechos fonográficos de mis composiciones eran de su propiedad; la Egrem se convertía en el dueño de mis composiciones. Así quedó «El amor se acaba».

268

JGR: *Por esa razón los derechos editoriales y los derechos fonográficos no figuran a su nombre.*

OR: La canción es mía, pero de los derechos editoriales y de los derechos fonográficos, nada.

JGR: *¿Usted no ha recibido ni un solo peso por concepto de los derechos de su composición?*

OR: No he recibido ni un centavo.

JGR: *¿Recibía dinero cuando cantaba su composición ante el público cubano, en los escenarios de su país?*

OR: Mientras yo vivía en La Habana, sí recibí dinero por concepto de difusión de algunas de mis composiciones en la radio y en películas. Por ejemplo: la canción «El amor se acaba» fue utilizada en Cuba en la banda sonora de dos películas. Pero desde que yo deserté, desde el momento en que decidí apartarme del régimen cubano y renuncié a vivir en mi país, no he recibido ni un centavo por concepto de los derechos de mis numerosas composiciones.

JGR: *¿Y en los Estados Unidos de América, ha ganado dinero por la canción «El amor se acaba», cuando la canta en presentaciones ante el público?*
OR: Tampoco, porque yo aquí, no me presento en los mejores lugares. Aquí, la verdad, me he presentado en restaurantes y en locales similares.

JGR: *¿Ha estado un poco de incógnito, por decirlo de alguna manera?*
OR: Un poco de incógnito, porque en Cuba trabajé en cualquier teatro, en los mejores, en los grandes y en los pequeños… En todos, en el Teatro Amadeo Roldán, en el Teatro Karl Marx, en el Teatro Caridad, en los teatros del interior del país, en el oriente de Cuba, en cualquier parte, en el Teatro Milanés, pero aquí, no. Aquí sí he trabajado, pero lo que más he hecho es lo que nunca hice en Cuba, es decir, trabajar en restaurantes.

JGR: *Porque en los Estados Unidos, se impone otra dinámica.*
OR: Sí, son circunstancias diferentes de las que yo viví en Cuba.

JGR: *A pesar de todo, yo diría que no está mal visto que usted trabaje como músico en restaurantes, en el sur de la Florida, porque en este gran país el público respeta al artista por lo que hace y por lo que es.*
OR: No, claro que no, eso en Miami no está mal visto, pero lo que pasa es que la cultura en Cuba era que en los restaurantes se presentaban los tríos, aunque me imagino que esa tradición ha cambiado sustancialmente desde que me fui de Cuba.

JGR: *La escena cambió.*
OR: Sí claro, en tal sentido, en Miami, no he trabajado en teatros, aunque soy miembro de Ascap.[42] Pero la Ascap que es la asociación de compositores, autores y editores, no reconoce el pago cuando el artista afiliado trabaja en restaurantes.

[42.] La ASCAP, por su sigla en inglés, es la American Society of Composers, Authors and Publishers (Sociedad Americana de Compositores, Autores y Editores). Se trata de una organización estadounidense sin ánimo de lucro, que protege los derechos musicales de autor de sus miembros, mediante el monitoreo de ejecuciones públicas de su música, ya sea a través de emisoras o presentaciones en vivo, compensándoles adecuadamente. La ASCAP colecta tarifas de licencia de los usuarios de la música creada por sus miembros y luego los redistribuye entre ellos como regalías. La ASCAP reconoce a sus miembros, su talento creativo, a través de los premios anuales presentados en siete categorías: pop, rhythm and soul, cine y televisión, latino, country, cristiana, rock, metal, rap y música en concierto. La sede de la ASCAP está en la ciudad de Nueva York.

JGR: *Sí, es cierto, la Ascap se especializa en la recolección de los dineros correspondientes a los derechos de ejecución pública de la música en teatros, en radio y en grandes escenarios.*
OR: Sí.

JGR: *Maestro Osvaldo, usted se encuentra en la madurez de su vida y de su carrera musical. Tiene sesenta y seis años.*
OR: Sí, sesenta y seis cumplidos.

JGR: *¿Es posible que vuelva a reiniciar su carrera de solista?, ¿le gustaría regresar a la gran escena, en la que ya estuvo en los primeros planos, no solo para hacer discos, sino también para realizar giras y presentarse en Nueva York, en Boston, en Chicago?*
OR: Me gustaría, yo me siento vaya..., todavía me siento capaz de poderlo hacer, de hecho, es lo que más yo hice en mi país, hace mucho tiempo.

JGR: *¿Por ejemplo, le gustaría ir a Colombia?*
OR: Sería estupendo.

JGR: *¿Nunca ha ido a Colombia?*
OR: Nunca.

JGR: *En Colombia se conoce su música.*
OR: A mí me lo han dicho algunas personas, pero yo he sido un poco incrédulo porque no he tenido un punto de referencia. Sé que Colombia en general es una plaza muy buena para los cantautores, y para grandes intérpretes de la música cubana, por ejemplo, ese ha sido el caso de Celina González.

JGR: *Colombia, según ha sido demostrado de manera fehaciente, a la luz de la documentación histórica, es un país en el que se aprecia toda la música cubana: el filin, el bolero, la trova, el son, el chachachá, el mambo, la rumba, y desde luego hay también un reconocimiento amplio para las grandes figuras mundiales de la música cubana entre quienes cabría mencionar a Benny Moré, Celia Cruz y Arsenio Rodríguez. De igual modo, en Colombia ha existido un interés particular por la música de la Sonora Matancera; en especial a partir de la década del cincuenta.*

OR: A mí me han dicho lo mismo que usted me manifiesta, pero parece que el estar de incógnito en Miami, ha hecho que los empresarios colombianos no sepan dónde estoy. No se han fijado en mí.

JGR: *Ahora está produciendo sus propios discos, ¿trabaja también como productor de otros artistas en Miami?*
OR: Sí, yo aquí he hecho discos para algunos intérpretes, pero intérpretes no tan conocidos, gentes que están empezado a hacer su carrera y he trabajado con ellos. El más conocido de todos es Fernando Corona. Ese es su nombre artístico. Pero su nombre real es Carlos Bauer. Él es mexicano, fue alumno mío.

JGR: *¿Usted da clases de canto?*
OR: Sí, yo doy clases de canto y de guitarra.

JGR: *¿En qué lugar da las clases?*
OR: Aquí, en este estudio. Tengo alumnos de diversas nacionalidades.

JGR: *Es un aspecto de su carrera que yo no conocía. ¿Ha dejado huella como maestro?*

OR: Sí, yo he tenido una buena cantidad de alumnos. En Cuba tuve menos alumnos, pero siempre tuve la suerte de que los músicos que trabajaban conmigo de alguna manera aprendían a mi lado, se contagiaban de lo que yo hacía; pero tenía también uno que otro alumno de canto, y trabajé en la carrera de algunos, produciéndoles sus discos.

JGR: *En Cuba su nombre quedó en la historia, inscrito con letras de oro, por ser usted el creador y el principal propulsor de una nueva tendencia dentro del rock cubano y de una nueva tendencia dentro del bolero cubano. No solo por el sonido tan personal que usted desarrolló, cuyo sello es único e irrepetible, sino también por sus numerosas composiciones que son más de mil.*
OR: Sí, ¡cómo no! Composiciones registradas, yo tuve en Cuba muchas.

JGR: *¿Todas fueron grabadas o tan solo una parte?*
OR: No, una parte, yo diría que una parte ínfima.

JGR: *De las mil composiciones suyas, ¿cuántas son las más conocidas?*
OR: Doscientas o trescientas, aproximadamente.

JGR: *Conozco parte de su obra, pero siempre hay mucho más por conocer.*
OR: Bueno, pues sí, imagínese, yo soy compositor desde que tenía ocho años, lo que pasa es que claro, hay muchas cosas que nunca fui a grabar.

JGR: *¿En los EE UU. están registradas algunas de sus composiciones?*
OR: Sí, aquí están registradas las que he ido haciendo en este país.

JGR: *¿Le pagan derechos por la interpretación y el uso público de algunas de ellas?*
OR: Muy poco, la verdad casi nada.

JGR: *¿De alguna manera usted piensa que debería relanzar su carrera de compositor aquí?*
OR: Yo estoy pensando un poco como los locos, estoy pensando que ojalá todo esto sea tan bueno que se haga visible en los Estados Unidos, lo que yo he hecho a lo largo de mi carrera artística.

JGR: *Tomar un segundo aire, tal cual decimos en Colombia.*
OR: Porque lo que ha pasado, en realidad, lo que ha pasado entre los Estadod Unidos y Cuba, ha perjudicado mucho a todo el mundo, a unos en mayor medida que a otros, en el ambiente artístico, en la música cubana en general.

JGR: *Usted me hablaba de Stevie Wonder hace un rato. ¿Ha tenido algún contacto personal con Stevie Wonder?*
OR: Ninguno. En Cuba admiré siempre su música, a mí me gustaron siempre sus canciones. Quiero que escuche usted mi nuevo disco para que tenga una idea. Lo que usted va a escuchar es de un CD que se llama Puesta de Sol, porque considero que para muchas cosas yo estoy en mi «Puesta de Sol».

JGR: *No quiere decir que usted esté viejo.*
OR: No, desde luego que no quiere decir que esté viejo, porque todavía me queda la noche como futuro. Hay una canción que se llama «Puesta de Sol», que es la canción principal del disco. El disco solamente tiene sonidos acústicos, producidos con los efectos de mi voz y con golpes y palmas sobre mi cuerpo. Así va todo el disco. Hace un rato usted, Jairo, hizo una referencia a lo que es el amor y a lo que es el olvido; casualmente, yo incluí en mi nuevo disco un bolero de mi autoría que se titula «Ha llegado el olvido».

272

Ha llegado el olvido
Letra y música: Osvaldo Rodríguez
Intérprete: Osvaldo Rodríguez

Ha llegado el olvido, después de haber querido
Ha llegado el momento de resignación y reconocimiento
Que fue tiempo perdido (Que fue tiempo perdido)
Que retuvo el instante (Que retuvo el instante)

Un alto en el camino, presagios o destinos
Pesadilla constante
Ha llegado el olvido, después de haber querido
Y parece mentira cuando el alma suspira y deja de llorar

A pesar de recuerdos tan dulces, tan amargos
Llega el convencimiento de que existe la vida
Y que puedes amar

Ha llegado el olvido, después de haber querido
Ha llegado el momento de resignación y reconocimiento
Un alto en el camino, presagios o destinos
Pesadilla constante

Ha llegado el olvido, después de haber querido
Y parece mentira cuando el alma suspira y deja de llorar
A pesar de recuerdos tan dulces, tan amargos
Llega el convencimiento de que existe la vida

Y que puedes amar

JGR: *Usted es uno de los genios contemporáneos de la música cubana, sin lugar a dudas. Me impresiona gratamente la naturalidad con la que pasa de las voces altas a las voces graves.*
OR: Me inscribo en la categoría de cantantes que podemos navegar en todas las aguas. Yo le puedo dar un sonido grave y le puedo dar un sonido agudo con total facilidad, hasta incluso puedo silbar como recurso armónico y melódico.

JGR: *Sí, ya veo, lo escuchamos aquí, en la grabación.*
OR: Una tríada de flautas que hice con el silbado (silba).

JGR: *¿Usted grabó y mezcló todo el repertorio de su nuevo disco en este estudio en el que estamos hoy conversando?*
OR: Todo lo hice aquí mismo. Fue un trabajo muy arduo, porque imagínese que cada canción de estas tiene entre 30 y 40 *tracks*. Muchas horas de trabajo.

Músicos cubanos de ayer y hoy

JGR: *Cambiando de tema, le quiero hacer varias preguntas que a veces parecen obvias, pero vale la pena hacerlas, ¿cuál es su favorita entre las cantantes cubanas? Sé que hay muchas, ¿pero hay alguna que le guste más que las otras?*
OR: Bueno, fíjese que a mí me gustó mucho la voz de Maggie Carles, pero también me gusta la voz de Ivette Cepeda. El año pasado fui a un concierto que dio en Miami, en el club nocturno Hoy como ayer, en la Pequeña Habana... Una cantante estupenda. Ivette Cepeda es una de las más grandes intérpretes de las actuales generaciones, yo no la conocía.

JGR: *¿Y vive en los Estados Unidos?*
OR: No, vive en Cuba..., me gustó mucho como ella cantaba.

JGR: *¿Boleros?*
OR: Sí, sí, boleros y canciones.
Me gusta porque a diferencia de la voz de Maggie Carles, la voz de Ivette Cepeda es un poco más de tendencia lírica, una voz bastante aguda, mezzosoprano, pero con buen grave también... Ivette Cepeda es una intérprete que dice el bolero, la voz de Ivette Cepeda dice... A mí no solo me gustan las voces que tengan buen color, sino las voces que también digan, que tengan expresividad para cantar.

JGR: *Que transmitan sentimiento y personalidad.*
OR: Sentimiento, más que todo. Yo escuché algunas canciones de Ivette Cepeda el año pasado, las cuales casi me hicieron llorar.

JGR: *Claro que sí, porque usted, maestro Osvaldo, es muy sensible a la música. No le hablo de Elena Burke, como es obvio, la voz de Elena era fascinante y tenía algo que ver con usted por su canción «El amor se acaba».*

OR: Elena Burke era una de las grandes voces, una de las grandes voces; Omara Portuondo también ha sido otra de las grandes voces... Es que Cuba ha sido pródiga en voces femeninas.

JGR: *Hubo además una cantante estupenda, que asimismo fue una mujer enigmática, una voz fascinante, quien, por esas cosas de la vida y del destino, fue poco conocida en América Latina (en su momento), pero que, sin embargo, contra viento y marea, se hizo muy popular en La Habana de finales de la década del cincuenta y comienzos de los sesenta, me refiero a Freddy, la bolerista.*
OR: Freddy fue fascinante.

JGR: *¿Usted la escuchaba en Cuba?*
OR: Sí, yo escuché sus grabaciones en Cuba. Se desenvolvía en el bolero filin.

JGR: *Tenía una voz de contralto, pero muy grave.*
OR: Es cierto.

JGR: *Freddy tenía la voz más grave de contralto, de todas las que he escuchado en mi vida.*
OR: Sí, ¡cómo no!

JGR: *Hizo un solo disco con el sello Puchito, del productor Jesús Gorís.*
OR: Así es, en efecto, con la orquesta del maestro Humberto Suárez.

JGR: *El disco incluyó boleros y canciones tan exitosos como «Bésame mucho», de la autoría de Consuelo Velásquez; «El hombre que yo amé», compuesto por George Gershwin; «Noche y día», de Cole Porter; «Tengo», de Martha Valdés, y «Noche de Ronda», de Agustín Lara, entre otros... Maestro, y de las voces masculinas surgidas en Cuba durante su etapa formativa, como es obvio, la voz de Benny Moré está fuera de concurso.*
OR: A Benny Moré lo escuché en mi infancia, adolescencia y juventud. Era un fenómeno. A mí también me gustaba... Cuando yo era niño me gustaba escuchar la voz guapachosa de Rolando La Serie. Después me convertí en seguidor de la voz de Pablo Santamaría y me gustaban las canciones de Miguel Ángel Céspedes, el hermano de Pancho Céspedes, que tenía una media voz increíble... Fernando Álvarez en su época me gustaba también; era una voz de tendencia hacia el barítono grave.

JGR: *En Cuba están determinados con gran claridad, los ambientes de acuerdo con los géneros, por ejemplo, el ambiente del bolero (y dentro del bolero, está muy bien demarcado el ambiente del filin); el ambiente de la trova (con la secuela de la nueva trova cubana); el ambiente de la canción; el ambiente del rock, pero también está el ambiente del son. ¿De los viejos soneros, cuál le gusta?*

OR: De los viejos soneros el que más me ha gustado ha sido, sin duda alguna, Ibrahim Ferrer.

JGR: *Un gran cantante que estuvo vigente hasta hace poco tiempo, por desdicha ya fallecido, quien, cosa curiosa, no recibió todo el reconocimiento que merecía por su calidad interpretativa.*

OR: Cuando me topaba con Ibrahim Ferrer, a finales de los años setenta, estamos hablando de 1978 y 1979, me daba mucha alegría saludarlo, porque lo admiraba... Nos encontrábamos cuando yo estaba de gira y él también estaba de gira. Ibrahim Ferrer estaba con la orquesta Los Bocucos. Yo siempre había seguido la trayectoria de Ibrahim Ferrer y su grupo Los Bocucos. Era mi favorito en Cuba.

JGR: *Mucho tiempo antes de trabajar con Los Bocucos, Ibrahim Ferrer estuvo con la orquesta de Electo Rosell, Chepín.*

OR: Cuando estuvo con Electo Rosell, Chepín, pegó un *hit* con el tema «El Platanal de Bartolo». Yo era un niño. Eso fue en el año 1957. Siempre me gustó esa voz. Además, él tenía el arte ese de la improvisación muy bien desarrollado.

JGR: *Ibrahim Ferrer Planas, su nombre completo. Tenía un tipo de voz alegre, su voz era festiva.*

OR: Sí, una voz festiva, muy alegre. Después, al cabo del tiempo, lo escuché cantando canciones de la trova tradicional. Todavía estaba yo en Cuba, y me dije: «Este señor se mueve en cualquier terreno».

JGR: *Sí, imagínese esa versión que hizo con Omara Portuondo del bolero «Silencio», la composición de Rafael Hernández.*

OR: Pero, además, en Cuba hay, si no las han borrado, unas grabaciones de Ibrahim Ferrer cantando acompañado por Carlos Querol en la guitarra.

JGR: *Carlos Querol era uno de los guitarristas del Conjunto Kubavana, dirigido por el gran cantante Alberto Ruiz, y por supuesto, en la época*

en la que el Conjunto Kubavana actuaba en el prestigioso cabaret Tropicana, es decir, entre las décadas del cuarenta y el cincuenta.
OR: También fue guitarrista de Los Bocucos.

JGR: *Carlos Querol era un guitarrista formidable.*
OR: Además, Carlos Querol tenía una voz segunda estupenda, una voz grave y con magnífica entonación para cantar cualquier género de la música cubana.

JGR: *Cantaba muy bonito, y ahora recuerdo que él cantaba haciendo segunda voz en diversas canciones de la trova y el filin.*
OR: Pues, fíjese, si usted vuelve por Cuba trate a ver si alguien, no sé si esté ahora, pero alguien debe quedar allá por Cuba, que tenga las grabaciones que se hicieron en los estudios de Radio Progreso, donde cantó Ibrahim Ferrer, cuando Ibrahim Ferrer no era todavía el cantante de Los Bocucos. Él tomó notoriedad con Los Bocucos, aunque para mí siempre fue grande.
Ibrahim, antes de su fabuloso período con Los Bocucos, tuvo una etapa en la que se destacó como solista en la orquesta de Chepín. Yo pongo a Ibrahim Ferrer en el mismo nivel de Miguelito Cuní, lo que pasa es que Miguelito Cuní fue más reconocido.

JGR: *Porque Miguelito Cuní tuvo más continuidad con Arsenio Rodríguez y con Félix Chappottín.*
OR: Fue más reconocido en aquel momento. En las décadas del cuarenta, el cincuenta y el sesenta, Cuní tenía más vida; también era mayor que Ibrahim Ferrer, y bueno es lo que tengo que decirle...

JGR: *De los compositores cubanos, como es natural, le gustan unos más que otros. Algunos son su raíz y otros su influencia. Dejando fuera de esta jerarquización a Ernesto Lecuona, ¿con cuál de los compositores cubanos se queda?*
OR: Yo me identifico mucho con los trovadores, además de la existencia de compositores tan grandes y reconocidos como Ernesto Lecuona, siempre a mí me gustaron las canciones de Sindo Garay, los cantos de amor de Manuel Corona, y los boleros de María Teresa Vera y de Miguel Matamoros.

JGR: *Matamoros, por supuesto, viene de la trova, aunque hay musicólogos que lo ponen en duda, no obstante, pretenden pasar por alto que Miguel Matamoros era santiaguero.*
OR: Sí, Matamoros fue un derroche de talento, musicalidad y cubanía.

JGR: *Continuando con los trovadores, ¿cuál otro trovador le llamó la atención en su juventud?*
OR: Bueno..., los muchos que hay por ahí..., no sé..., Teofilito.

JGR: *Cuyo nombre real era Rafael Gómez.*
OR: Bienvenido Julián Gutiérrez.

JGR: Gutiérrez es el autor de un tema tan popular y arraigado en el corazón y en la conciencia del pueblo latinoamericano titulado «Convergencia», escrito al alimón con Marcelino Guerra.
OR: Sí, Marcelino Guerra también es coautor de «Pare, cochero» (con Miguel Ángel Banguela), y bueno..., de los nuevos trovadores, Silvio Rodríguez y Pablo Milanés.

JGR: *De los viejos trovadores, teniendo en cuenta que existieron figuras de la talla de Pepe Sánchez, Alberto Villalón, Rosendo Ruiz (padre), Patricio Ballagas, Miguel Companioni, Eusebio Delfín y Emiliano Blez, por citar solo algunos nombres de los más representativos, ¿cuál es tu favorito?*
OR: Ya le mencionaba antes, que Sindo Garay y Manuel Corona son los más emblemáticos, compositores y trovadores, pero María Teresa Vera se destacó, además, como una fabulosa intérprete, por su carisma personal y por haber dejado una huella profunda en la música popular cubana, al haber creado un estilo propio, una manera de sentir e interpretar la trova.

JGR: *Sus compositores favoritos de boleros, ¿cuáles son?*
OR: César Portillo de la Luz, José Antonio Méndez y Frank Domínguez.

JGR: *Los tres a su vez, son los cantautores más representativos del movimiento del filin.*
OR: Siempre me ha gustado la música de Arsenio Rodríguez, desde luego.

JGR: *Arsenio compuso boleros también.*

OR: «La vida es un sueño», y había otra canción titulada «Acerca el oído», un bolero canción que tiene muchas versiones fabulosas, cuya letra decía: «*Déjame decirte al oído que te quiero mucho...*», eso es fabuloso. Sí, tiene estupendas versiones, entre ellas la de Blanca Rosa Gil, a quien llamaban «La muñeca que canta». La verdad es que Cuba ha sido una cantera de compositores, de diferentes estilos dentro del bolero y la canción romántica, vamos a decirlo.

JGR: *¿Cuál es su apreciación sobre el aporte artístico de Bola de Nieve?* OR: A mí me gustaba mucho escucharlo, fue un exponente irrepetible de la canción romántica, del bolero en especial, aunque cantaba sones, pregones y guarachas también, acompañándose de forma magistral con el piano.

JGR: *Se destacó por sus armonizaciones, tenían un sello muy personal.* OR: Sí, armonizaba bien con el piano, con gran riqueza ornamental e inagotables recursos técnicos.

JGR: *Maestro, usted es matancero. Me gustaría preguntarle su opinión sobre la rumba, ya que en general a los matanceros y habaneros de alguna manera la rumba los ha tocado con su varita mágica, aunque no en todos los casos, como es entendible.*

OR: Bueno, sí, de alguna manera sí. Lo que pasa es que en mi caso particular no me ha marcado tanto el complejo de la rumba, que es un fenómeno folklórico tan arraigado en nuestro país, porque yo soy, no quiero decir con esto que yo me considere diferente, sino que, quizás por una cuestión de afinidad, de orígenes y de raíces yo no sé, no estoy tan vinculado con el fenómeno de la rumba. Siendo descendiente bastante lejano, quiero decir, de españoles; aunque fíjate que la rumba tiene tanto de africano (afrocubano con más exactitud), como de español, y las líricas de la rumba vienen de la tradición y de la literatura oral que heredamos de los españoles (en especial de las décimas y otras formas de versificar, procedentes de la poesía popular ibérica), aunque todo aquello sufrió un proceso de cubanización y de criollización. Yo estoy más vinculado con la trova, con el son y con el bolero que, con la rumba dicho con propiedad, aunque bueno, no obstante, lo anotado, yo llevo la clave en la rumba, en especial en el guaguancó...

JGR: *En algunas de sus obras se nota la presencia del guaguancó, aunque de forma sutil, pero se nota.*
OR: De alguna manera, sí.

JGR: *No es tan evidente, pero un oyente atento lo podrá apreciar sin duda.*
OR: Sí, no es tan evidente, no soy en sentido estricto un rumbero, pero bueno en el son sí que me he metido un poco más.

JGR: *¿Admira a algún rumbero en particular?*
OR: Bueno yo considero que el aporte que dieron los Muñequitos de Matanzas: Saldigueras[43] y todos ellos fue valioso, muy valioso… Incluso también Los Papines.

JGR: *Los Papines eran un cuarteto de percusión afrocubana y voces. Su repertorio incluyó rumbas, sobre todo.*[44]
OR: Sí, es correcto.

JGR: *¿Los conoció en persona?*
OR: Sí, desde luego que sí, yo los conocí a todos.

JGR: *¿Trabajó con ellos?*
OR: ¡Cómo no! En muchos lugares coincidimos. Lo que pasa es que, aunque por lo general no he realizado música en la línea del son y la rumba, y cosas más movidas, de hecho, yo tengo una canción que le dediqué a Los Arabos. Usted tiene que haberla escuchado, es un son titulado «Cuatro décimas y un son para Los Arabos» que dice: *Arabos rincón de sueños donde mi niñez danzaba/Arabos rincón de sueños donde mi niñez danzaba/sobre el árbol de guayaba/y*

[43.] El grupo de rumba matancera conocido como Los Muñequitos de Matanzas fue fundado en la ciudad de Matanzas el 9 de octubre de 1952 bajo el nombre de Guaguancó Matancero, siendo sus integrantes originales Saldigueras, Virulilla, Catalino, Gallito, Pellado y Cacha, entre otros. La principal fuente de inspiración de la que se alimentó el grupo en sus comienzos fueron las composiciones del legendario sonero matancero Arsenio Rodríguez. Han recorrido diversos lugares del mundo llevando la rumba prácticamente a los cinco continentes. En la actualidad la agrupación se mantiene vigente, conformada, desde luego, por nuevos integrantes. En el año 2001, gracias a su disco *La rumba soy yo*, ganaron el premio Grammy Latino. Su legado está en parte recogido en una extensa discografía, difundida en el mundo. Los Muñequitos de Matanzas han dejado grabado su nombre con letras doradas en el amplio panorama de la música afrocubana, inscribiendo su quehacer musical dentro de la más genuina tradición de los cantos Abakwa de la línea Efik/Efo.
[44.] El cuarteto instrumental vocal Los Papines estaba conformado por los hermanos Abreu: Luis, Alfredo, Jesús y Ricardo. La agrupación fue fundada en la ciudad de La Habana en 1963, ha estado activa durante más de cincuenta años, y en la actualidad cuenta con una joven generación de integrantes de la familia Abreu.

entre pájaros risueños/allí donde fuimos dueños solo de la fantasía/
la realidad no podía, entrar ni por la cocina/donde el boniato y las
liebres/eran el plato del día/ recuerdo la madrugada cuando los trenes
de carga/daban comienzo a la larga y fatigosa jornada/de una zafra
matizada, por la tragedia al acecho...
No sé si usted la conoce...

JGR: *Claro que sí, la conozco, es un son pregón...*
OR: Sí, yo hice un pregón. Porque el aguador vendía (en la época
en que yo era niño) el cubo de agua a tres centavos, y la tinaja
me la dejaba a medio. La tinaja tenía capacidad para dos cubos,
pero los aguadores, con tal de que usted llenara la tinaja, le reba-
jaban, se la cerraban a medio, o sea a 5 centavos. Lo cierto es, que
mis raíces están un poco más en la canción popular y no tanto en
la rumba, a pesar de ser matancero.
La otra raíz, de la que se ha alimentado mi música, proviene del bolero,
aunque he tenido algún tipo de relación con el son, ya lo dije antes.
Me gusta mucho hacer compases de amalgama, son compa-
ses irregulares. Hago ese trabajo también en este nuevo disco
del cual le he hablado un poco. El disco contiene una can-   281
ción en la que figura la combinación de compases de cuatro
tiempos con compases de tres tiempos.

JGR: *Tiene una métrica más libre.*
OR: Sí, tiene una métrica muy libre.

JGR: *Pasemos ahora a otro tema. Hablemos de una de las cantantes*
cubanas que ha alcanzado el reconocimiento universal, me refiero a
Celia Cruz. ¿Cuál es su apreciación sobre Celia Cruz?
OR: Bueno, Celia Cruz ¡Uffff! La máxima representación de lo
que es una intérprete. Ella dominaba tantos géneros... Ella sí que
combinaba lo afrocubano con el bolero, con el chachachá, con el
mambo. Ella era única, dominaba la rumba, la guaracha... Celia tenía
un espacio muy amplio y una voz privilegiada siempre, lo mismo
durante su vida allá en Cuba que después, cuando se estableció,
primero en México, y luego, en los Estados Unidos. Yo la escuchaba
desde muy pequeño, desde los tiempos en los que estaba de moda
su canción «Yerbero moderno». La escuché en Cuba, no olvide que
nací antes de la Revolución, y ella antes de los hechos de 1959, ya

tenía una bien ganada fama en Cuba… Durante toda la década del cincuenta pude escucharla y disfrutar su voz.

JGR: *Cuando estaba en su apogeo con la Sonora Matancera.*
OR: Sí. La escuché cantar en vivo y en sus grabaciones.

JGR: *¿La tiene muy presente en la memoria?*
OR: Desde luego que sí. No le voy a decir que fue una influencia en mi carrera, pero sí, he disfrutado su música a lo largo de la vida.

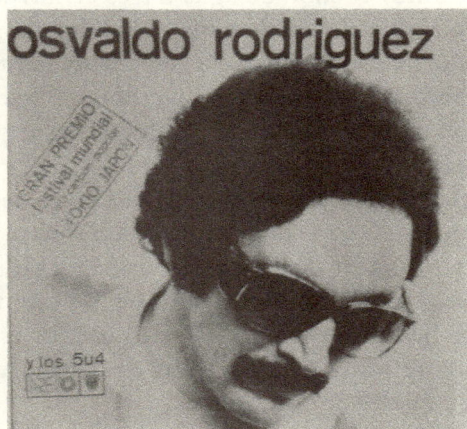

282

Osvaldo Rodríguez en la portada de su disco homónimo, realizado en La Habana en 1982, para el sello Areito con el acompañamiento del grupo Los 5U4. Fotografía, colección de Iván Acosta, Nueva York, USA.
Fotógrafos: Darío Acosta y Yaritza Acosta-Hernández, tomada del libro Con una canción cubana en el corazón, *Un-Gyve Press, Boston, Massachusetts, USA, 2016, página 139. Cortesía de Iván Acosta.*

JGR: *Maestro Osvaldo, hagamos referencia a algunos de sus logros artísticos, veo aquí, en su estudio, y en su mesa de trabajo varios premios, trofeos, placas y diplomas; evidencias de que en el transcurso de su carrera ha obtenido diversos reconocimientos, ¿cuáles son los más importantes?*
OR: En 1978 obtuve el Disco de Plata, por ser el cantante más popular de ese año en Cuba; en 1979 gané el Gran Premio en el Festival Internacional de la Canción Juvenil en Sochi, Unión Soviética, con mi composición «Canción del XX Aniversario»; y en 1981, el Gran Premio en el XII Festival Mundial de la Canción Popular, celebrado en Tokio, Japón, con mi canción «Digamos ¿qué más da?». En este último evento, conocido también como el Festival

Yamaha, celebrado en Japón, representé a Cuba con «Digamos ¿qué más da?», que en verdad es una balada, por supuesto de mi autoría, una canción romántica más en verdad.

JGR: *¿Por el título, parecería que no es una canción de amor?*
OR: Es la historia de dos personas que han tenido un bache en su historia de amor y él le propone a ella que pasen por alto todo lo que ha sucedido y vuelvan a empezar, como si comenzaran de nuevo. Esa es la temática de la balada… Corresponde a uno de los momentos más brillantes de mi carrera.
JGR: *¿Maestro Osvaldo, podría usted, por favor, cantar «Digamos ¿qué más da?», para que quede registrada en esta entrevista?*
OR: Desde luego que sí, Jairo, con mucho gusto.

Digamos ¿qué más da?
Letra y música: Osvaldo Rodríguez
Intérprete: Osvaldo Rodríguez

Te dije ¿qué más da?
Volvamos a empezar
Si donde hubo amor
Huellas han de quedar

Tenemos juventud
Sabemos caminar
Hay una vida y más
Hay un lugar

Te digo ¿qué más da?
La historia no es igual
Por la experiencia que
Nos deparó el final

Sobre nosotros dos
Hay cielo, sol y mar
La tierra está y allí
Hay un lugar

Ven y con tu edad
Desafiemos la humedad

Tomemos en las manos
Esas rosas que hay allá

Ven a enfrentar la realidad
Y encontremos juntos la verdad
Digamos ¿qué más da?
Volvamos a empezar

Hoy somos dos, amor
Tenemos un lugar
Podremos sonreír

Podremos compartir
Lo que hemos de vivir
Hay un lugar

Digamos ¿qué más da?
Volvamos a empezar

Hoy somos dos, amor
Tenemos un lugar
Podremos sonreír

Podremos compartir
Lo que hemos de vivir
Hay un lugar
Digamos ¿qué más da?

Volvamos a empezar
Hoy somos dos, amor
Tenemos un lugar

JGR: *Muchas gracias, maestro Osvaldo. Ha sido en verdad emocionante escucharlo. Se trata de una canción de festival, en la que se aprecia a la perfección, la atmósfera del bolero, de la canción de amor (en las líricas, desde luego), pero al mismo tiempo se siente la fuerza del beat rockero, en especial, al final. Es indudable que las líricas del número que acabamos de escuchar corresponden al momento en el que usted compuso muchas canciones de tendencia amorosa.*

OR: Sí, es cierto, de tendencia romántica y de reafirmación del amor. Yo tengo otras tantas canciones de ese tipo, una de ellas se titula «Sin amar» que fue una canción de corte social, pero sin llegar a ser una canción política ni nada de eso. Algo así como tener la mano de un amigo al caminar, oír la risa de los niños al jugar, saber las numerosas formas que existen de amar, poseer una respuesta siempre a flor de labio, sin agravio, es más o menos el estilo de esa canción.

JGR: *Maestro, una de las características más valiosas de su obra de compositor, si nos referimos al texto de las canciones en sí, es su capacidad para hacer brotar la historia desde lo simple. Usted es el innovador del lenguaje de lo simple en la canción de amor, un universo que se reafirma en cada una de sus composiciones. Lo podríamos definir así, pese a ello, quisiera preguntarle: ¿hacia dónde va su música?, porque usted se refiere, en una de sus canciones recientes, al anochecer de la vida, pero, ¿hacia dónde cree usted que va su carrera artística ahora? He podido apreciar sus nuevas canciones, y su música suena muy vigorosa en este momento, es evidente la riqueza de su contenido.*

OR: Yo creo que lo que necesito es una carga de estímulo; de hecho, le he puesto alma, corazón y vida a este nuevo disco que produje, titulado «Puesta de sol», que ya está en el mercado a través de Amazon y de iTunes. En Miami el público lo puede comprar en el Museo del Disco.

285

JGR: *Estamos finalizando esta entrevista, estimado maestro Osvaldo Rodríguez.*

OR: En realidad, me ha sorprendido enterarme de que una persona autorizada como usted, Jairo, me exprese que el público de Colombia conoce mi música.

Lo sabía de tiempo atrás, gracias a los comentarios elogiosos de diversos amigos colombianos que viven en Miami, al igual que a través de muchos amigos colombianos con los que tuve la oportunidad de conversar en Cuba y en España, pero aprecio que usted, que tiene tanta credibilidad entre los musicólogos de América Latina, me lo diga. Quiero a través suyo, enviar un saludo muy efusivo a Colombia y decirles a todos los colombianos que quisiera estar algún día trabajando para el público, allá en su país.

A lo largo de mi vida he conocido a varios colombianos con quienes he tenido la fortuna de interactuar. He tenido alumnos colombianos. Yo, asimismo, soy alumno de un profesor colombiano con quien estudié computación especial para ciegos. También me valí de un compositor colombiano que se llama Tony Cobo, y con él aprendí a manejar los programas de computación que usamos los ciegos para componer música. Agradezco mucho las muestras de cariño que he recibido de las personas de origen colombiano, y fíjese, usted, que cuando salí de Cuba fui hasta Chile, pero la escala del avión fue en Lima y no pude detenerme en Colombia, si bien era mi deseo hacerlo.

JGR: *Se cuentan por centenares los artistas cubanos que han triunfado en Colombia, a lo largo de la historia.*
OR: Sí, eso es cierto, los medios cubanos reseñaron con amplitud las visitas del maestro César Portillo de la Luz a Colombia, por considerarlo uno de los países donde mejor fue comprendida y valorada su música.

Osvaldo Rodríguez en su estudio de grabación, Miami Gardens, 2015, conversando con el autor de este libro.
Foto: José Satizábal, archivo de Jairo Grijalba Ruiz.

JGR: *Maestro, qué placer haber realizado esta entrevista con usted, muchas gracias, ha sido un honor para mí.*
OR: Gracias a usted, Jairo.

Jairo Grijalba Ruiz, Popayán – Colombia, 12 de marzo del 2021.
Derechos reservados de autor ©

Jairo Grijalba Ruiz

Nació en Popayán, Colombia, el 14 de noviembre de 1962. Se desempeña como antropólogo y escritor. Es coautor de los libros *Benny Moré sin Fronteras*. Ediciones Santo Bassilón, Medellín, 2013; *¡Fuera zapato viejo! Crónicas, retratos y entrevistas sobre la salsa en Bogotá*. El Malpensante, Idartes, IDPC, 2014; *La cubanidad 57 autores 57 definiciones*. Editorial Exodus, Barcelona, 2017 y *En el mundo en que yo vivo... Salsa en Colombia*, Ediciones Calle, Salsa y Letras, Medellín, 2021. Igualmente, escribió los libros de la Trilogía de Arsenio Rodríguez, *El Profeta de la música afrocubana*, UnosOtrosEdiciones. Miami, 2015; *El Ciego Maravilloso*. UnosOtrosEdiciones, Miami, 2017 y *El Corsario Negro de la Chambelona*. UnosOtrosEdiciones, Miami, 2018.

ANEXO FOTOGRÁFICO

Marcelino Guerra, segundo de izquierda a derecha en la fila del centro, junto a varios amigos y algunos músicos del Septeto Nacional. La fotografía fue tomada en 1937, en La Habana. Entre los integrantes de la legendaria agrupación musical se encuentran el tresista Francisco González Solares (primero a la izquierda en la fila del centro) y Bienvenido Granda (al lado de Marcelino). De pie, en la parte de atrás, el guitarrista Eutimio Constantín. Colección de Gladys Palmera.

Septeto Los Leones. Esta agrupación tuvo varias denominaciones y distintas formaciones en diferentes épocas (Conjunto de Alfredo León y Septeto Orbe). La fotografía, probablemente de 1939 o 1940, fue tomada en el Zombie Club en La Habana. También se presentaban con frecuencia en el Casino Nacional, en el Cabaret Eden Concert, en el Cabaret Tropicana y en el Cabaret Sans Souci. De Izquierda a derecha, Bobalé, cantante y maracas; Ramoncito, bongoes; Marcelino Guerra, guitarra y segunda voz; Alfredito León, contrabajo, cantante y director; Miguel Beyoso, trompeta; Cristóbal Doval, tres y Vicentico Valdés, cantante y claves. Colección de Gladys Palmera.

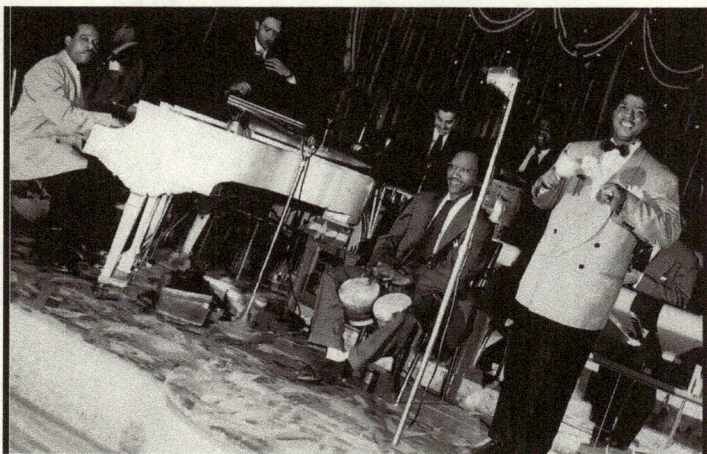

Marcelino Guerra con su orquesta en Nueva York, en 1947. A la izquierda el pianista Gilberto Ayala, al centro Rolando Alfonso en los bongoes. Colección de Gladys Palmera.

Una de las últimas grabaciones de Marcelino Guerra, «Soy de ti» (MG Records), bolero de la autoría del legendario músico cienfueguero, dedicado a Marlena María Elías y a su esposo Manolo Mazaira por el aclamado compositor en 1994.
Foto: José Satizábal, archivo de Marlena María Elías.

Marlena María Elías en su casa de Kendall, Florida, 2015. En sus manos algunas foto-grafías que testimonian la amistad que ella y su esposo Manolo Mazaira tuvieron con Marcelino Guerra y su esposa Julia Núñez.
Foto: José Satizábal, archivo de Jairo Grijalba Ruiz.

292

"Eres"

Eres Marcelino Guerra
eres en tu componer,
Eres mas que caña'azucar
todavia mas dulce Eres una miel,

Haces que con tus canciones
muchos corazones logren entender
haces que ricos y pobres
pueblos y culturas se puedan querer
Haces que con tus canciones
noche, dia, tardes el amanecer,
todo lo que tu compones
aunque pasen años, vuelve a renacer

Eres tu son el sonero
por eso Marcelo, todos te queremos
haces que ricos y pobres,
pueblos y culturas se puedan querer
Todo lo que tu compones
aunque pasen años, vuelve a renacer
Eres mas que caña azucar
todavia mas dulce, eres una miel

Marlena Maria
1/3/199

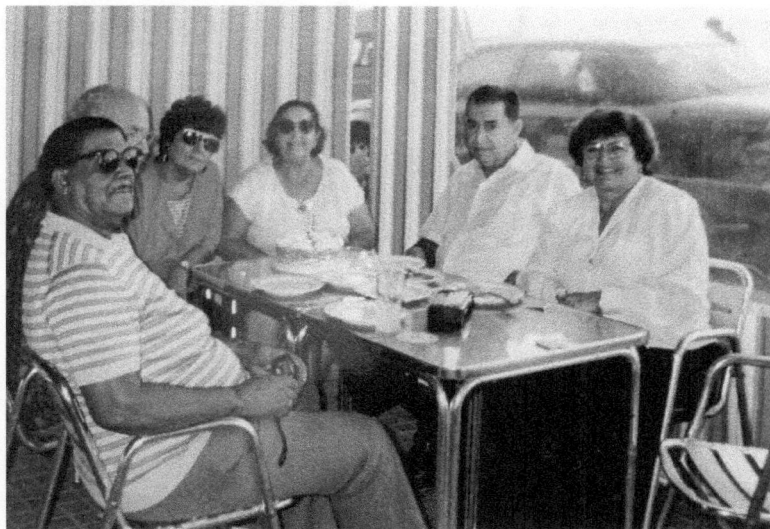

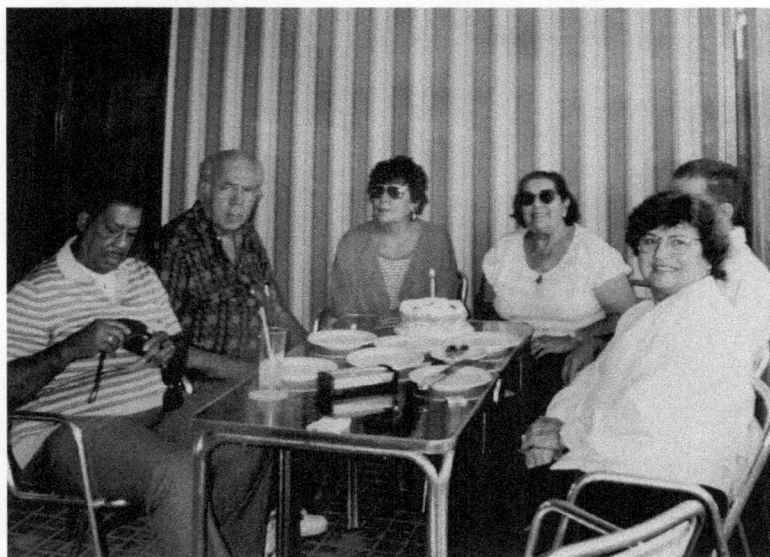

Marlena María Elías junto a su esposo Manolo Mazaira, Julia Núñez, Marcelino Guerra (el primero a la izquierda en las dos fotografías) y otros amigos, departiendo en Campello, provincia de Alicante, España, a mediados de la década del noventa.
Fotos: José Satizábal, archivo de Marlena María Elías.

El autor de este libro con Marlena María Elías en su casa de Kendall, Florida, 2015. Fotos: José Satizábal, archivo de Jairo Grijalba Ruiz.

La Charanga de Neno González. Durante la etapa con Paulina Álvarez (al centro en las dos fotografías), la orquesta de Neno estaba integrada por: José Raymat, flauta; Carlos del Castillo, violín; Pedro López, contrabajo; Ángel López, timbal; Federico González, congas; Juan Febles, güiro y Neno González, piano y dirección. Colección de Gladys Palmera.

La orquesta de Neno González a mediados de la década del treinta en La Habana. De izquierda a derecha: Ángel López Mojena, timbales; Neno González, piano y dirección; Pedro López, contrabajo y José Pepito Raymat, flauta. Sentados: Juan Febles, güiro; Paulina Álvarez, cantante y Alfredo Urzaiz, violín. Colección de Gladys Palmera.

La charanga de Neno González actuando en Radio Cadena Habana durante el año 1955. De izquierda a derecha Carlitos González, Julio El Caballo Valdés, Orlando Collazo Bertemati y Orlando Alonso González Mantecón. Neno González está en la parte posterior, detrás del presentador de la emisora.
Foto: José Satizábal, archivo de Orlando Collazo.

La Orquesta de Neno González, año 1957. De izquierda a derecha, en la fila posterior: Pedrito Ramos, violín; Agustín Suárez, conga; Enrique Pelegrín Macías, güiro; Orlando Alonso González Mantecón, piano; Carlitos González, cantante; Julio El Caballo Valdés, cantante, y Orlando Collazo Bertemati, cantante. En la primera fila, en el mismo orden: Héctor Camagüey Rodríguez, contrabajo; Alberto Cruz Pancho El Bravo, flauta; Neno González, director; Almanzoro Cabezas, violín y Ciro Esquijarrosa, timbal. Colección de Gladys Palmera.

Los tres cantantes de la Orquesta de Neno González en una presentación durante el año 1959. De izquierda a derecha: Orlando Collazo Bertemati; Julio El Caballo Valdés y Carlitos González. Colección de Gladys Palmera.

La Orquesta de Neno González en el año 1958. De izquierda a derecha, en la fila posterior: Orlando Collazo Bertemati, cantante; Julio El Caballo Valdés, cantante; Héctor Camagüey Rodríguez, contrabajo; Enrique Pelegrín Macías, güiro; Orlando Alonso González Mantecón, piano. Hincados: desconocido; Carlitos González, cantante; Neno González, director; y Jesús Chuchú Esquijarrosa, timbal. Colección de Gladys Palmera.

El cantante Orlando Collazo conversando con el autor de este libro en la Calle Ocho, de la Pequeña Habana, Miami, 2015.
Foto: José Satizábal, archivo de Jairo Grijalba Ruiz.

Osvaldo Rodríguez, el autor del bolero «El amor se acaba», cantando su composición en su estudio de grabación, Miami Gardens, 2015.
Fotos: José Satizábal, archivo de Jairo Grijalba Ruiz.

Osvaldo Rodriguez escuchando su disco Puesta de Sol.
Foto: José Satizábal, archivo de Jairo Grijalba Ruiz.

Osvaldo Rodríguez en su estudio de grabación, Miami Gardens, 2015.
Foto: José Satizábal, archivo de Jairo Grijalba Ruiz.

El compositor Osvaldo Rodríguez, y el autor de este libro, durante la realización del reportaje, Miami Gardens, 2015.
Fotos: José Satizábal, archivo de Jairo Grijalba Ruiz.

CHANITO ISIDRÓN

A voces y risas de Chanito Isidrón, es el acercamiento a uno de los exponente más auténtico y cubano de la décima humorista del siglo XX: Chanito Isidrón (1903-1987).

Isidrón, el Elegante poeta de Las Villas, es uno de más grandes decimistas cubano, representante de la música guajira, esencial del humorismo criollo. A partir de la década del treinta figuró como repentista en diversos espacios radiales. Comenzó escribiendo novelas de un tono trágico y triste como *Amores Montaraces*, que los campesinos cubanos conocen como *Camilo y Estrella*. Chanito fue el poeta del llanto y la risa. Trabajó en el programa televisivo *Palmas y Cañas*, y durante veinte años fue asesor del seminario humorístico *Palante*.

En este libro los lectores encontrarán testimonios en décimas, historietas, leyendas de sus compañeros y amigos, pinceladas socioculturales del repentismo en Cuba. Un análisis contemporáneo resaltando el valor de su obra sin la inhibición del tiempo, trasladada y evolucionada, acercándonos a su sabia naturalista, criolla, donde aparecen hermanados de manera admirable el tres, la guitarra, el laúd, la ironía, la alegría y la tristeza...

A VOCES Y RISAS DE CHANITO ISIDRÓN

Amor Benítez Hernández

A VOCES Y RISAS DE
CHANITO ISIDRÓN

Amor Benítez Hernández

ELENA BURKE — LA SEÑORA SENTIMIENTO

Zenovio Hernández Pavón

ELENA BURKE
LA SEÑORA SENTIMIENTO

«(...) Elena Burke llevaba la canción más allá del mero límite de tónica-dominante-tónica en que se había mantenido durante decenios, introduciendo acordes inusitados en la música popular cubana... ».

Guillermo Cabrera Infante

«Elena Burke descube con su voz lo que hay en su interior. Por eso por donde deja deja huella y deja huella porque sus interpretaciones consiguen imponer en el escucha el texto, la melodía y el ritmo de las canciones».

Gabriel García Márquez

«Ella, cuando aún yo no tenía una personalidad definida como intérprete —ni siquiera como compositor— cantaba mis canciones; ella se me adelantó, creyó en mí desde el principio, popularizó "Para vivir", "Mis veintidós años" "Ya ves", lo cual le agradezco infinitamente».

Pablo Milanés

«Elena Burke para mí, la mejor cantante de boleros que hemos tenido en Cuba. Primero su voz, una voz que llena mucho, tiene una voz de potencia, es una gente muy sensible como músico intérprete extraordinaria..., pero Elena nunca, pero nunca tendrá sustituta, es insustituible... »

Omara Portuondo

«Yo pienso que Elena Burke es una de las cantantes más grandes que ha dado el mundo... ».

Meme Solís

«La veo como varias Elenas en una, Elena el icono, Elena mi abuela, Elena la inspiración y eterna pasajera».

Lena Burke

LA REINA DE LAS CHARANGAS
ORQUESTA ARAGÓN
NUEVA EDICIÓN AMPLIADA

GASPAR MARRERO

ORQUESTA ARAGÓN

Es curioso que en el ámbito de la música universal se publique menos biografías de orquestas, que de cantantes, tanto del género popular, como del clásico.

Cuando recibí la reciente biografía sobre la orquesta Aragón, del destacado investigador y escritor cubano Gaspar Marrero, sentí gran sorpresa, pues ya esta agrupación había sido objeto de un trabajo investigativo del propio Marrero...

La diferencia entre este y los anteriores trabajos sobre el grupo, radica en el riguroso detalle con que el autor analiza el aporte individual de todos sus integrantes, desde un recuento pormenorizado de la hoja musical de cada uno de los fundadores y su historial; las características de los músicos en el uso del instrumento de que se trate, hasta el mínimo dato referente a cantantes y directores. Con igual enumeración se describen sus viajes; sus grabaciones, que son muchas los cambios de personal, que lógicamente en un período tan extenso son frecuentes.

Existe la posibilidad, de que Estados Unidos sea el país que reúna mayor número de grupos musicales con grabaciones realizadas, pero muy pocos de ellos han sido biografiados, y ninguno con la puntualidad de Marrero. No creo que exista, en lengua española, otra publicación tan voluminosa ni con tan importante contenido, dedicada a la biografía de un grupo musical determinado.

Por supuesto, es un libro indispensable para cualquier lector que quiera saber a fondo sobre la música cubana.

Cristóbal Díaz Ayala

POLO MONTAÑEZ

Este es un libro necesario para todo aquel que quiera conocer a Polo Montañez como ser humano y esa persona que pasó por la vida llevando de gloria a su pedazo de tierra que siempre amó y defendió. José Nelson Castillo González ha sabido plasmar las costumbres, la manera de ser de un cubano, guajiro por suerte para nosotros, los que tuvimos la dicha de conocerlo, haciendo que sea desde la primera página hasta la última, una lectura amena, que obliga al lector a llegar al final. Narra las experiencias vividas por él y las que cuentan sus familiares y allegados. Se nos presenta a un Polo que tuvo un don de la naturaleza que no le llega a todo el mundo, el don de la composición e interpretación. Fueron, desafortunadamente, cuarenta y siete años de vida, pero con una producción artística y una fama tan grande como la de algunos dotados de un don similar, que tuvieron la suerte de vivir más.

Rey Montesinos

A los 44 años tenía más de 70 canciones escritas como autodidacta. No tenía formación profesional ni conocimiento musical, aparte de escuchar los sonidos del campo. Compuso en una nocela de géneros, haciendo uso de ritmos que escuchó y conoció. Desarrolló su propio estilo con temas sobre eventos cotidianos en forma coloquial, impregnados de elementos rurales: desde la yunta de bueyes, el olor a carbón, la vida de los boteyes, en un lenguaje romántico siempre cercano a la poesía, pues el guajiro cubano tiene la cuarteta y la décima espinela como un adorno más en su casa. Cuando la vida le sonreía y andaba con la fama bajo el brazo, llegó la tragedia. Su pueblo lo lloró y el correspondió dejándonos sus canciones y montones de anécdotas propias de su simpatía dondequiera que estuvo y se fue como los cometas: después de llenarnos de luz.

Tony Pinelli

POLO MONTAÑEZ
EL GUAJIRO NATURAL

POLO MONTAÑEZ, EL GUAJIRO NATURAL

JOSÉ NELSON CASTILLO GONZÁLEZ

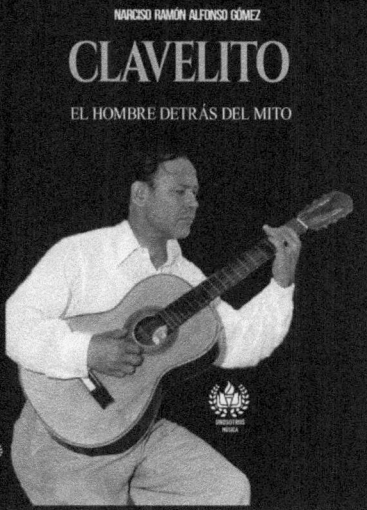

¿Cree usted en los Milagros? ¿Cree usted en el poder de la mente?, ha logrado mantener la fe en estos tiempos difíciles. Primero tomé un vaso con agua y póngalo en el lugar más elevado de su casa y ponga su pensamiento en Clavelito, antes de comenzar a leer este apasionante libro. Es él, Miguel Alfonso Pozo, quien regresa, después de cuarenta y cinco años de haber abandonado este mundo físicamente, porque en espíritu, se quedó en el imaginario de un pueblo que nunca lo olvidó y como compositor de música campesina ocupa un lugar privilegiado en el patrimonio cultural cubano. Afirmó: «soy el cronómetro de la humanidad, para mí no hay pasado, presente ni futuro, yo soy el tiempo». Clavelito les va a contar su vida, el por qué tuvo tantos seguidores y les va ofrecer consejos muy valiosos para la salud mental.

Solo pidió un sombrero de guano, una bandera y un son para bailar, aunque no lo sepamos, casi todos los cubanos hemos escuchado su música, «El caballo y la montura», «El Rinconcito», «Chupando caña», entre otras, ya sea en la voz del Benny Moré; Celina González, la Reina de la música campesina; Pototo y Filomena; Abelardo Barroso; Cascarita con La Casino de la Playa, las voces que interpretaron sus canciones acompañados de la gran Sonora Matancera como la de Bienvenido Granda y la orquesta Sensación, entre otras. Clavelito derrocha a través de sus composiciones cubanía por el mundo, en sus letras está la vida del guajiro, la flora y fauna de los campos cubanos, la belleza de nuestras mujeres. Como se anuncia en «Oye mi Otelofé», tema que tanto hemos escuchado en el programa de televisión Palmas y cañas.

Homenaje muy merecido es esta publicación, con un testimonio de primera mano, nos devuelve a aquel que a decir de Germán Pinelli: «Cuando se hable de la historia de la radio en Cuba, hay que hablar de Clavelito, como nadie supo integrar su arte y carisma al entretenimiento radial».

NARCISO RAMÓN ALFONSO GÓMEZ

CLAVELITO
EL HOMBRE DETRÁS DEL MITO

CLAVELITO, EL HOMBRE DETRÁS DEL MITO

NARCISO RAMÓN ALFONSO GÓMEZ

Zenovio Hernández Pavón

FAUSTINO ORAMAS
EL GUAYABERO
REY DEL DOBLE SENTIDO

El autor nos entrega una semblanza biográfica de este singular hombre en un libro donde podremos hallar esencialmente, en cuerpo y espíritu, los derroteros de un músico popular excepcional.

Faustino Oramas, El Guayabero, suma la picardía al decir de la trova. Picardía que no es sinónimo de bajeza o fraudulencia sino audacia e inteligencia para sacar el mejor provecho de situaciones adversas. Hay que decir que pocos autores de la música popular han tenido, como Faustino Oramas, la facilidad de recursos, la gracia y la imaginación para el manejo de situaciones peliagudas con lenguaje simple pero debidamente escogido de modo que provoque la chispa de humor sin grosería.

«Casi nadie lo conoce por su verdadero nombre. Sin embargo, cuando se habla de El Guayabero viene a la mente de todos los cubanos su peculiar estampa y el criollísimo humor de sus canciones.

Faustino Oramas es por ello, tal vez, el último representante de aquella generación de soneros que vivieron de la música y para la música, y supieron transmitir a su obra la idiosincrasia del cubano, que siempre se reconoce en las canciones de este juglar oriental».

Leonardo Padura

«El Guayabero es un genio popular cuyas características, muy especiales dentro de la música popular cubana, no pueden clasificarse en una tendencia determinada. Creo que, desgraciadamente, no habrá otro como él».

Pablo Milanés

«Él es un tresero popular de tumbaos, que utiliza un diseño melódico rítmico muy reiterado, en cuya célula más elemental radica el sabor cubano».

Pancho Amat

FAUSTINO ORAMAS · EL GUAYABERO · Zenovio Hernández Pavón

LUIS MARQUETTI
GIGANTE DEL BOLERO
EL HOMBRE SIN ROSTRO

LUIS MARQUETTI · GIGANTE DEL BOLERO

LUIS CÉSAR NÚÑEZ GONZÁLEZ

Los más importantes estudiosos de la música cubana incluyen la guaracha dentro del complejo del son, pero no se debe perder de vista que la guaracha brinda una importante contribución a la gestación del son como género en sí, como también a otras expresiones de la cultura en nuestro continente, por eso en otras naciones es tan apreciado el legado del rey de la guaracha o el guarachero de Cuba, como muchos denominan a este santiaguero reg999 que fue Ñico Saquito.

Benito Antonio Fernández Ortiz, Ñico Saquito, fue uno de los más notables artífices de la trova del son o trova intermedio, que para suerte de quienes gustan de la música con humor, se transformaría en un estilo o tendencia aún vigente y con magníficos cultores, aunque no tanto como en aquel período esplendoroso que a partir de la década de 1920 iniciara Miguel Matamoros. Tenemos la satisfacción que este libro llegue a los lectores interesados en conocer un poco más de las peripecias y satisfacciones de la vida de ese trovador singular, así como de su obra prolífica y trascendente que no se limita a la guaracha, pues dejó un rico catálogo que esperamos en el futuro sea objeto de estudio de musicólogos y otros especialistas como amerita su valía y el lugar privilegiado que en la historia musical cubana ganara su creador.

Poco a poco se fue gestando este libro a binomio, por el escritor e investigador Zenovio Hernández Pavón y Alejandro Fernández Ávila, nieto del compositor. Reseña biográfica, selección de textos de canciones, testimonios gráficos, publicaciones periódicas, entrevistas y otros materiales anexos, es lo que el lector encontrará del autor de «María Cristina», «Cuidadito, compay gallo», «Al vaivén de mi carreta» entre las cerca de seiscientas composiciones del guarachero.

UNOSOTROS

9 781950 424207

ÑICO SAQUITO. EL GUARACHERO DE CUBA

ÑICO SAQUITO
EL GUARACHERO DE CUBA

Zenovio Hernández Pavón / Alejandro Fernández Ávila

Andrés Echevarría Callava, Niño Rivera

El Niño Rivera, uno de los treseros más importantes de la historia de la música cubana, fue un innovador, vanguardista, uno de los compositores y arreglista más importante de su tiempo. Su obra «El Jamaiquino» se convirtió en un *standart* de la música cubana.

CHUCHO VALDÉS

Esta es la historia de uno de esos pioneros que hoy se describen como progenitores de la música cubana, y de su extraordinaria y productiva vida. El libro recoge momentos importantes de la vida del Niño, en su trabajo y su colaboración con numerosos conjuntos y solistas como tresero, arreglista, transcriptor y director. La autora presenta con sustentados detalles la contribución del músico al género mundial más conocido de la música cubana —el son—, con un análisis enfático de otro género surgido en Cuba: el *feeling*.

NELSON GONZÁLEZ

La creación de este documento histórico, que contribuirá a poner el nombre de Andrés Echevarría Callava, el Niño Rivera, en el lugar que merece dentro de la lista de los imprescindibles de nuestro mundo musical.

PANCHO AMAT

UNOSOTROS

9 781950 424214

El Niño con su tres

Rosa Marquetti Torres

Andrés Echevarría Callava, Niño Rivera
El Niño con su tres
Rosa Marquetti Torres

307

UNOS&OTROS
EDICIONES

CHANO POZO. LA VIDA — ROSA MARQUETTI TORRES

ROSA MARQUETTI TORRES

CHANO POZO
LA VIDA (1915 – 1948)

308

UNOSOTROS

PASIÓN DE RUMBERO — María del Carmen Mestas

PASIÓN
DE RUMBERO

Entrevistas, anécdotas, crónicas, testimonios,
reseñas y fichas con datos de rumberos

María del Carmen Mestas

Entre guajacos y sopones las mujeres se atrevieron a contar su existencia a ritmo de rumba, de celebraciones en esos barrios con olor a río y sabor a puerto. Ellas fueron verdaderas guerreras que rodeadas por sus descendientes inculcaron amor por la tradición. Con la fuerza de una sacudida de hombros evitando el «vacunao», así hemos querido alejar el polvo y el olvido de autoras que hicieron, de la rumba matancera, una historia increíble.

Que canten las mujeres es el canto que da inspiración al presente libro, era ese el llamado urgente que realizara Estanislá Luna en su canto, un llamado a la participación de la figura femenina, en el pleno derecho de expresarse y ser escuchada. *Rumberas matanceras: Un canto a la memoria* es un homenaje a todas aquellas que se atrevieron a contar su historia a golpe de rumba, que hilvanaron sus tristezas y alegrías, que unieron sus voces y vidas en las celebraciones al calor de sus humildes hogares, a aquellas que inculcaron el amor por la tradición. Es un homenaje a las que cantan hoy y a quienes lo harán mañana, a las que se aferran a la vida con la convicción de proyectar una realidad más justa, a las que se atreven a desafiar con toques de batá la mirada juiciosa de quien se empeña en limitar la capacidad creativa y creadora, ese binomio ideal que distingue el quehacer constante de las rumberas matanceras.

Sin dudas, mucho se ha contado sobre la rumba, sin embargo, la presencia de la mujer rumbera aún está por escribir. Por vez primera, el devenir de estas mujeres se aborda a través de una perspectiva musicológica, sociocultural y de género. Con este libro la autora intenta abrir una nueva página dentro del relato histórico de la rumba cubana.

Roxana M. Coz Téstar

RUMBERAS MATANCERAS
UN CANTO A LA MEMORIA

Roxana M. Coz Téstar

Rumberas matanceras. Un canto a la memoria

UNOSOTROS MÚSICA

309

Kabiosiles
Los músicos de Cuba

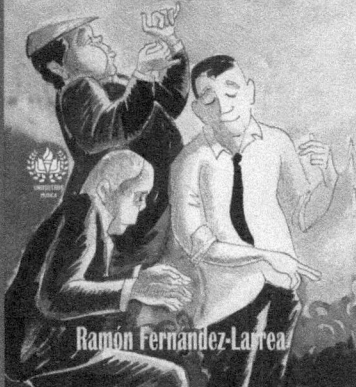

Aquí están reunidos sesenta y seis retratos de nuestros dioses terrenales: los músicos de Cuba. Esos que andan en nuestra memoria, en nuestra piel y en la niebla de nuestra identidad. Son los rostros que conforman nuestro ADN sonoro. Estos «Kabiosiles», son saludos desde lo más profundo del corazón.

Vicentico, Benny Moré, Rita, La Lupe, Bola de Nieve, Celia Cruz, Machín, Arsenio Rodríguez, son algunos nombres en ese mapa de lo que somos. Porque, como escribió el poeta Ramón Fernández-Larrea, el autor de este libro: «Bajo la noche catalana, en las calles de melancolía de París, en viejos pueblos volcánicos de Canarias tengo una luz. De esa luz baja una lluvia como un sol que esplendió como la vida, con guiños de mujer y olores que me mecen, y el alma se divierte y se expande, y es la única razón que nos une y nos abraza a todos por igual. A tristes y serenos, a poetas y amargados, a vividos y cumbancheros, a cercanos y lejanos. Los que siempre nos encontraremos en el único mar de nuestros sueños reales».

KABIOSILES
LOS MÚSICOS
DE CUBA

KABIOSILES

Los músicos de Cuba

Ramón Fernández-Larrea

UNOSOTROS MÚSICA

Ramón Fernández-Larrea

UNOSOTROS

RAMÓN FAJARDO ESTRADA

RITA MONTANER
TESTIMONIO DE UNA ÉPOCA

RITA MONTANER

Ramón Fajardo Estrada

Rita Montaner: testimonio de una época, lo considero un libro «hechicero», porque al empezarlo a leer no nos podemos detener; tenemos que seguir y seguir, debido a cuatro valores que, en mi opinión posee esta obra.

El primero es la fidelidad histórica. (...) En segundo lugar, la acertada captación del entorno que rodea a la Montaner (...) la justa apreciación de la personalidad de la Montaner, a quien muchos del pueblo nada más conocían como la bella mulata que marcó pautas en la interpretación de melodías afrocubanas y llevaba a los máximos planos de popularidad sus personajes de la radio, el teatro y la televisión (...) Y, la valiosa información que aporte el testimonio se plasman en el libro a través de programas, fotografías y otros materiales investigativos para lograr una imagen cabal de la inolvidable artista.

CARILDA OLIVER LABRA

Rita la única, Rita de Cuba, Rita del Mundo.// Para mí, sencillamente, Rita Montaner. Un nombre que abarcó todo el arte.// Porque eso fue ella: ¡el arte en forma de mujer!».

ERNESTO LECUONA

Rita de Cuba, Rita la Única... No hay tan adecuado modo de llamarla, si ello se quiere hacer con justicia. «De Cuba», porque su arte expresa hasta el hondón humano lo verdaderamente nuestro; «la Única», pues solo ella, y nadie más, ha hecho del «solar» habanero, de la calle cubana, una categoría universal.

NICOLÁS GUILLÉN

«Ella debe haber vivido muy feliz de ser Rita Montaner, La Única, la artista que representaba el sentimiento del pueblo cubano con una gracia y donaire irrepetibles».

EUSEBIO LEAL

UNOS&OTROS
EDICIONES

310

BOLA DE NIEVE

Ramón Fajardo Estrada

BOLA DE NIEVE
Si me pudieras querer

RAMÓN FAJARDO ESTRADA

Esta biografía eminentemente documentada de Bola de Nieve se levanta como un panorama donde entran sus familiares, sus creencias, sus gustos, sus ansiedades y preferencias, al tiempo que dedicaba a perfeccionar las interpretaciones que le dieron fama internacional y lo convirtieron en auténtico embajador de la cultura cubana. Para quienes lo conocimos y disfrutamos de su arte resulta un estimulador de la nostalgia. Para quienes, por su juventud, a través de la lectura se acercan a un artista de la talla de Bola de Nieve, resultará una sorpresa conocer circunstancias y anécdotas irrepetibles, personalidades, ciudades, escenarios, una vida colmada de interés y una trayectoria ejemplar.

Reynaldo González

«Hay otro personaje clave en mi formación sentimental. Para descubrirme a mí mismo, para advertir lo que me ha producido felicidad y dolor, no he acudido al psiquiatra, sino a Bola de Nieve. En mi opinión es otro de los genios que habéis engendrado aquí [...]».

Pedro Almodóvar

[...] la labor escénica de Bola de Nieve: una forma de expresión, de sensibilidad, de calidad espiritual. Cuando uno la trae al recuerdo, está habituado a relacionarlo con Rita Montaner y Benny Moré y —desde el punto de vista profesional— me cuesta trabajo compararlos, no en el sentido de su estatura individual, de lo que cada uno significa en la música cubana, sino porque Bola resulta ser una cosa distinta con respecto a los otros dos; es un fenómeno, algo realmente inexplicable, ya que hablar de un cantante sin voz» parece algo absurdo, surrealista. Quizás él sea un clásico ejemplo de la intensidad del arte cubano, de disciplina, de estudio, de amor y entrega total a lo que se realiza.

Harold Gramatges

UNOS&OTROS
EDICIONES

ROBERTO FAZ MONZÓN
EL MEJOR SONERO BLANCO

ÀNGEL MANUEL

El autor atraviesa la Bahía de La Habana para llegar a Regla, la tierra de Roberto Faz, músico cubano que tuvo una gran popularidad en los años cincuenta y sesenta como cantante y director de su Conjunto. Allí entrevista a familiares, músicos y amigos del sonero para lograr plasmar la trayectoria artística y de vida de uno de los nombres indispensables en la historia de la música popular cubana.

Faz en sus inicios, participó de varias orquestas y conjuntos destacando sobre todo como cantante del Conjunto Casino. Es considerado uno de los vocalistas más versátiles y mejor afinados de la Isla como su contemporáneo, Benny Moré. Entre sus éxitos están: *Comprensión*, *Deuda*, *Quiéreme y verás*, *Realidad y fantasía*, *A romper el coco!*, *Que se corra la bola*, *Como vivo en Luyanó*, *Cositas que tiene mi Cuba*, *Pintate los labios María*, *Dengue de la caña*, *Dengue del pollo*, *Dengue en Fa*. Sus famosos «pegaditos» en aquellos memorables «mosaicos», viven en el recuerdo de los amantes del bolero que tienen en Roberto Faz a una de sus más auténticas voces.

«...como sonero extraordinario, fue el primer blanco en cantar sones».

MIGUELITO CUNÍ

«el mejor sonero blanco que dio Cuba».

TITO GÓMEZ

«Uno de los grandes valores, su nombre está al lado de Benny Moré y otras grandes figuras».

ROBERTO ESPÍ

UNOSOTROS

María Matienzo Puerto

ORQUESTA
Hermanos Castro
LA ESCUELITA

Libro biográfico acerca de la agrupación más duradera, de las llamadas orquestas familiares de Cuba: Orquesta Hermanos Castro. La autora, valiéndose del archivo familiar de los Castro, hace un recorrido por la trayectoria musical de esta pionera *big band* a la que se llamó «La escuelita» y de la que surgieron numerosos talentos, que luego hicieron carrera bien como solistas, o como integrantes de otras agrupaciones.

«Pienso que hay que revalorizar el aporte de los Hermanos Castro a la música cubana, ahí están los discos, el repertorio, su música perfecta, todo, todos los boleros y los Chachachá son joyas, hay que revalorizar esa orquesta como una de las grandes *big band* que tuvo Cuba».

Helio Orovio

«La Orquesta Hermanos Castro, a mi juicio era la mejor, por una sencilla razón, era muy estable, con orquestaciones con un rango mantenido durante casi treinta años ... ».

Radamés Giró

UNOSOTROS

www.unosotrosediciones.com

infoeditorialunosotros@gmail.com

UnosOtrosEdiciones

Siguenos en Facebook, Twitter e Instagram:

www.unosotrosediciones.com

www.ingramcontent.com/pod-product-compliance
Lightning Source LLC
Chambersburg PA
CBHW021044090426
42738CB00006B/184